Gabriele Hasmann

Sündiges Wien

Gabriele Hasmann

Sündiges Wien

Skandale, Lust und Laster

ueberreuter

Gabriele Hasmann ist Autorin und Journalistin und hat bereits zahlreiche Bücher bei Ueberreuter veröffentlicht. Zuletzt sind erschienen: „Die wilde Wanda und andere gefährliche Frauen“ und „Verbrecherisches Wien“. Gabriele Hasmann lebt in Baden bei Wien.

Gefördert von der Stadt Wien Kultur

Stadt
Wien

1. Auflage 2023

ISBN 978-3-8000-7833-2

Covergestaltung: Saskia Beck, s-stern.com
Illustrationen: © Adobe Stock, lynea
Satz: Gabi Schwabe, grafik design
Druck und Bindung: Imprint d. o. o., Ljubljana

www.ueberreuter.at

Daraus, daß jedes Verbrechen Sünde ist,
folgt noch nicht, daß jede Sünde ein Verbrechen ist.

Aurelius Augustinus (354–430)
Bischof von Hippo, römischer Heiliger und Philosoph

Weibliche Nacktheit muss man den Männern mit dem Teelöffel geben,
nicht mit der Schöpfkelle.

Coco Chanel (1883–1971)
französische Modedesignerin und Unternehmerin

Inhaltsverzeichnis

Vorwort

Die Sünde ist mindestens so alt wie die Vertreibung aus dem Paradies, nachdem Adam und Eva die „verbotenen Frucht vom Baum der Erkenntnis" genascht hatten – zumindest dann, wenn man der christlich-theologischen Erklärung folgen möchte. Allerdings stellt hierbei die Versuchung, die in der Bibel in Gestalt eines Apfels auf die Menschheit lauert, in modernen Interpretationen eine Metapher für erotische Fantasien oder unkeusche Gedanken dar. Lust auf Sex ist bei strengen Katholiken eine wahrhaft große Sünde, sollte er doch einzig und allein der Zeugung von Nachwuchs dienen.

Fest steht, dass es sich bei der körperlichen Vereinigung von Mann und Frau um eines der existenziellsten Themen aller Lebewesen handelt, die sich vermutlich unmittelbar nach Aufrechterhaltung der Körperfunktion durch Essen und Trinken in deren Prioritätenliste einreiht.

Es existiert in der christlichen Religion jedoch noch ein weiteres Konzept, um Gläubige zu disziplinieren: die sieben Todsünden als früher bewährtes Modell, bei Menschen Angst zu verbreiten und sie durch Sanktionen in Schach zu halten. Dabei handelt es sich bei der Verteufelung von Habgier, Hochmut, Neid, Trägheit, Völlerei, Wollust und Zorn ursprünglich nicht einmal um eine biblische Erfindung, sondern um die von Euagrios Pontikos. Der Gelehrte hatte Ende des 4. Jahrhunderts als Mönch in der ägyptischen Wüste gelebt, dort mit Argusaugen das Leben der Einsiedler beobachtet und dokumentiert, welche Gefahren deren Askese bedrohten.

Heute ist der Begriff „Sünde" umgangssprachlich kaum noch religiös konnotiert, bezeichnet aber immer noch eine – mehr oder weniger – verwerfliche oder sogar verbotene Handlung bzw. ein Fehlverhalten hinsichtlich moralischer Verantwortung.

Und sie ist immer und überall, hat viele Gesichter, ein heimliches, ein grausames oder ein durchtriebenes, sie ist stets ganz unterschiedlich motiviert und tritt in vielen Fällen zusammen mit Sexualität auf.

Und dass diese Thematik auch die Wiener von jeher interessiert hat, dokumentiert eine eigene Secreta-Sammlung in der Rathausbibliothek, die rund 1500 antiquarische Werke mit erotischen Texten und Illustrationen umfasst.

Das Pflaster in der Donaumetropole beginnt vermutlich ohnehin an so einigen Stellen vor Scham zu glühen, sobald man an die zahllosen pikanten Momente denkt, die sich auf ihm ereignet haben. Eine Huldigung an Eros, der sich in der einst kaiserlichen Residenzstadt bereits früh niedergelassen hat, befindet sich direkt am Stephansdom: Der auf der Westseite gelegene Haupteingang, das sogenannte Riesentor, wird flankiert von zwei Steinsäulen, auf denen hoch oben unter den Radfenstern mächtige Genitalien prangen: rechts eine Vulva und links ein Penis.

Bereits im frühen Mittelalter zog Wien die Vergnügungen an und förderte damit die Entwicklung zu einer Stadt der Erotik und Sünde. Das Zentrum der Macht im Vielvölkerreich war bunt in jener Zeit: In den Straßen tummelten sich jüdische Kaufleute, italienische Baumeister, ungarische Musiker und böhmische Handwerker, dazwischen wussten Mädchen aller habsburgischen Nationalitäten ihre körperlichen Vorzüge gekonnt einzusetzen – man konnte sich den Reizen der Venus kaum entziehen.

Wenn man nachforscht, wie viele Begriffe im Laufe der Jahrhunderte für die Prostituierte (von lat. prostituere = zur Schau stellen, preisgeben) existierten, findet man eine höchst stattliche Anzahl – ein Hinweis darauf, dass es hier von den Vertreterinnen dieses Gewerbes stets nur so wimmelte.

Mit der Sünde einher ging die aufgesetzte Sittlichkeit bigotter Würdenträger und einer erzkonservativen Obrigkeit – das war in Wien nicht anders als überall sonst auf der Welt: Doppelmoral unter dem Doppeladler sozusagen. Zu dieser schon damals typisch österreichischen Haltung zählte auch, dass sexuelle Ausschweifungen unter gewissen Voraussetzungen kaum der Rede wert waren, während harmlose Vergnügungen Empörung auslösten. Als sich beispielsweise während des Wiener Kongresses mehr „Bordsteinschwalben" in Wien aufhielten als Veranstaltungsteilnehmer, sorgte zur selben Zeit der „skandalöse" Wiener Walzer für Aufregung, weil eng und rhythmisch getanzt sowie mit anrüchigen Titeln wie „Blumen der Lust" oder „Seufzer-Galopp" (beides Johann Strauss Vater) zusätzlich erotisiert.

Trotz aller Hindernisse brach sich hinter der prunkvollen Fassade einer kaiserlich regierten Weltstadt die Lust Bahn, abseits von Konformität, Konventionen und Tabus, und schuf sich eigene Orte der Begierde, Sinnlichkeit und lasterhaften Frivolität. Die menschlichen Triebe waren auch nicht per Religion und Gesetz unter Kontrolle zu bringen – da halfen weder Gebete und Drohungen mit der ewigen Verdammnis noch Geldbußen und andere Bestrafungen.

Zugleich waren so große Städte wie Wien mit den zahlreichen Bildungseinrichtungen und Austauschmöglichkeiten Gleichgesinnter, in welchen sich stets mehr kluge Köpfe befanden als im Umland, immer schon Wegbereiter für tolerantes Denken und ein modernes Verständnis für menschliche Bedürfnisse.

Heute existiert die Sünde im Zusammenhang mit Sexualität in der Form, wie es früher einmal der Fall war, als schon ein lustvoller Gedanke ausreichte, um sich dafür zu genieren, nicht mehr. Die Erotik existiert heute vorwiegend als Kombination aus öffentlich diskutiertem Problemfeld in Beziehungen, einer breiten Palette von Spielarten und Spielzeugen zur Befriedigung der verschiedensten Bedürfnisse sowie Bettgeschichten mediengeiler Z-Promis.

Stirbt die Sünde abseits der Religion also aus? Oder erfährt sie schon bald ein furioses Comeback, wenn die Menschen merken, dass die Dosis das Gift macht? Kommt es in Kürze zu einer neuen Prüderie, deren Befürworter sich für die Rückkehr gewisser Tabus einsetzen werden? Machen Sie sich, liebe Leserin, lieber Leser, dazu Ihr eigenes Bild.

Zuletzt möchte ich im Zusammenhang mit diesem Buch anmerken: Ich bin keine Historikerin, sondern eine Geschichtenerzählerin, kleine Unschärfen seien mir also bitte verziehen. Ich bin stets bemüht, wahrheitsgetreu von interessanten Begebenheiten zu berichten und diese amüsant zu präsentieren.

Darüber hinaus erhebt dieses Werk keinen Anspruch auf Vollständigkeit der Geschehnisse, Gattungen oder Vertreter bestimmter Richtungen, da dies den Rahmen bei Weitem sprengen würde.

Zuletzt wünsche ich Ihnen noch viel Spaß beim Lesen!
Ihre Gabriele Hasmann

Eine Sittengeschichte und sündige Zeitreise durch Wien

Vom Felsenverschlag in der Steinzeithöhle auf die moderne Boxspringmatratze im Schlafzimmer der Gegenwart – Sex hatten die Menschen immer schon, auch ohne weiches Bett und Privatsphäre.

Im Wiener Raum zog der Homo sapiens ab etwa 300 000 v. Chr. durch die Wälder und über die Anhöhen, hat sich in der Region aber erst um 5500 v. Chr. dauerhaft niedergelassen und Dörfer errichtet – und das laut archäologischen Funden nach und nach fast überall im heutigen Stadtgebiet: zum Beispiel auf dem Areal Rochusmarkt, Wertheimsteinpark, Lainzer Tiergarten, Seestadt Aspern u. v. m.

Damals fand der Geschlechtsverkehr aus einem triebgesteuerten Instinkt heraus statt und diente sowohl der Lustbefriedigung als auch der Fortpflanzung. Vermutlich lagen dabei zwei Körper, die ein paar Sekunden lang zappelten, auf dem kalten Stein– in Greifweite Kampfspeer und Keule, falls sich ein Säbelzahntiger oder feindlicher Homo sapiens der Höhle näherte, um diese für sich als Unterschlupf zu beanspruchen.

Monogamie gab es damals noch nicht, in einem steinzeitlichen Nomadendorf trieben es die Mitglieder eines Stamms wild durcheinander. Auf diese Weise konnten die Männer so viele Kinder wie möglich zeugen, und die Frauen bekamen nur starke Nachkommen von den potentesten Kerlen der Gruppe, deren Samen am tapfersten gekämpft hatten. Einige Wissenschaftler behaupten, dass diese Vorgehensweise wichtig war für das soziale Gefüge, da durch die gegenseitige Befriedigung mehr Einigkeit herrschte und der Zusammenhalt gestärkt wurde.

Es war auch durchaus üblich, sich bei der notwendigen Maßnahme zur Arterhaltung mit den eigenen Verwandten einzulassen – laut Forschung sind einige Gendefekte, die in aufgefundenen Knochen nachgewiesen wurden, nur durch Inzucht erklärbar.

Neben den eigenen Familienmitgliedern wurden später aber auch Angehörige anderer Arten einbezogen, wie der nachgewiesene Genfluss zwischen Homo sapiens und Neandertaler belegt – wenn sie sich nicht gegenseitig umbrachten, was sicherlich weit häufiger geschah, teilten sie das Lager miteinander. Das geschah besonders häufig, wenn man die Frauen des Feindes nach einem Überfall gefangen genommen und anschließend zum Sex gezwungen hatte. Manchmal paarten sich die Vertreter der beiden Populationen aber auch freiwillig, wenn Familien einander auf der Wanderschaft begegneten, ehe sie sesshaft wurden. Diese Entwicklung in Sachen sexuelle Offenheit brachte zwei Vorteile mit sich: Zum einen wurde die Inzucht abgeschwächt, was der geistigen Gesundheit des Homo sapiens äußerst zuträglich war, zum anderen mussten die Menschen aufgrund der Vermischung von Erbinformationen bessere Abwehrkräfte entwickeln, was wiederum ihr Immunsystem stärkte.

Um 500 v. Chr. zogen Kelten in den Wiener Raum, die eine befestigte Stadt namens Vendomina, außerdem einige verstreut liegende Siedlungen und eine Burg auf dem Leopoldsberg errichteten. Römische Händler brachten den blonden Keltinnen Henna, weil sie rothaarig sein wollten, und nahmen deren helles Haar mit zurück in die Heimat, für Perücken, die in Italien fast ausschließlich die Dirnen trugen.

Und es dürften genau jene Geschäftsleute gewesen sein, die auf Wiener Boden erstmals nach sexuellen Dienstleistungen gefragt und diese auch geboten bekommen haben.

Das Altertum

„Toll trieben es die alten Römer" lautet der Titel eines Films aus dem Jahr 1966, und das war auch die Meinung der Königin und Kriegerin Boudicca, die in den Jahren 60 und 61 n. Chr. in Britannien die Kelten gegen die Römer führte. Sie soll wortwörtlich gesagt haben, dass sie die Männer des antiken Großreichs verachte, weil sie sich „mit warmem Wasser waschen, ungemischten Wein trinken und Knaben zum Beischlaf zwingen" sowie von Frauen Sex kaufen.

Tatsächlich hatte in der Antike die Prüderie, ob bei Römern oder Griechen, keinen Platz – es war eine Zeit der ausschweifenden Orgien, sexuellen Experimente und bejubelten Libido. Nicht umsonst wurden in jener Zeit neben anderen die mythologischen Gestalten Amor und Eros als Götter der begehrlichen Liebe geschaffen. Zugleich symbolisierten Pfeil und Bogen aber auch den Kampf der Geschlechter – und den gibt es schon ebenso lang wie den Sexualtrieb.

Das Leben derer, die es sich in der Antike leisten konnten, war geprägt von Macht, Sex und Alkohol. Dennoch frönten nicht nur wohlhabende Herrscher und erfolgreiche Feldherren mit Hingabe dem lasterhaften Treiben. Selbst einfache Soldaten sparten jeden Sesterz, um sich den einen oder anderen Becher Wein und einen Besuch im Lupanarium (= Freudenhaus) leisten zu können.

In Vindobona wurde den Soldaten ihr Sold sogar in eigens geprägten Bordellmünzen ausbezahlt – die römischen Kaiser, die im warmen Italien saßen und sich das Legionslager an der Donau wie eine Eishöhle vorstellten, wollten damit ihren Männern etwas Gutes tun. Die Geldstücke, die ausschließlich für ein wenig weibliche Wärme ausgegeben werden sollten, existierten in etwa 50 Varianten mit eindeutig erotischen Abbildungen. Dieses besondere Service für die Armeeangehörigen wurde deshalb etabliert, weil die Herrscher es als unangemessen ansahen, dass die sonst üblichen Münzen mit ihrem Konterfei zur Bezahlung für Sex dienten.

Der Name Lupanarium für das römische Puff leitete sich vom lateinischen Wort für Wölfin ab. Die dort arbeitenden Mädchen wurden „lupa" genannt, sie waren Sklavinnen, die für Brot und Logis arbeiteten und als „Eigentum" des Unternehmens galten – wer diese verletzte oder gar tötete, musste Schadenersatz zahlen.

In Vindobona gab es auch bereits Straßenmädchen, die als „prostibulae" bezeichnet und immer gern für eine schnelle Nummer zwischendurch aufgesucht wurden, darüber hinaus „busturiae", die vor den Stadtmauern ihrem Geschäft nachgingen und ebenfalls nicht über zu wenig Zulauf klagen konnten. Die Gassen- und Vorstadtdirnen waren freischaffend tätig und mussten einen Teil ihres Lohns als Steuer an den Staat abgeben. Sie wurden außerdem offiziell gelistet und erhielten eine Zulassungskarte, die sogenannte licencia stupri, die sie bei Kontrollen vorzuweisen hatten.

Ebenso ging es in den antiken Badehäusern recht lustig zu, in denen Frauen wie Männer ihre Dienste anboten, die weit über das Waschen nackter Leiber hinausgingen. Aber auch überall sonst wurde dem Liebesspiel gefrönt, ob im Hinterzimmer eines Wirtshauses nach einem guten Schmaus oder in einer verwinkelten Seitengasse während eines Spaziergangs, mit dem eigenen Partner oder mit einer Person, die gerade vor Ort und willig war. Wenn die Menschen damals die Lust übermannte, haben sie diese nahezu augenblicklich gestillt. Es wurden auf Wände, Hausmauern und Gegenstände nackte kopulierende Leiber gemalt, die seltsame Posen einnahmen und sich in Ekstase wanden, um sich oder andere damit zu stimulieren – antike Pornos, wenn man so will.

Die Missionarsstellung haben die Menschen der Antike allerdings nicht bevorzugt, der ungezügelte Sex wurde üblicherweise a tergo (= von hinten) praktiziert. Den sündhaften Ausschweifungen waren in jener Zeit keine Grenzen gesetzt, und niemand konnte oder wollte dem Treiben Einhalt gebieten.

Auch einer der berühmtesten Philosophen der Antike, Platon, sah in der von ihm begründeten „platonischen Liebe" – anders als der Begriff heute definiert wird – die sexuelle Begierde als Triebfeder der körperlichen Vereinigung von Mann und Frau. Ohne Sinnlichkeit und Erotik konnte es für das Genie aus dem Griechenland um 400 v. Chr. keine funktionierende Partnerschaft geben.

Um Geschlechtskrankheiten machte man sich damals keine Sorgen, die kannte man noch gar nicht, aber vor allem Frauen hatten Angst vor einer ungewollten Schwangerschaft. Es galt daher, den Liebesakt rechtzeitig zu unterbrechen, wie schon der römische Dichter Lukrez beschrieb: *Geile Bewegungen nützen den Gattinnen nicht im geringsten. / Sie widersetzen sich nur der Empfängnis und können sie hemmen, / wenn sie wollüstig, mit schwingenden Hüften, den drängenden Gatten / auffangen, ihn zum Erguss noch reizen mit wogenden Brüsten … lassen (sie) den Ausstoß des Samens das Ziel nicht erreichen.*

♥ ♥ ♥

Als sich im 1. Jhd. n. Chr. in Wien auf dem Areal des heutigen Zentrums und in Teilen des dritten Bezirks römische Soldaten niederließen und ein Militärlager samt Vorstadt und Zivilsiedlung errichteten, nahm auch in der Donaumetropole die Unzucht ihren Anfang. Die rund 6000 unverheirateten Legionäre durften zwar ihre Konkubinen (= Lebensgefährtinnen) und Kinder nach Vindobona mitbringen, dennoch standen ihnen ausreichend „prostibulae" zur Verfügung, die in den Straßen der Vorstadt auf Kundschaft warteten. Sie durften nicht offiziell am gesellschaftlichen Leben teilnehmen und trugen zur Unterscheidung von den ehrbaren Frauen grüne Togen, gelbe Perücken und rote Schuhe. Darüber hinaus fanden sich unter den Verkaufsständen, Werkstätten, kulturellen Einrichtungen und Weinschänken mit Sicherheit auch ein paar Freudenhäuser, gekennzeichnet durch die Abbildung eines Phallus – eines davon wahrscheinlich am Michaelerplatz direkt vor dem heutigen Haupteingang der Hofburg. Bei Grabungen wurden neben Mauern des ehemaligen Römerlagers auch Reste dieses Gebäudes freigelegt, bei dem es sich vermutlich um eine Mischung aus Trinklokal und Freudenhaus handelte. An einer Wand sind Spuren von Fresken mit Weinranken zu sehen und über dem Eingang befand sich der Schriftzug *hic habitat felicitas* (= Hier wohnt die Glückseligkeit). Ein weiteres römisches Puff dürfte sich in der Nähe des heutigen Hohen Markts in einem Badehaus befunden haben.

Wenn dir das Glied schwillt und ´ne Magd, ein Sklave ist gleich zur Hand für Liebesdrang und -kampf, magst du dann lieber vor Verlangen bersten? Ich nicht. Ich lieb' Erotik, die mir leicht beschaffbar und die leicht genießbar ist, schrieb der römische Dichter Horaz im 1. Jahrhundert v. Chr., und daran hielten sich auch die Soldaten in Wien.

In der Zivilstadt, gelegen entlang des Rennwegs auf Höhe der Reisnerstraße im Nordwesten und bis zur Landstraßer Hauptstraße im Südosten, vergnügten sich die braven Krieger abends dann noch mit ihren Partnerinnen, „focariae" (= Beischläferinnen) genannt. Im Zentrum dieser Ansiedlung, das beginnend im Bereich Kleistgasse bis Höhe St. Marx angenommen wird, befand sich vermutlich auch eine Therme. Und dort dürfte es, ähnlich wie in einem heutigen Swingerclub, nach Feierabend zwischen den Legionären und ihren Konkubinen häufig noch zu orgiastischen Ausschweifungen gekommen und recht hoch hergegangen sein.

Das Mittelalter

Die Römer verschwanden, Lust und Laster blieben. Nach der Antike verlagerte sich der eheliche Geschlechtsverkehr zunehmend auf die Strohbetten der heimischen Schlafzimmer und es gab erstmals so etwas wie Privatsphäre. Daneben existierten aber auch weiterhin diverse Etablissements, in welchen man sich umsichtig der ungestillten Sehnsüchte und erotischen Bedürfnisse seiner Gäste annahm.

Im überwiegenden Teil des Mittelalters hatte jedoch alles, was mit Spaß am Sex zu tun hatte, mehr oder weniger heimlich zu geschehen – denn der Geschlechtsakt sollte nur zwischen Verheirateten stattfinden und in erster Linie dem Fortbestand der Menschheit dienen. Was man für eine verbotene Triebbefriedigung zu erwarten hatte, stand in den sogenannten Bußbüchern. Die Priester dürften in jener Zeit im Beichtstuhl ziemlich viel zu hören bekommen und ihren Schäfchen in der Folge ordentliche Strafen dafür auferlegt haben, beispielsweise Kerker für Masturbation, Fasten bei Wasser und Brot für eine falsche Sexstellung, usw. Es existierten allerdings ebenso kategorische Gebote für den ehelichen Liebesakt, so durfte er etwa nur montags, donnerstags und sonntags, keinesfalls aber rund um Feiertage praktiziert werden – im Schnitt kam man dabei also auf etwa vier Mal pro Monat. Ausgeübt wurde der „Gattenbeischlaf" in der Missionarsstellung und meist bei völliger Dunkelheit, häufig in vollständiger Nachtgewandung unter Freilegung der relevanten Stellen. Vor allem den Frauen war Nacktheit im Mittelalter verboten, Männer durften nicht einmal ihre eigenen Gemahlinnen völlig hüllenlos betrachten.

Kein Wunder also, dass sich die Prostitution weiterhin großer Beliebtheit erfreute – da im Verborgenen, dort in aller Öffentlichkeit; wobei Art und Umfang der Dienstleistung stets von der landestypischen Kultur und den finanziellen Möglichkeiten der Kunden abhing.

In Wien beziehen sich die ältesten Berichte von Dirnen im frühen Mittelalter auf die Naglergasse, außerdem auf das Gebiet zwischen der Wollzeile und der Singergasse vor den Toren der Stadt.

Die Freudenmädchen von damals machten Männer mittels Hebens ihres Rocks auf sich aufmerksam, andere, sogenannte „Vensterhennen", boten aus ihren Wohnungen heraus ihre Dienste feil. Ein Arbeitsverbot gab es nur an Sonntagen und zudem während der Fastenzeit. Rechte hatten die Damen damals noch keine, sie galten als ehrlos und man durfte sie sogar ungestraft misshandeln.

1192 ließ Herzog Leopold V. allerdings die Beschimpfung „Hurensohn" bei Strafe untersagen – es war erlaubt, im Streit andere mit Flüchen zu belegen, ihnen den Teufel an den Hals oder die Schändung durch Gottes Leichnam zu wünschen, aber das Wort „Hurensohn" durfte nicht ausgesprochen werden.

Bordelle gab es in jener Zeit noch nicht in Wien, dafür rund 30 Badestuben (eine davon beispielsweise in der Neubadgasse 6), wo Kunden beiderlei Geschlechts nach allen Regeln der Kunst verwöhnt wurden. Die eigens für die erotischen Dienstleistungen engagierten Badfrauen übertrumpften einander mit originellen Kopfbedeckungen, denn Bekleidung war in diesen frühen Wellnesstempeln nicht üblich. Aber auch ehrbare Wienerinnen kamen in die Stuben und leisteten einsamen Männern in der Wanne Gesellschaft. Die Besucher vergnügten sich allerdings häufig auch ganz spontan mit ihren Zuber-Nachbarn, nachdem sie bei sanften Harfenklängen im Wasser gespeist hatten. Nur homosexueller Verkehr war, wie jede Art der Sodomie (im Mittelalter noch die Bezeichnung für sexuelle Handlungen, die nicht dem Zweck der Fortpflanzung dienten), strengstens verboten und mit der Todesstrafe bedroht.

Der deutsche Minnesänger Tannhäuser beklagte vor etwa 800 Jahren, wie leicht einen das Leben in Wien zugrunde richtete mit Wein, Weib und „zweimal in der Woche baden".

♥ ♥ ♥

Auf dem Platz Am Hof wurden in jener Zeit häufig Turniere abgehalten, der Sieger erhielt als Preis eine der Prostituierten, die während der Veranstaltung am Rand standen und ihre Reize zur Schau stellten. Darüber hinaus nahmen die Damen vom horizontalen Gewerbe selbst ebenfalls an diversen Wettkämpfen teil, weshalb sie als die ersten weiblichen Sportlerinnen der Geschichte gelten – ehrbaren Frauen war es nämlich verboten, sich leicht bekleidet unzüchtig zu bewegen.

Aber nicht nur die Zivilbevölkerung durfte sich mit Dirnen vergnügen, auch in den Krieg ziehende Soldaten – etwa die Kreuzritter, die sich damals in Wien sammelten – wurden von Venusdienerinnen begleitet. Ein „Hurenweibel" befehligte die „Trossweiber", die tagsüber kochten, putzten und Wäsche wuschen und nachts für die Entspannung der geschundenen Leiber sorgten.

Bordelle sind in Wien nach der Römerzeit erst wieder ab dem 13. Jahrhundert belegt, die von unverheirateten Männern besucht werden durften, die keine Kleriker oder Juden waren. Zur selben Zeit zogen zahlreiche fahrende Spielleute und Gaukler durch Europa, in ihrem Gefolge häufig *gemeyne weyber* aus allen möglichen Ländern. Die trieben ihr sexuelles Unwesen in der Stadt und nahmen damit häufig mehr Geld ein als mit dem Darbieten ihrer Künste – als Folge grassierte bald die Lepra, die man als Strafe für ein sündhaftes Leben ansah und durch Geschlechtsverkehr mit einer Jungfrau zu heilen glaubte.

Zu verdanken war der eher lockere Umgang mit der käuflichen Liebe im späten Mittelalter vor allem Rudolf I., dem ersten römisch-deutschen König aus dem Geschlecht der Habsburger, der ein Herz für das horizontale Gewerbe hatte. Er erließ im Jahr 1278 einen Freiheitsbrief für Prostituierte – es handelte sich dabei um die erste urkundliche Erwähnung von Wiener Freudenmädchen – und erhob sie zu einem den Zünften nahezu ebenbürtigen Stand.

Die *gelüstigen frowen* durften ab diesem Zeitpunkt nicht mehr ungestraft beleidigt oder degradiert werden, zahlten sie doch immerhin Steuern wie andere ehrbare Leute. Unterstellt waren die Damen dem Scharfrichter, der ein Auge auf die Einhaltung einer gewissen Moral unter ihnen zu sorgen hatte und überwachte, dass die „Gunstgewerblerinnen“ auf Geheiß des Königs an Sonn- und Feiertagen die Stadt verließen.

Rudolfs Nachfolger setzten die Tradition fort und ließen die Venusdienerinnen wohlwollend gewähren.

Mitte des 14. Jahrhunderts boomte in Wien die Prostitution. Vor allem nach der Universitätsgründung im Jahr 1365 durch den Habsburger Herzog Rudolf IV. „der Stifter“, da sich die Hochschüler als gute Kunden entpuppten und das Studentenviertel zum Hotspot der käuflichen Liebe avancierte. In jener Zeit entstand auch der Begriff „Puff“, der von einem alten Würfelspiel (ähnlich dem heutigen Backgammon) stammt, das im Mittelalter gerne in Bordellen gespielt wurde.

Die Kirche akzeptierte die Prostitution damals, sah darin ein notwendiges Übel und die einzige Möglichkeit, den Rest der weiblichen Bevölkerung vor körperlichen Übergriffen triebhafter Männer zu schützen. Es gab sogar Abteien, die selbst Freudenhäuser unterhielten. Im Allgemeinen befanden sich diese aber im Besitz wohlhabender Bürger oder Fürsten.

Um 1395 gab es bereits einige Bordelle vor den Stadtmauern: am „Gries beim Fraueneck“ in der Laimgrube (heute zwischen Gumpendorferstraße und Mariahilfer Straße), am „Frauenfleck“ (heutiger Schillerplatz), vor dem Widmertor (heute der Durchgang vom Heldenplatz in die Innere Burg) und am Tiefen Graben Nr. 37. Letzteres war herzogliches Lehen und unterstand dem Hofmarschall, wurde 1415 verkauft und elf Jahre später von der Stadt Wien erworben, der es als lukrative Erwerbsquelle diente.

Die Puffs wurden zwar als „Frauenhaus“ urkundlich erwähnt, verpachtet an einen Frauenwirt und mit einer Frauenmeisterin als Vorsteherin, waren aber nicht vergleichbar mit den heutigen Institutionen gleicher Bezeichnung.

Es war damals üblich, dass die Einrichtungen, „in denen Unzucht und Sünde herrschte“, einen Teil ihres Ertrags an die „Stadtguardia“ abgeben mussten. Auch bei den *gemeynen weybern*, die ohne Ausnahme „allgemein“ zur Verfügung zu stehen hatten, kassierten die schlecht bezahlten Sicherheitsorgane der Stadt ab – sozusagen als Lohn dafür, dass sie auf der Straße auf sie aufpassten. Im Unterschied dazu gab es die *frie frowen*, die als Privatprostituierte arbeiteten und Freier auch ablehnen durften – von ihnen bekamen die Beamten kein Geld, da diese Damen nachts nie allein unterwegs waren.

Im auslaufenden 14. Jahrhundert gründeten drei Ratsherrn eine wohltätige Stiftung für Dirnen, die dem sündigen Leben entsagen und *ain puzzendes leben* beginnen wollten, und erbauten für sie das Kloster zum Heiligen Hieronymus (heute Franziskanerkloster). Die Einrichtung wurde von Herzog Albrecht III. abgesegnet und in einem Freiheitsbrief unter Schutz gestellt, von den Wiener Bürgern erhielten die geläuterten Fräuleins Schnaps, Wein und Betten.

Jahre später bewohnten dieses „Haus der Büßerinnen“ nur noch acht Nonnen, die es mit dem Beten und Bereuen wohl nicht mehr ganz so ernst nahmen. Die Vorsteherin, Juliana Kleeberger, verschleuderte Stiftsgüter und begann eine heiße Affäre mit dem Heim- und Hofpfarrer, und ihre Mitschwestern sollen ebenfalls *lasterhaften Wandel getrieben haben*.

Zur selben Zeit verursachte aber auch eine fromme Gottesdienerin einen sündigen Skandal: die Franziskanerin Agnes Blannbekin, die bei der Selbstgeißelung innerlich „süß verbrannte“ und bei der Kommunion die Vorhaut Christi auf der Zunge spürte. Sie rannte täglich in Wien von Kirche zu Kirche und pflegte nach der Messe den Altar zu küssen, obwohl Frauen der Aufenthalt dort untersagt war.

♥♥♥

Slunen, wie Freudenmädchen im Spätmittelalter auch genannt wurden, waren leicht zu erkennen, weil sie als Unterscheidungsmerkmal zu den „braven Frauen“ ein gelbes Tuch tragen mussten. Sie hatten ein hartes Leben und arbeiteten unter unwürdigen Bedingungen. Zum einen brauchten sie dringend das Geld, das sie mit dem Verkauf ihres Körpers verdienten und mussten daher sämtlichen sexuellen Forderungen nachkommen. Nur in seltenen Ausnahmefällen – wenn die Freier allzu perverse Praktiken verlangten – verweigerten sie den Dienst, wurden dafür allerdings zumeist unflätig beschimpft und nicht selten brutal geschlagen. Zum anderen waren die hygienischen Bedingungen eine Katastrophe: In den Freudenhäusern roch es nach Schweiß, Alkohol und Dreck, auf der Straße nach Abfall und Fäkalien; und überall wimmelte es von lästigem Ungeziefer und aggressiven Krankheitserregern.

Zu den Problemen mit dem Gestank und den gesundheitsgefährdenden Keimen gesellte sich das Problem der Schwangerschaftsprävention, für die es damals noch keine effektive Methode gab. Der Keuschheitsgürtel, der in jener Zeit in Italien erfunden wurde, dürfte dafür nicht geeignet gewesen sein – vielmehr handelt es sich dabei vermutlich um das erste Sexspielzeug in der Geschichte der Erotik. Zudem sollte das Metallinstrument die Enthaltsamkeit der Ehefrau in Abwesenheit ihres Gatten gewährleisten.

Eine gängige Maßnahme zur Empfängnisverhütung stellte das Schmieren einer Tinktur zwischen die Beine dar, die den Samen abstoßen sollte. Kräuterfrauen und Hebammen besaßen damals ein weitreichendes Wissen solche Essenzen betreffend, brauten diese selbst und veräußerten sie teuer an die Hilfe suchenden Frauen. Als weitere Maßnahme galt der Coitus interruptus, bei dem die Dirne allerdings vollkommen darauf angewiesen war, dass ihr Freier die Disziplin für den frühzeitigen Abbruch aufbringen konnte, so er überhaupt ein Interesse daran hatte. Schließlich verfügten Prostituierte über keinerlei Handhabe einem Mann gegenüber, wenn er sie geschwängert hatte, und konnten ihn nicht zur Verantwortung ziehen. Zudem wussten die wenigsten im Nachhinein, von wem sie in andere Umstände gebracht worden waren. Natürlich wollten die meisten das Ungeborene loswerden. Die operative Abtreibung nahmen in den meisten Fällen billige Quacksalber ohne fundierte medizinische Kenntnisse in finsteren, dreckigen Kellerräumen oder winzigen Kammern in finsteren Hinterhöfen vor. Nicht selten bezahlten die Frauen diese mechanischen Eingriffe, die mit verschmutzten Werkzeugen und ohne Betäubung durchgeführt wurden, mit ihrem Leben. Es kamen noch andere Methoden zum Einsatz, beispielsweise Sitzbäder im fast kochend heißen Wasser, Aderlass oder Abführ- und Fastenkuren. In vielen Fällen starben die verzweifelten Mädchen dabei an einem Kreislaufzusammenbruch, inneren Blutungen oder Auszehrung.

Es kam allerdings auch vor, dass man die Schwangerschaft als gegeben hinnahm und Sex für Babybauch-Fetischisten anbot. Nach der Geburt wurde das Kind dann umgebracht oder irgendwo abgelegt und sich selbst, meist damit auch dem sicheren Tod, überlassen.

In jener Zeit schliefen die Männer nicht mit Frauen, die sie liebten, um sie nicht in Schwierigkeiten zu bringen, sondern mit denen, die sie sicher nicht heiraten wollten – sie wandelten dabei ihre Verehrung für Erstere in verächtliche Gleichgültigkeit gegenüber Zweiterer um.

Schon bald wurden weitere Büßerinnenhäuser errichtet, deren Insassinnen Herzog Albrecht V. mit einigen Privilegien belohnte, wenn sich diese von ihrem sündigen Leben ab und Gott zuwandten. Es gab schon bald zahlreiche fromme Bürger, die aus den „gefallenen Mädchen" ehrbare Frauen machen und diese ehelichen wollten, sobald diese sich bewährt hatten.

Auch die Worte berühmter Prediger aus dem In- und Ausland, die auf großen Plätzen und Friedhöfen ihre Ansprachen hielten, lösten bei einigen Dirnen einen Sinneswandel aus. Häufig fanden die Bekehrten gleich an Ort und Stelle in der Menge der Gläubigen einen braven Mann, der sich bereit erklärte, sie zu heiraten.

♥♥♥

In Wien gingen in jener Zeit die damals sogenannten Nymphen auf den „Schnepfenstrich" und warteten vorwiegend am Graben oder Kohlmarkt auf Freier. Wer sich die „vornehmen" Damen aus der noblen Gegend nicht leisten konnte, besuchte deren billigere Kolleginnen außerhalb der Innenstadt, wo der Sex vorwiegend in finsteren Hinterhofecken oder Halbwelt-Spelunken stattfand.

Besonders triebhaft benahmen sich die Wiener bei Messen oder Volksfesten. Aber auch im Prater gingen rund um die Uhr „leichte Mädchen" auf Männerfang, sodass in den Anfängen des Vergnügungsparks wegen der dort stattfindenden „Winkelprostitution" sogar weibliches Personal verboten war.

Zugleich hat man die Dirnen bei hochoffiziellen Veranstaltungen fast wie Angestellte der Stadt behandelt und beim Empfang von Staatsgästen für verschiedene Aufgaben engagiert: Sie begrüßten den hohen Besuch als blumenbekränzte „Ehrenjungfrauen", lockerten Feste durch Tanzeinlagen auf und fungierten bei den Empfängen als Hostessen. Sie wurden schön eingekleidet, feudal bewirtet und hinterher gab es häufig auch noch schöne Geschenke für die geleisteten Dienste.

Anlässlich der Ankunft des 67-jährigen Kaisers Sigismund in der österreichischen Residenzstadt der Habsburger im Jahr 1435 beispielsweise erhielten die auserwählten Bordelldamen ein Outfit aus wertvollem Samt. Und auch König Ladislaus wurde im Jahr 1453 von zahlreichen „Hübschlerinnen" in Gewändern aus edlen Stoffen willkommen geheißen.

Enea Silvio Piccolomini hingegen, der spätere Papst Pius II., kam bei seinen Gastaufenthalten nicht in den Genuss dieser Freuden, stellte aber dennoch fest, wie leicht man hier „zur Sünde" kam: „Das Volk ist dem Bauch ergeben, sehr gefräßig, und gibt an den Sonntagen den Verdienst der ganzen Woche aus. Zerlumpt und derb ist der Pöbel, sehr groß die Zahl der Prostituierten." Und obwohl der fromme Mann der Meinung war, *wenn du ein Weib siehst, denk, es sei der Teufel*, zeugte er drei uneheliche Kinder mit Wiener Grazien.

Mitte des 15. Jahrhunderts existierten in der Stadt an der Donau neben etlichen „Badehäusern" drei offizielle Bordelle, eines am Tiefen Graben und zwei weitere in der Nähe des Naschmarkts. Dirnen wurden als anonyme Dienstleisterinnen gesehen, die Männern Erleichterung verschafften und vor einem Samenstau bewahrten. Man hat sie zudem oft als Sachverständige zu Verhandlungen bei Gericht geladen: War ein Mann laut seiner Gattin impotent und beanspruchte diese daher eine Trennung zu ihren Gunsten, sollte eine Prostituierte ihr Glück probieren: Kam es dabei zu einer Erektion, war die Ehe weiterhin gültig und konnte nicht so einfach geschieden werden.

Die bereits etwas älteren, erfahreneren Sexarbeiterinnen fungierten in der besseren Wiener Gesellschaft außerdem als Aufklärerinnen, Sexualtherapeutinnen und Beziehungsberaterinnen verklemmter junger

Damen und waren sogar gern gesehene Gäste bei geselligen Veranstaltungen – einerseits, um die anwesenden Herren zu befriedigen, andererseits, um witzige Anekdoten im Straßenjargon zum Besten zu geben und die Anwesenden bei Laune zu halten.

Darüber hinaus gab es in jener Zeit, wie auch schon davor, Wanderhuren, die bei Gelegenheit dorthin fuhren, wo viel Besuch erwartet wurde – um ein gutes Geschäft zu machen und mehr Geld als im alltäglichen Normalbetrieb zu verdienen. Es ist bekannt, dass sich viele Prostituierte auch den Wallfahrern anschlossen, da Pilger abends gerne die Fürsorge unkomplizierter Reisebegleiterinnen in Anspruch nahmen.

Wollten damals anständige Mädchen ihre Auserwählten von Venusdienerinnen fernhalten, griffen sie zu diversen Zaubertränken und anderen Mittelchen, die von „Kräuterhexen" teuer verkauft wurden – bis heute ein funktionierendes Geschäftsmodell. Oder sie griffen zu angeblich bewährten Tricks, welche die Treue des Partners garantieren sollten – so backten sie beispielsweise einen Kuchen für ihren Liebsten und arbeiteten eigene Schamhaare in den Teig mit ein.

Ende des 15. Jahrhunderts verloren die Freudenhäuser in Wien an Bedeutung. Schuld daran war die Syphilis, die sich stark ausbreitete, weshalb Kaiser Maximilian I. im Jahr 1495 vor dem Stubentor ein Spital für Betroffene errichten ließ. Wie schon zuvor beim Ausbruch der Lepra dachten die Menschen, die „Lustseuche" wäre die Strafe für einen unkeuschen Lebenswandel. Als festgestellt wurde, dass fröhliches Plantschen in Wasserzubern zur Verbreitung der Krankheit stark beitrug, führte dies zur Schließung der Badestuben. Der Volkszorn richtete sich sogleich gegen das schwächste Glied in der Kette, „Badhur" entwickelte sich zum abfälligsten Schimpfwort jener Zeit.

Die frühe und jüngere Neuzeit

Zu Beginn des 16. Jahrhunderts führte der im römisch-katholischen Kirchenrecht verankerte Grundgedanke der Enthaltsamkeit zu einer strengen Ächtung der Prostitution. Eine „unsittliche" Lebensweise wurde rigoros bekämpft, „unzüchtige Weibspersonen" zunehmend geächtet. Hat man im Mittelalter noch beide Augen zugedrückt, drohten den Damen vom horizontalen Gewerbe und ihren Kunden in der anschließenden Neuzeit strenge Sanktionen bis hin zur Todesstrafe.

Aus dem Jahr 1501 gibt eine Rechnung Auskunft darüber, wie viel es damals kostete, *eine unverbesserbar Frawe in der tunow zu ertrenken*: vier Schilling und 54 Pfennige.

Kaiser Maximilian I., der als selbst ernannter „letzter Ritter" zahlreiche Damen neben seiner Ehefrau in den Genuss seiner „Galanterie" kommen ließ und mindestens 14 uneheliche Kinder zeugte, ordnete die Schließung der Wiener Lusttempel an und untersagte das *leichtfertige Beywohnen*. In den letzten Jahren des Bestehens der Bordelle wurden verheiratete Kunden, so man sie auf frischer Tat ertappte, mit einem Gfeel (= Bußgeld) bestraft.

Kaiser Ferdinand I. verbot 1534 die Freudenhäuser dann auch per Gesetz und beauftragte im Rahmen seiner neu gegründeten „geheimen Keuschheitskommission" die dafür eingestellten Beamten, suspekte Damen zu bespitzeln und eine Liste *etlicher verdächtiger Örter* in der Stadt zu erstellen. Ab 1542 wurden *Hurerey und Kupeley* mit strengen Strafen belegt. Dirnen mussten hohe Geldbeträge zahlen, wenn sie dabei erwischt wurden, ihren Körper einem Mann gegen Bezahlung anzubieten. Wiederholungstäterinnen ließ man auspeitschen und anschließend in einem „Narrenkötterl" am Hohen Markt öffentlich zur Schau stellen, wo sie von geifernden Frömmlern mit Unrat, faulem Gemüse oder Fäkalien beworfen werden konnten.

In etwa aus jener Zeit stammt auch der Begriff „Bordsteinschwalbe" als anderes Wort für Straßenmädchen, ebenso der Ausspruch „Du wirst noch in der Gosse landen", mit dem Eltern ihre faulen oder liederlichen Töchter maßregelten.

Spitzel der Kommission kontrollierten die Wiener Haushalte auf „gute Sitten", aber auch Sünden wie „Zutrinken, Völlerei und Kleiderluxus" waren untersagt.

Kaiser Ferdinand wollte seine Untertanen sowohl zur Gläubigkeit als auch zur Keuschheit zwingen und schuf damit den idealen Nährboden für Heimlichkeit und Doppelmoral: Man ging in die Kirche, sündigte anschließend hinter verschlossenen Türen und betete hinterher um Vergebung. Aber auch die Gottesfürchtigen von Berufs wegen nahmen es mit den Verboten seitens der Obrigkeit nicht so genau: In Österreich zählte man Mitte des 16. Jahrhunderts 88 Klöster, 387 Mönche und 86 Nonnen – die 387 Mönche unterhielten in den Gotteshäusern 237 Konkubinen und 49 Ehefrauen, die 86 Nonnen hatten 50 eigene Kinder. Im Wiener Jakoberkloster gab es 1554 nur noch sieben *Klosterjunckfrawen*.

Kaiser Maximilian II. lockerte die Sitten in Wien wieder, legale Prostitution wurde akzeptiert und gegen „Unzuchtnester" ging die Justiz nicht mehr mit aller Strenge vor. Als jedoch auch viele Fremde in die Stadt strömten und sich das „liederliche Volk" überall breitmachte, schritt der Monarch ein und erließ dazu eine umfassende Polizeiordnung.

Kaiser Ferdinand II., ähnlich bieder wie sein Großvater Ferdinand I., erließ im Jahr 1633 eine Verordnung über *Tugendsambe Lebensführung* und gebot, ertappten Prostituierten ein Ohr abzuschneiden, falls sie sich nicht einsichtig zeigten.

Um die Wiener besser zu überwachen, wurde Mitte des 17. Jahrhunderts die Rumorwache mit Sitz am Petersplatz und 60 Einsatzkräften gegründet, die für Zucht und Ordnung zu sorgen hatte.

Mit Kaiser Leopold I. kehrten die unbeschwerten Vergnügungen zurück, er selbst lebte offen seine Beziehungen zu diversen Hofdamen aus, überwiegend Französinnen, während seine Ehefrau Margarita Theresa meist schwanger oder kränklich war. Er machte die Stadt auch sicherer und sauberer, ließ Kanäle bauen, verbot Müll und Tierkadaver auf den Straßen, gründete eine Berufsfeuerwehr und beleuchtete die Innenstadt mit Laternen. Die Dirnen freute es, da sie dadurch mehr Zeit für die Geschäftsanbahnungen hatten und sich mehr junge Männer nachts auf den Straßen aufhielten.

Doch trotz Modernisierungen und zunehmender Großzügigkeit schwangen immer noch vehemente Kämpfer gegen sündhaftes Treiben laute Reden in der Stadt – ein besonders leidenschaftlicher Verfechter für Anstand und Moral war der katholische Geistliche Abraham a Sancta Clara. Der Geistliche ereiferte sich in den Jahren von 1668 bis

1679 immer wieder über die immer stärker um sich greifende Unzucht, wobei ihm vor allem die Damen vom horizontalen Gewerbe ein Dorn im Auge waren. In einer seiner Predigten in der Wiener Augustinerkirche wetterte er gegen die „verhurten Sauzimmer" mit der Forderung, der Adler des Evangelisten Johannes solle „diesen Weibern auf die nackten Brüste scheißen". Die damals beim Gottesdienst anwesenden Hofdamen waren brüskiert und beschwerten sich bei Kaiser Leopold über den Hassprediger, sodass der Monarch eine Entschuldigung von Sancta Clara einforderte. Dieser korrigierte: „Nicht der Adler des Johannes, sondern der Stier des Evangelisten Lukas möge das Geschäft besorgen." In Wien gibt es übrigens eine Straße, die nach dem Geistlichen benannt ist.

♥ ♥ ♥

Mitte/Ende des 17. Jahrhunderts trieben sich die Vorstadt-Dirnen bevorzugt in den Alleen bei den Basteien, „Schlapfenpromenaden" genannt, herum. Oder sie warteten in „Winkelbordellen" auf Kundschaft – es handelte sich dabei um Häuser, die man bei Razzien rasch über einen Hinterausgang verlassen konnte und in der Mehrzahl von Mitgliedern der Stadtguardia betrieben wurden. Die Lokale trugen bezeichnende Namen wie *Zur wilden Sau*, *Bey der neunfingerten steyrischen Gredl*, *Zum nackenden Kapauner* oder *Bey der angestrichenen Julerl*. Ein Stammgast jener Etablissements, Historiker und Mönch Casimir Freschot, beschrieb den Zustand der Spelunken und Mädchen: „Allerley Unziffer, garstige Mist-Hamln, Mist-Butten, stinkende Zottl-Böck, Lumpen-Gesind, kretzig und schäbige Muschen, schändliche Nacht-Eulen, grausliche Pratzen-Gesichter …"

In der Innenstadt waren die bekanntesten Plätze für illegale Straßenprostitution Am Hof und Tiefen Graben, weiters Judenplatz und Kohlmarkt sowie Wollzeile, Schottenbastei, Kärntner Straße, Herrengasse und Naglergasse. Die Dirnen warteten in der Regel versteckt in Toreinfahrten auf Kundschaft, lockten sie in einen der zahlreichen Wiener Hinterhöfe und boten in einer finsteren Ecke ihren Körper feil.

Zur gleichen Zeit führte man einen erbitterten Kampf gegen die Sodomie (erst ab der Neuzeit auch die Bezeichnung für den sexuellen Verkehr mit Tieren) und ließ die dabei Ertappten auf der Gänseweide (heute zwischen Franzensbrücke und Rotundenbrücke) hinrichten – beispielsweise im Jahr 1699 Stephan Pfenning, welcher dieser „Bestialität" angeklagt war und dessen Exekution sich im Rechnungsbuch des Städtischen Unterkammeramts mit neun Gulden und 16 Kreuzer niederschlug. Pfennings Pferd ist ebenfalls zum Tode verurteilt und vermutlich gevierteilt worden.

Im Wien des 18. Jahrhunderts wurde unter Karl VI. das beliebte „Fensterln" verboten, das als Einsteigen bei der Braut zum „Probeliegen" Tradition hatte. Andererseits ließ der Monarch die Dirnen kaum verfolgen, die sich bald überall breitmachten, konsumierte deren Dienste auch gerne selbst. *Die Wälle und die Basteien haben die Freiheit, dass darauff allerhand liederliche Wirths-Häuser passirt, worinnen die leichtfertigste Buben-Stuck und Hurereyen, nebst anderen abscheulichsten Sünden getrieben werden*, hieß es. Karls Tochter Maria Theresia fand diese Entwicklung schon als kleines Mädchen abscheulich, zudem erlebte sie das zügellose Benehmen bei Hof und wurde Zeugin der Seitensprünge ihres Vaters. Sie setzte sich daher nach ihrem Regierungsantritt 1745, geprägt von ihrer Kindheit, beeinflusst vom barocken Katholizismus und mit hohen moralischen Ansprüchen ausgestattet, ein ehrgeiziges Ziel: der Prostitution endgültig und nachhaltig Einhalt zu gebieten. Auch wenn es bereits von ihren Vorfahren Maßnahmen zur Eindämmung der käuflichen Frivolitäten gegeben hatte, blühte der Sexhandel wie eh und je: Es gab etwa 10 000 „gemeine" und 6000 „vornehme" Freudenmädchen, die insgesamt zehn Prozent der Bevölkerung ausmachten.

Kurzerhand gründete die Habsburgerin im Jahr 1752 eine neue „Keuschheitskommission", die als bestehender Zweig der Gerichtsbarkeit außerehelichen Geschlechtsverkehr, Prostitution sowie jede andere Art anstößigen Verhaltens ahndete und bestrafte. Natürlich waren auch „abnorme" Sexualpraktiken nicht geduldet, dazu zählten neben Inzest einmal mehr die Homosexualität (bei dem Schöpfer des Begriffs handelte es sich übrigens um den in Wien geborenen Schriftsteller Karl

Maria Kertbeny) – und das, obwohl sich auch ihr Vater Karl VI. häufiger mit Männern sexuell eingelassen hatte. Unter anderem im Zusammenhang damit wurde die Onanie als „Verschwendung des Samens" in der *Constitutio Criminalis Theresiana* erstmalig in Österreich unter Strafe gestellt. Zur selben Zeit haben Gelehrte „abnormes Verhalten" bei der körperlichen Vereinigung zunehmend wissenschaftlich pathologisiert und dabei aus Sündern sogar Verbrecher gemacht. Die Medizin beschrieb nicht nur die Abweichung selbst als verwerflich, sondern bescheinigte den „Tätern" eine „schädliche" Persönlichkeit.

♥ ♥ ♥

Rund 500 Spitzel der Keuschheitskommission unter Maria Theresia sollten das Treiben der Menschen im lasterhaften Wien sorgfältig überwachen und genauestens protokollieren, vorwiegend was die käufliche Liebe betraf.

Ledige Freier mussten, hat man sie beim Geschlechtsverkehr mit einem „unehrenhaften Weib" erwischt, die betreffende Dame auf der Stelle ehelichen. Verheiratete Männer hat man in so einem Fall wegen Ehebruchs angeklagt, wobei es den Herren aus höheren gesellschaftlichen Schichten natürlich jederzeit möglich war, sich „freizukaufen". Das führte zu einem skurrilen Geschäftsmodell: Ein Freund des Freudenmädchens kam vorbei und drohte dem Galan, ihn bei der Sittenpolizei zu verpfeifen. Der ließ daraufhin ein paar Münzen springen, damit er nicht angezeigt wurde, und verschwand. Die Dirne und ihr Verbündeter lachten sich ins Fäustchen und teilten das Geld.

Incorrigible Weibspersonen, die ihre Freier bestahlen oder mit einer Geschlechtskrankheit ansteckten, wurden kahl geschoren und mit geteertem Schädel zur Schau gestellt oder vor der Kirche ausgepeitscht. Wiederholungstäterinnen steckte man in Zuchthäuser oder ließ man mittels „Temesvarer Wasserschübe" in Gesellschaft „anderer Asozialer" mit Schiffen die Donau hinunter in den Banat deportieren, wo sich das Straflager der Monarchin befand. Umgekehrt kamen Mädchen aus anderen Ländern Europas nach Wien, um hier Karriere als Liebesdienerin zu machen, was Dirnennamen wie „Preßburger-Rosl" oder „Schweizer Kuh" belegen.

Für die Züchtigungen der Frauen zuständig war der erste Präsident der Keuschheitskommission, der Jesuit Ignaz Parhamer. Der Gottesmann legte beim öffentlichen Auspeitschen – eine damals willkommene Sonntagsbelustigung der Wiener, für die sie sogar ein paar Münzen springen ließen – mit größtem Vergnügen auch selbst Hand an. Nach ihm wurde in Hernals ein Platz benannt, der bis heute so heißt.

Frauen, zeigten sie sich verdächtig „lebenslustig", ließ man von der Gesellschaft absondern und für ein paar Wochen in ein Kloster einweisen. Freiwillige Aussteigerinnen kamen ins Büßerinnenhaus in der Grünangergasse 2, wo sie mit Stricken oder Spinnen beschäftigt wurden. So hieß es damals auf die Frage, wie lang man in der Einrichtung hatte bleiben und bereuen müssen, beispielsweise: „Zwei Paar Strümpfe". Die Besserungsanstalt für Prostituierte, die *aus reumüthiger erkenntnuß ihres unheyl dem sündenleben Adieu sagen wollten*, musste bereits nach fünf Jahren ihre Pforten schließen, da es an „gefallenen Mädchen" mangelte.

Damit die Bordsteinschwalben trotz Verbots doch noch zu Geschäften kamen, mussten sie sich tarnen – allerdings so, dass willige Freier sie auch erkannten. Bald war hinter jeder Rosenkranzverkäuferin, Putzmacherin oder Servierdame eine Gelegenheitsprostituierte zu vermuten, die sich mit sexuellen Gefälligkeiten ein Zubrot verdienen wollte.

Zudem hatten die Sittenwächter keinen Zutritt zu vornehmen Häusern, weshalb die dort weiblichen Angestellten häufig eine „galante Karriere" begannen. Als die Grabennymphen andererseits bemerkten, dass Stubenmädchen auf der Straße nicht kontrolliert wurden, trugen viele von ihnen ebenfalls bald eine solche Uniform.

In jener Zeit dürfte es öfter einmal vorgekommen sein, dass Männer sich eine Ohrfeige einfingen, wenn sie einer ehrbaren Frau ein unmoralisches Angebot machten und sich im Irrtum hinsichtlich ihrer Dienstleistungen befanden.

Neben den Verkleidungen entwickelten sich auch andere Arten der verdeckten Prostitution, und die betreffenden Personen waren dabei durchaus erfinderisch. So bewegten sich damals beispielsweise auffällig viele Kutschen durch das nächtliche Wien, wobei es sich häufig um „Porzellanfuhren" handelte (so genannt, wenn sich im Gefährt eine Dirne mit ihrem Freier vergnügte und der Fiaker so vorsichtig fahren sollte, als würde er zerbrechliches Geschirr transportieren). Auch Treffpunkte wie Theaterlogen waren beliebt, außerdem die Grünanlagen, in welchen man es sich im dichten Gebüsch „bequem" machte.

Darüber hinaus entstanden rund um den Graben Scheingeschäfte, deren findige Betreiber im Zimmer hinter dem Verkaufsraum „Sex to go" anboten.

Nicht einmal vor Gotteshäusern machten die Triebe halt: In den Kirchen gab es stets ausreichend Angebot und Nachfrage! Man verständigte sich zwischen zwei andächtigen Gebeten oder nach der Beichte mit Handzeichen und verließ anschließend zusammen die heiligen Hallen, um in einer der umliegenden Gassen zur Sache zu kommen.

♥ ♥ ♥

Wahrscheinlich aufgrund dieser moralischen Doppelbödigkeit wurde von einigen Lebemännern aus höchsten Kreisen der sexuell libertäre „Feigenblattorden" gegründet. Der ermöglichte es den vornehmen Herren, sich weiterhin die bezahlte Liebe zu leisten, ohne sich nachts heimlich in den dunkelsten Gassen von Wien herumtreiben zu müssen. Als sich die „Brüder vom roten Hut" im Jahr 1751 wieder einmal mit den „Schwestern von der schwarzen Feige" im Vereinslokal zum Feiern trafen, tauchte zum großen Entsetzen aller plötzlich die Keuschheitskommission auf. Sie verdonnerte die luxusgewohnten Mitglieder des freizügigen Geheimbunds dazu, öffentlich um Speis und Trank zu betteln. Doch diese Strafe hatte Folgen, die Maria Theresia wenig begeistert haben dürften: Zahlreiche Einwohner der Stadt, die nichts von den strengen Maßnahmen der Kaisergattin hielten, versorgten die „liebestollen Abenteurer" mit allerlei Delikatessen, anstatt sie zu verhöhnen.

Zur selben Zeit bildeten sich weitere „erotische Gesellschaften" wie die Loge des Mops-Ordens, bei der man als Initiationsritus einem Mops den Hintern küssen musste.

Doch nicht nur die Prostitution selbst stieß Maria Theresia sauer auf. Sie mokierte sich auch bereits über kleinere „Vergehen", die ihrer Meinung nach den Anfang vom Ende darstellten, und drängte ihrem Volk weitere moralische Bestimmungen auf. So erklärte sie, was Frauen betraf, beispielsweise das Tratschen in der Kirche und Arbeiten als Servierkraft zum unsittlichen Delikt. Männer benahmen sich ihrer Meinung nach frivol, gingen sie etwa ohne Hemd außer Haus.

Überliefert ist auch, dass Maria Theresia heimlich ein Bild, das die Tänzerin Anna Eberle nackt zeigte, aus dem Palais ihres Staatskanzlers Wenzel Anton von Kaunitz holen und den Körper der Dame mit einem Pelz übermalen ließ. Die strenge Kaisergattin hielt auch das Glücksspiel für ein sündhaftes Laster, zockte aber selbst gerne *Pharao* mit französischen Karten in diversen Kämmerchen der Wiener Hofburg. Doch sie verachtete die eigens dafür gegründeten Herrensalons, wo mit den zahlreich anwesenden adeligen „Fräuleins", strengstens überwacht von einer „Baronin", allerdings vermutlich nicht nur Karten gespielt wurde.

Auch Ehemann Kaiser Franz I. Stephan forderte gerne sein Glück heraus – nicht nur beim Fremdgehen, sondern auch beim von seiner Gattin verbotenen *Hazard*, einem in jener Zeit sehr beliebten Würfelspiel.

♥ ♥ ♥

Maria Theresias Sohn, der spätere Kaiser Joseph II., gab sich ebenfalls gerne bieder und verbat die Prostitution. Auf den Vorschlag eines seiner Minister, zumindest ein konzessioniertes Puff in der Nähe des Grabens zuzulassen, erwiderte er: „Die Wollust wird in Wien ohnedem schon in allen Ständen so unregelmäßig betrieben, dass ich es für unnötig halte, eigene Ableiter für dieselbe anzulegen." Ausgelegt oder interpretiert wurde diese Aussage anders und damit falsch überliefert, nämlich: „Was, Bordelle? Da brauche ich über ganz Wien und seine Vorstadt nur ein großes Dach machen z' lassen, dann haben Sie gleich ohne Mühe ein privilegiertes Hurenhaus."

In ein ähnliches Horn wie der Thronfolger blies der Musiker Johann Friedrich Reichardt, als er in einer Art Reisetagebuch während eines

Aufenthalts in der österreichischen Residenzstadt im Jahr 1787 festhielt: *Hierzulande altern die Frauen nie. Damen, die weit über vierzig sind, ja selbst Fünfzigjährige, kleiden sich wie junge Mädchen, und es gelingt ihnen, Dummköpfe zu finden, die sich an ihren verweilten Reizen begeistern. Und niemals hat ein Land weniger geziemliche Ehen gesehen, als diese wienerische Hauptstadt, wo die Mehrzahl der Frauen sich erst erinnert, verheiratet zu sein, wenn sie aus der Hand desjenigen ihre Rente empfangen, der das Unglücke hatte, ihr Gatte zu sein. Die leichtsinnige Weiblichkeit ist in Wien sehr hübsch und ebenso nichtsnutzig.*

Besonders entsetzt hatte sich Joseph II. über die Unzucht im Prater gezeigt, den er – vorher Jagdgebiet für den Hochadel – 1766 für die Allgemeinheit zugänglich machen ließ. In der Nacht von 7. auf 8. April jenes Jahres wackelte nach der feierlichen Eröffnungszeremonie mit Leuchtraketen und Musik nach Anbruch der Dunkelheit so gut wie jedes Gebüsch. Kommissäre der Sittenpolizei berichteten, es dürften „etwa zweitausend Mägdelein für bares Geld ihren Körper geboten haben". Die wenigen echten Liebespärchen waren dabei gar nicht ins Gewicht gefallen. Es wurde daraufhin das Dickicht in den Praterauen ausgedünnt, um leichter ungebührliches Verhalten in der Öffentlichkeit feststellen oder ledige Paare beim sündigen Treiben ertappen zu können.

In jener Zeit hatte der „Freidamenorden" nach Art der Freimaurerlogen Hochsaison, bei dessen Versammlungen mithilfe männlicher Gäste mythische Szenen sexuell nachgebildet wurden – etwa die Abenteuer des Herkules mit seiner großen, kräftigen Keule. Großmeisterin war Frau von Hohenholz, die auch mit Joseph II. ein Verhältnis gehabt haben soll.

Doch schon bald bürgerte sich dennoch die Unmoral ein: Der Adel vergnügte sich mit Schauspielerinnen, die Mittelschicht mit Dienstmädchen oder Grabennymphen und das Proletariat mit den „Bierhäuselmenschern" vor den Toren Wiens.

Teilweise benahmen sich die öffentlichen Dirnen in der Innenstadt sogar richtig aufdringlich. Im Sommer saßen sie in den Limonadenhütten und winkten mit weißen Taschentüchern als Signal dafür, dass

„die Festung zur Übernahme bereit war". Im Winter rissen sie die Männer sogar in der Kirche bei der Morgenandacht auf. Anständige Damen getrauten sich damals kaum mehr, Herren längere Blicke zu schenken, weil sie fürchteten, für käuflich gehalten zu werden.

Joseph II. griff durch und ging bei der Bestrafung der Huren nicht sehr viel sanftmütiger vor, als zuvor seine Mutter Maria Theresia. Er ließ sie ebenso verhaften, schickte sie zur Besserung ins Kloster oder Arbeitshaus und stellte sie zur Belustigung der Wiener Bevölkerung öffentlich an den Pranger am Hohen Markt. Später ließ er sie mit geschorenen Haaren die Straßen kehren, was sich letztlich als kontraproduktiv erwies, da die Damen bei der Arbeit mit anwesenden Männern flirteten und so neue Freier gewannen. Außerdem machten sie sich zusammen einen Spaß und bildeten ein „Besenspalier", wenn ein ehemaliger Kunde vorbeikam – besonders unangenehm, wenn der betreffende Herr sich in Begleitung seiner Verlobten oder Gattin befand.

An Syphilis erkrankte Mädchen kamen ins Spital von St. Marx, wobei der Kaiser die Krankensäle zur Abschreckung öffentlich machte. Auch das war nachträglich betrachtet keine gute Idee, weil es dazu führte, dass der Pöbel lärmend durch die Zimmer tobte, dabei allerdings nicht nur die Dirnen verspottete, sondern ebenso die anderen Patienten erschreckte und störte.

Dabei hätte man sich gegen die „Lustseuche" schützen können, denn das Kondom war in Wien bereits bekannt. Es bestand damals aus Schafsdarm, war innen gefüttert und wurde vor dem Sexualakt mit einer Speckschwarte eingerieben, um die Gleitfähigkeit zu erhöhen. Nach der Benutzung hat man sie ausgewaschen und auf spezielle Trockengestelle gespannt, um die recht hochpreisigen Produkte mehrmals verwenden zu können.

Abenteurer und Schürzenjäger Giacomo Casanova machte für den „englischen Regenmantel" Werbung, als er sich zu einem Besuch in Wien aufhielt, unter anderem in einigen Apotheken der Stadt. Er zeigte sich dabei völlig überrascht, dass man in diesem Teil von Europa so rückständig war und kein Präservativ verwendete, sich offenbar lieber höchsten Qualen durch die Schmerzen der Geschlechtskrankheit aussetzte und sogar den Tod riskierte. In einem Brief an seinen Freund in Venedig schrieb er in etwa diesem Wortlaut: *Wenn ich so höre, wie sich die Leut hier mit einer Speckschwarte einreiben, dann muss ich immer daran denken, dass hier ein Schwein das andere einreibt. Ich verstehe nicht, warum die Sittenpolizei nicht Reklame für Kondome machen will.*

Die flammenden Empfehlungsreden des venezianischen Frauenflüsterers für das neue Verhütungsmittel trugen dazu bei, dass ihn Maria Theresia aus Wien hinauswerfen ließ. Sie war der Meinung, dass „dieses Ding" dem sündigen Treiben nur noch mehr Tür und Tor öffnete, das sie schon ihr ganzes Leben lang unerbittlich bekämpfte.

Dennoch wäre es auch für viele Prostituierte ein Segen gewesen, und das nicht nur als Vorbeugung von Geschlechtskrankheiten: Im von Joseph II. 1784 gegründeten Findelhaus im Alten AKH wurden in den 126 Jahren seines Bestehens 750 000 unerwünschte Kinder abgegeben oder von verzweifelten Schwangeren dort geboren. Mehrheitlich hatte es sich dabei um die unerwünschte Folge einer Liebesnacht zwischen einer Dirne und ihrem Freier gehandelt.

♥ ♥ ♥

Das berühmt-berüchtigte Rotlichtviertel der Stadt befand sich in jener Zeit auf dem Spittelberg hinter der Stadtmauer, wo die Kneipenwirte keine Verzehrsteuer zu bezahlen hatten. Hinzu kamen die sogenannten „Fünfkreuzerlokale" im Prater und in Favoriten.

Die käuflichen Damen durften schließlich auch wieder am Graben auf Freiersuche gehen, allerdings ausschließlich bis zu einer mit Kreide gezeichneten Linie (der „Strich", häufig auch durch die Bordsteinkante begrenzt). Bei ihren Zuhältern handelte es sich meist um typische Wiener Strizzis, wegen ihrer auffälligen Kopfbedeckung mit hochgebogenem Schirm auch „Kappelbuben" genannt, die erkennbar waren an ihren mit Zuckerwasser an die Stirn geklebten Locken und einer gestreiften Krawatte.

Bei den bessergestellten eleganten Halbweltdamen, ab dem 19. Jahrhundert als Kokotten bezeichnet, stammten die Zuhälter häufig auch aus der besseren Wiener Gesellschaft oder waren gar Angestellte des Kaiserhauses. Die Kuppler und Kupplerinnen, welche die zahlende Kundschaft mit der „edlen Ware" versorgten bzw. Kontakte herstellten, kamen selbst immer aus der tiefsten Schicht der Bevölkerung. Bei den sogenannten „Blondinenlieferanten" handelte es sich um die unbeliebtesten Figuren aus dem Rotlichtmilieu, die besonders häufig an den Schandsäulen der Stadt standen und dort ihre obligatorischen 30 Karbatschenhiebe (Schläge auf das Gesäß) erhielten, wenn sie erwischt worden waren.

Ende des 18. Jahrhunderts entwickelten die Vorstadtdirnen auch eine eigene Sprache, „durch d'Schnur rennen" stand für das Bedienen mehrerer Freier hintereinander, „d'Musi spüt" bedeutete, dass man an Syphilis erkrankt war, und „a Handtüachl zwisch'n d' Füaß hab'n", dass die monatliche Blutung eingesetzt hatte.

19. und 20. Jahrhundert

Nachdem man den Krieg gegen die Franzosen 1809 endgültig verloren hatte, wurde der Schönbrunner Frieden zwischen Napoleon und Kaiser Franz I. geschlossen. Ab diesem Zeitpunkt galt in der österreichischen Residenzstadt alles als très chic, was aus dem Land des Eroberers kam, und die Sitten wurden auch wieder lockerer. Zur gleichen Zeit gab es erste Hinweise auf den florierenden Wirtschaftszweig des Mädchenhandels – die meisten Liebessklavinnen stammten damals aus Stanislau in Ostgalizien.

In den Jahren 1814/1815 fand der Wiener Kongress statt, als dessen Gastgeber Franz I. fungierte und zu dem sich Delegationen fast aller Staaten und Mächte Europas eingefunden hatten. In jener Zeit gab es fast mehr Bordsteinschwalben im Zentrum der Stadt als Veranstaltungsteilnehmer, jede dritte Wienerin stand haupt- oder nebenberuflich zur Verfügung.

Vor allem der Tagungsort, das Palais am Ballhausplatz, sowie die Hotels der hohen Herren wurden nach Einbruch der Dunkelheit von den Damen heiß umschwärmt.

Franz I. hielt sich von den Venusdienerinnen fern, da er ohnehin sein Privatpantscherl mit einer Hofratstochter aus Niederösterreich hatte. Er war schon länger von Bedürfnissen geplagt, da seine dritte Gattin, Cousine Maria Ludovica von Modena, unter Schwindsucht litt und geschont werden musste. Sie wusste jedoch von seiner Affäre und schrieb eifersüchtig aus einem Kurort: *Hast du sie wieder aufsuchen müssen, Du Lump?*

In der Zeit des Wiener Kongresses, zweifellos ein erotischer Höhepunkt in der Geschichte der Stadt, hatten auch die Adamiten Hochsaison. Die Vertreter dieser Gruppierungen, die den Zustand der körperlichen und seelischen Nacktheit wie einst im Paradies wiederherstellen wollten, feierten in den herrschaftlichen Palais orgiastische Feste, die nicht selten von der Exekutive aufgelöst wurden und durch Arthur Schnitzlers „Traumnovelle" in die Weltliteratur eingingen. Darüber hinaus gab es die „Hurenbälle", etwa im Gasthaus *Zum römischen Kaiser* auf der Freyung Nr. 145 (heute Renngasse 1).

Während der zehnmonatigen Dauer der Verhandlungen im Rahmen des Wiener Kongresses stieg das Einkommen der Ärzte beträchtlich, die zur Behandlung von Geschlechtskrankheiten Gewehr bei Fuß standen. Darüber hinaus ließ der Kaiser für die hohen Gäste zahlreiche weitere Vergnügungen und gesellige Ereignisse organisieren, weshalb Experten bis heute uneinig sind, ob das Aufeinandertreffen politischer Entscheidungsträger seine eigentliche Aufgabe erfüllt hat: den Rahmen für eine dauerhafte Friedensordnung in Europa zu schaffen.

Mit welcher Doppelmoral das Herrscherhaus Habsburg damals agierte, zeigt auch die Tatsache, dass Franz I. zur selben Zeit am Spittelberg „durchfegen" und viele der anrüchigen Lokale schließen ließ. Die Geschäfte verlagerten sich daraufhin größtenteils in andere Teile Wiens. Von der Sittenpolizei komplett geräumt wurde die Gegend allerdings erst im Jahr 1916.

Um 1820 gab es in der österreichischen Residenzstadt schätzungsweise 20 000 Sexarbeiterinnen, eine hohe Zahl, bezogen auf die Einwohnerzahl von rund 300 000 Menschen, die damit deutlich über dem europäischen Durchschnitt lag. Die große Mehrheit ließ sich in zwei

Klassen einteilen: Töchter verarmter Offiziere oder Beamter oder ehemalige Wäschermädchen, Dienstbotinnen oder Fabrikarbeiterinnen. Die „bewussten Demoiselles" mieteten sich zumeist Wohnungen zu ebener Erde und gingen dort ihrem Gewerbe nach. Sie genossen in jener Zeit zahlreiche Annehmlichkeiten in der Öffentlichkeit, standen sie doch im Ruf, so mancher Veranstaltung einen Hauch von Frivolität zu verleihen. Sie hatten beispielsweise freien Eintritt im Wiener Leopoldstädter Theater, da man sich von ihrer Anwesenheit erhoffte, mehr männliches Publikum in die Vorstellungen zu locken.

Besonders großer Beliebtheit erfreuten sich damals vor allem die Wäschermädchen, die eigene Bälle mit sehr großem Zulauf der männlichen Bürger aus allen Bevölkerungsschichten veranstalteten und auch darüber hinaus sehr gefragt waren. Gab es größere Festlichkeiten in Wien, fuhren eigens Leute in die Außenbezirke, um die bewussten jungen Damen in ihrer herzigen Arbeitsbekleidung einzuladen (es handelte sich dabei allerdings um eine Kostümierung, da der Beruf im 19. Jahrhundert gar nicht mehr existierte) – diese ließen sich ganz gerne bitten, sagten dann aber meist gegen Bezahlung einer kleinen Bestechungssumme zu.

Ähnliches galt für die Stubenmädchen, die im Familienverband lebten, kaum einen Finger rührten, dafür jedoch nicht selten alle männlichen Hausbewohner mit sexuellen Gefälligkeiten beglückten. Als bekannt wurde, dass diese jungen Damen ihr Geld fast ausschließlich mit erotischen Dienstleistungen verdienten, führte dies zu einem regelrechten Dienstbotinnen-Fetischismus – dem sich damals zahlreiche satirische Schriften widmeten.

♥ ♥ ♥

In den ersten Jahrzehnten des 19. Jahrhunderts gründeten die nobleren Herrschaften gerne Salons und taten es damit den vornehmen Franzosen gleich. Man lud Gesellschaften ein, scharte Prominente um sich und veranstaltete dabei frivole Spiele aus Paris wie „Kirschenpflücken" (bei Damen zwischen den Pobacken hindurch nach vorne auf das

Geschlechtsteil greifen). Diese sogenannten „Jours", bei denen Koketterie, Erotik und Sex im Vordergrund standen, spielten in Wien kulturell und sittengeschichtlich eine wichtige Rolle und spiegelten den damaligen Zeitgeist wider.

Fürst Klemens Wenzel Lothar von Metternich, der spätere Staatskanzler von Österreich, war damit gar nicht einverstanden und stellte sich mit Zensur und Spitzelwesen gegen den aufgekommenen Liberalismus.

Ab 1830 etablierte sich der Kaffeehausstrich in Wien, wobei rund 70 Lokale zur Auswahl standen, beispielsweise das *Café auf der Burgbastei* oder das *Corti'sche Kaffeehaus*, das sich im Paradeisgartl, heute Volksgarten, befand. Darüber hinaus gab es zahlreiche „Tanzdirnen", die in einschlägigen Etablissements, etwa entlang der Gumpendorfer Linie, ihr Geld verdienten.

Auch die Kupplerinnen, mittlerweile übten den Job fast nur noch weibliche Personen aus, machten wieder mehr Geschäft. Sie richteten „Salons" und „Tanzschulen" ein, in denen junge Frauen zu Freudenmädchen herangezogen wurden, und sorgten laufend für Nachschub. So stand für die Kunden jederzeit „Frischfleisch" zur Verfügung, für jeden Geschmack und jede Vorlieb gab's das passende Mädchen. Zur Berühmtheit in dem Berufszweig brachte es die „Edelkurtisane" Henriette Rothmann, angeblich Mätresse zahlreicher edler Herren, welchen sie ihre Zöglinge zuführte.

Der von Kaiser Franz I. mit der Aufgabe der Zensur im biedermeierlichen Wien betraute Graf Joseph von Sedlnitzky war um ein gutes Verhältnis zu diesen „Zuspielerinnen" bemüht – und vice versa. Das beinhaltete auch regelmäßige „Kontrollbesuche" bei den Damen und „Besichtigung" der blutjungen Mädchen, damit hie und da ein Auge zugedrückt werden konnte. Der Polizeipräsident unterhielt auch regen Kontakt mit Henriette Rothmann – als die Sache allerdings aufflog, verschwand die Madam im Dunkel der Sittengeschichte und Sedlnitzky wurde kräftig gerügt.

1846 veröffentlichte der Verleger Anton Johann Gross-Hoffinger das Werk „Das galante Wien" als „Sittengemälde" seiner Zeit, in dem er die

Herrschaft der Göttin der sinnlichen Liebe über die österreichische Residenzstadt beklagte.

Im Laufe der Zeit breitete sich in Wien die Prostitution weiter aus, doch die Justiz richtete ihr Hauptaugenmerk zunehmend auf Zuhälter und deren „Strichbuben", da diese – anders als die „armen Mädchen", welche die Armut zwang, ihren Körper zu verkaufen – mehr Probleme verursachten. Die jungen Männer wurden kurzerhand von der Militärbehörde eingezogen und böhmischen bzw. galizischen Regimentern zugeteilt.

Mitte des 19. Jahrhunderts hat man die gleichgeschlechtliche Liebe per Gesetz unter Strafe gestellt und dieses erst 1971 wieder gestrichen. Besonders darunter zu leiden hatten jene homosexuellen Männer, die schon bei harmlosen Kontakten mit anderen Herren der Päderastie verdächtigt, denunziert und von der Polizei überwacht wurden. Es gab auch schwule Prostitution, beispielsweise im dichten Gestrüpp des Wurstelpraters, wo sich auch der Philosoph Ludwig Wittgenstein das ein oder andere Mal Erleichterung verschaffte. „Homosexuelle Unzucht" lieferte der Boulevardpresse bis in die 1920er-Jahre aufgeregte Schlagzeilen. In der *Illustrierten Österreichischen Kriminalzeitung* gaben die Reporter auch regelmäßig über „Päderastenquartiere" Auskunft, kombiniert mit abgedruckten Beschimpfungen dieser *gewissen Gilde* seitens der Leserschaft.

Es rückte gleichzeitig auch wieder die Sodomie in den Vordergrund, vor allem die „Punzenlecker" waren beim weiblichen Teil der Bevölkerung äußerst beliebt. In Paris wollte man diese „Schoßhündchenmanie" unterbinden, indem man sämtliche Rüden konfiszieren und verbrennen ließ. In Wien hieß es in einer Flugschrift: *Die Maitresse wird in ihren alten Tagen Bethschwester oder Hundenärrin.*

♥ ♥ ♥

Mitte des 19. Jahrhunderts hatte sich im Vergleich zu 1812 die Zahl der Einwohner auf eine halbe Million verdoppelt. Tausende Menschen hungerten und waren ohne festen Wohnsitz, und die Prostituierten boten ihren Körper immer billiger an, weil es um ihre nackte Existenz ging. Damals hatte die Hälfte der Dirnen ein Alter von unter 14 Jahren (in Frankreich hat man in derselben Zeit das Alter der Prostituierten auf mindestens 21 angehoben). Es kontrollierte keiner, ob die Kinder am Unterricht teilnahmen oder nicht, auf der anderen Seite waren sie auch in der Schule sexuellen Übergriffen von Lehrern ausgesetzt. Kein Wunder, dass damals viele Mädchen auf der Straße Geld verdienten, es handelte sich dabei schlicht und ergreifend um eine Überlebensstrategie.

Es gab unter den Damen vom horizontalen Gewerbe einige wenige, die so etwas wie Berühmtheit erlangten, beispielsweise Maria Preindl, die teuerste Kurtisane der Stadt, oder das „Elefantenweiberl", auch „Venus von Kilo" genannt. Diese Frauen hatten mit 30 Jahren so viel verdient, dass sie sich zur Ruhe setzen konnten.

Die meisten Dirnen agierten anonym, erhielten aber schon bald Spitz- oder Spottnamen, die sich beispielsweise auf Aussehen bzw. Eigenheiten, Einsatzgebiete oder Angewohnheiten bezogen: „Scheanglade Spitalerin", „Großaugerte Resl", „Tuttelberta", „Blasse Emma", „Stinkerte Bettl", „Totengräber-Marie", „Dampfschiff-Nina", „Turf-Karolin" (die bei jedem Derby in Wien anzutreffen war), „Zuspeis-Kathl" (die schon für ein Gulasch jeden sexuellen Wunsch erfüllte), „Krawall-Mensch" oder „Prater-Resl" (die vor Dienstantritt literweise Hornerbier, ein grünliches, stark moussierendes Haferbier trank).

Erneut grassierte schon bald die Syphilis in Wien, weshalb zahlreiche Dirnenquartiere ausgehoben wurden und Justizwachbeamte eine regelrechte Hetzjagd auf alle Frauen, die sich nach zehn Uhr abends in der Öffentlichkeit zeigten, veranstalteten. Schon bald griffen die Prostituierten daraufhin zu diversen Tricks, eilten etwa mit Notenblättern durch die Stadt, um ein Engagement als Sängerin vorzutäuschen, oder hüllten sich in Schwarz und gaben eine trauernde Cholera-Witwe.

Die Straßenzüge rund um anrüchige Lokale waren damals selbst bei Tageslicht regelrecht gefährlich: Entweder, man geriet in eine Schlacht zwischen den Venusdienerinnen und der Exekutive oder in eine Zuhälterfehde.

Polizeiwundarzt Dr. Nusser schlug aufgrund der ständigen Vermehrung von Geschlechtskrankheiten vor, Prostituierte behördlich zu erfassen, zweimal wöchentlich zu untersuchen und mit Gesundheitspässen auszustatten. Im Mai 1852 verfasste die k. k. Wiener Stadthauptmannschaft eine *Instruction für die polizeiliche Behandlung der Freudenmädchen*, in der aufgeführt war, in welchen Fällen Frauen als „Lustdirne" galten und ihre Handlungen juristische Konsequenzen hatten.

♥ ♥ ♥

Im Jahr 1873 regelte Wiens damaliger Polizeichef Anton Ritter von Le Monnier die Prostitution drei Monate vor der Weltausstellung neu und ließ für *Frauenspersonen, die geständiger-, erwiesener- oder notorischermaßen die Unzucht gewerbsmäßig betreiben*, Gesundheitsbücher einführen.

Die Dirnen wurden verpflichtet, sich nicht nur einer regelmäßigen Polizeikontrolle, sondern auch zweimal pro Woche einer ärztlichen Untersuchung zu unterziehen. Kamen die Frauen dieser Bestimmung nach, konnten sie ihr Gewerbe ohne Beanstandung seitens der Justiz ausüben. Noch im selben Jahr wurden bereits 1546 Gesundheitsbücher ausgestellt, ein Jahr später waren bereits 6424 Prostituierte registriert – die jüngste 15, die älteste 47 Jahre alt –, obwohl laut damaligen Zeitungsberichten noch ca. weitere *12 000 Frauenzimmer von dem Erträgniß der freien Liebe* lebten.

1885 wurde die gewerbsmäßige Prostitution allerdings schon wieder verboten und mit Geldstrafen bis zu 200 Kronen oder Arrest bis zu acht Tagen bedroht. Ebenso nicht erlaubt war die Kuppelei, also „alle Handlungen, die eine Verbindung zwischen einem Mann und einer Frau stifteten, die sie zusammenkoppelten", oder jede andere Art der „Beförderung der käuflichen Bereitstellung des Geschlechtsverkehrs".

Regelmäßige Patrouillen kontrollierten die Häuser, Hotels und heimliche Absteigen der Dirnen, die dennoch weiterhin illegal ihr sündiges Gewerbe ausübten. Bei vier Fünftel der erwischten Liebesdienerinnen handelte es sich um Ehefrauen und Mütter, ebenso um Dienstmädchen und Fabrikarbeiterinnen. Schon bald erkannte man, dass man nicht in der Lage war, dem illegalen Treiben ein Ende zu bereiten und mit dem Verbot der Prostitution aufgrund fehlender ärztlicher Kontrollen lediglich diversen Erkrankungen Vorschub leistete.

♥♥♥

Der gleichgeschlechtliche Sex wurde auch Ende des 19. Jahrhunderts immer noch als krimineller Akt oder als Krankheit betrachtet, die es zu „heilen" galt – eine Ansicht, die sogar der Wiener Psychologe Sigmund Freud zu Beginn seiner Karriere vertrat. Schon bald schuf der Arzt aber das Unbewusste, das Es, einen offenen Gedankenraum, in dem keine moralischen Wertungen existierten. Er war auch in anderen Bereichen recht aufgeschlossen und ließ – da es immer noch kein zuverlässiges Verhütungsmittel gab und der Gesetzgeber Schwangerschaftsabbrüche offiziell noch verbot – nach sechsfachen Vaterfreuden eine Vasektomie durchführen.

Doch trotz allen fortschrittlichen Denkens reagierte die biedere Gesellschaft immer noch verstimmt auf sexuell aktive und weitestgehend selbstbestimmt agierende Frauen, die dem starken Geschlecht in irgendeiner Form schadeten, sei es seelisch oder finanziell. Ein Paradebeispiel für eine solche Femme fatale war Alma Mahler-Werfel, die nicht nur Männer wie Marionetten tanzen, sondern sie auch leiden ließ.

In etwa zur selben Zeit, als die Damen langsam selbstbewusster wurden, kam das erste „Massagegerät" auf den Markt, handbetrieben und einem Eischnee-Quirl gleich. Es wurde anfänglich jedoch nur von Medizinern eingesetzt, um die Hysterie ihrer Patientinnen zu kurieren, indem sie ihnen durch einen Orgasmus zur Entspannung verhalfen. In erster Linie empfahlen die Herren Doktoren allerdings „fleischliche Beiwohnung durch kräftige und wohlgebaute Männer" gegen „die Krankheit des Gegenwillens", wie Freud u. a. die Auflehnung der Frauen gegen das Patriarchat bezeichnete, und legten nur im Bedarfsfall selbst Hand an.

Ebenfalls Ende des 19. Jahrhunderts entstanden in Wien allerorts Nackt-Logen, die Adamiten drängten wieder in den Vordergrund und predigten neuerlich den paradiesischen Lebensstil. Einer dieser Naturisten war Florian Berndl, der zum Apostel der Freikörperkultur avancierte und auf dem Gänsehäufel Fans nahtloser Bräune einen FKK-Strand bot und sein Wissen in Naturheilkunde vermittelte. Doch schon bald ließ die Gemeinde den neuen „Lido“ auf der Insel in der Alten Donau schließen und errichtete ein „gesittetes Strandbad“, wo Berndl als – bekleideter – Bademeister beschäftigt wurde. Sein Götzzitat für zwei Schulmediziner, die seine Bio-Arzneimittel ins Lächerliche zogen, trug ihm eine Strafversetzung ins Kinderbad ein, wo er als Nachtwächter arbeitete.

Während des Fin de Siècle genossen die Menschen die aufkeimende Dekadenz und Frivolität jener Zeit, besonders auf den amourös-glamourösen Feierlichkeiten in der Stadt. Es war damals in Wien sogar üblich, dass man „Gesellschaftsdamen“ zu den Festen Adeliger und hochrangiger Persönlichkeiten einlud, die sich dann nach dem offiziellen Teil der Veranstaltung in einem Hinterzimmer rührend um das Wohl der männlichen Gäste kümmerten. Im vorherrschenden Spannungsfeld zwischen Zukunftsangst und -euphorie nahm es mit Anstand und Moral damals niemand so genau.

Neben aller Freizügigkeit boomte zugleich aber auch die Intimität zwischen Liebenden, zum Beispiel beim Speisen in den Lokalen der Stadt: Man schuf für die Paare Separees, nannte die Gasthäuser „Restaurant“ (abgeleitet vom Begriff „restaurierende“ Suppen als Kraftbrühen für müde Liebhaber oder überanstrengte Kavaliere), legte anzüglich illustrierte Speisekarten auf und servierte aphrodisierende Gerichte wie jungen Kranich in Honig, Kümmel, Liebstöckel und Rotwein gedünstet oder Aal im Schweinedarm mit Nelken und Salbei gewürzt. Anregende Lustkräuter wurden häufig in Klostergärten in eigenen Liebes- und Potenzecken angepflanzt, so etwa Lavendel, Minze, Majoran, Rosmarin oder Kresse. Dort zog man auch Gemüse wie Kohl und Rüben, die beim Verzehr ebenfalls erotisierend wirken sollten.

Es existierte auch immer noch die „Spanische Fliege“ (gemahlene Insekten), mit der sich schon Weiberhelden wie Casanova, Marquis de Sade und Caliostro zu stärken pflegten.

Das gängigste Mittel, um Frauen gefügig zu machen, war allerdings immer noch der Wein, der preisgünstig „Geist und Glieder löste" – damals beispielsweise süßer Ribiselwein oder warmer, mit Zimt versetzter Rotwein.

♥ ♥ ♥

Die Prostituierten jener Zeit hielten sich neben ihrer Arbeit im Freien vorwiegend in Nobelgasthöfen wie *Zum weißen Schwan* am Neuen Markt Nr. 6 auf, die besseren Kokotten bevorzugten Stadtkaffeehäuser.

Damals etablierten sich zahlreiche Stundenhotels wie das bekannte *Hotel Orient* am Tiefen Graben 30, das bis heute in Betrieb ist. Das Haus entstand auf historisch interessantem Grund, auf dem sich zuvor in einer gleichnamigen Schenke die Matrosen der Donauschiffe amüsierten.

In den ehelichen Schlafzimmern ging es trotz zunehmender Aufklärung und beginnendem Feminismus immer noch züchtig zu, wie Tipps in einem Sex-Ratgeber aus jener Zeit beweisen: *Innige Küsse sind tabu, Bussis landen im Idealfall auf der Wange; Züchtige Kleidung während der Nacht ist der beste Weg, um den Beischlaf zu vermeiden – sobald der Mann das Baumwoll-Nachthemd anhebt, kann man aufspringen und einen notwendigen Toilettenbesuch vorschieben, den man dann hinauszögert, oder Übelkeit vortäuschen; Im Schlafzimmer löscht die Frau das Licht und gibt nach dem Zubettgehen keinen Ton mehr von sich, um die Aufmerksamkeit des Gatten nicht auf sich zu lenken oder zum Sex zu ermutigen. Findet er sie dennoch in der Dunkelheit, bleibt nichts übrig, als sich tot zu stellen, da die kleinste Regung seitens der Frau als Einverständnis gedeutet werden könnte; Kommt es dennoch zum Geschlechtsakt, lässt ein kluges Weib dem Gemahl danach keine Ruhe. Der Mann erlangt einen Großteil der sexuellen Befriedigung in der Entspannung nach dem Akt. Nimmt man ihm diese, beugt man damit effektiv dem Sex vor.*

In den Straßen Wiens warteten währenddessen die Prostituierten nur darauf, unbefriedigten Männern das Geld aus der Tasche zu ziehen. Besonders stark frequentiert war in jener Zeit beispielsweise die Adamsgasse, in der es weit unzüchtiger zuging als im Paradies.

Der Dichter Heimito von Doderer hat 1963 seine Eindrücke ob des sündigen Treibens an diesem Ort in seinem Roman „Die Wasserfälle von Slunj" verarbeitet: *Wenn die Dunkelheit hereingebrochen war, erschienen in der schwach beleuchteten ‚Adamsgasse' (war dieser Name nun ominös oder nicht?!) auf dem Gehsteige vereinzelte Flecken, Gestalten, die stationär blieben oder sich in der Nähe eines Haustores nur wenig hin und her bewegten, teils auch unter oder vor demselben standen im geringen Schein einer Gaslaterne. Somit konnten diese Frauen nicht als Passantinnen gelten, und das wollten sie auch keineswegs. Einzelne Passanten jedoch wurden von ihnen angesprochen. Jede hatte in einem der Häuser ein Zimmer, wo dann einschlagenden Falles was passierte (die Hausmeisterin kassierte hierauf beim Weggehen des Gastes das Sperrgeld ebenso wie beim Kommen, also stets zweimal, und freilich weit mehr als von einer soliden Partei).*

Zugleich machte ein gewisser Leopold von Sacher-Masoch, seines Zeichens Schriftsteller und Lebemann, von sich reden, der offen seine Obsessionen auslebte: Pelze, Peitschen und Züchtigungen. Nach seinem Tod wurde der Masochismus richtig populär – auch in Wien; es entstand sogar ein „Lesezirkel", dessen Mitglieder einander schriftlich formulierte Fantasien zukommen ließen. Bei den Verfassern der Texte, in welchen es meist um Gewaltexzesse und den dadurch verursachten Lustgewinn ging, handelte es sich sowohl um Männer als auch um Frauen – meist verheiratet und in der Ehe dahin gehend unbefriedigt.

Aus heutiger Sicht befremdlich erscheint der Umgang mit Pädophilie und nicht einvernehmlichem Sex innerhalb und außerhalb der Paarbeziehung (Vergewaltigung in der Ehe ist erst seit 1989 ein strafrechtliches Delikt) – beides wurde über die Jahrhunderte hinweg stets verharmlost, und das änderte sich auch zu Beginn des 20. Jahrhunderts noch nicht. In Wien um 1900 galt die minderjährige „Kindfrau" als Ideal. Wenn es sich dabei noch dazu um eine verführerische Lolita handelte, durfte man dieses Wesen auch vernaschen, ob es das wollte oder nicht.

Zugleich begannen die jungen Damen damals verstärkt, auf ihre Jungfräulichkeit zu achten – wollten sie nämlich einen Mann aus besserem Haus ehelichen, mussten sie sich für die Hochzeitsnacht aufheben;

eine Defloration vor der Ehe ließ den Kurswert einer Frau auf dem Heiratsmarkt ins Bodenlose fallen. Sexuell neugierige Mädchen oder Prostituierte, die ihr Hymen mit Analverkehr und Petting retteten, nannte man Scheinjungfrauen.

♥ ♥ ♥

Die gesellschaftlichen Rollenbilder gerieten im 20. Jahrhundert weiterhin zunehmend ins Wanken – und damit in Verbindung verloren patriarchale Gepflogenheiten immer mehr an Bedeutung. Das „Rätsel Weib" wurde immer unlösbarer und damit mehr und mehr zum Thema. Die Emanzipation der Frau war nicht mehr aufzuhalten, in Wien vorangetrieben unter anderen von Rosa Mayreder und Marianne Hainisch, die sich an ihrer Vorkämpferin Auguste Fickert orientierten. Gerne hätten einige Anhängerinnen der ambitionierten Bewegung allerdings die Prostitution ausgerottet, der idealistische Aktionismus der Damen führte jedoch nicht zum Erfolg. Die käufliche Liebe erwies sich einmal mehr als fixer Bestandteil der Wiener Sexkultur.

1911 wurde von der Polizeidirektion ein neues Reglement zur Gesundheitskontrolle für Venusdienerinnen erlassen und damit die Prostitution in den Straßen der Stadt sowie in den Freudenhäusern – häufig gekennzeichnet durch eine rote Laterne im Außenbereich, was den Ausdruck „Rotlichtmilieu" prägte – wieder geduldet. Neue Puffs durften allerdings nicht mehr eröffnen. 1921 wurden die Bordelle per Dekret aufgehoben.

Zugleich standen in Wien etwa 1800 Dirnen unter regelmäßiger ärztlicher Überwachung, zusätzlich verkauften aber rund 1000 weitere Frauen und Jugendliche ihren Körper illegal und entzogen sich damit der Gesundheitskontrolle, etwa ein Zehntel davon war mit gefährlichen Erregern infiziert.

In jener Zeit schufen auch zahlreiche Maler, Schriftsteller und Bühnendichter etliche sündige Werke, teilweise höchst plakativ und provokant, und lösten damit im rigiden Wiener Künstlerbetrieb einen Skandal nach dem anderen aus. Da aber vor allem die Bevölkerung den Genies stets mehr verzieh als jedem „Normalsterblichen", setzte langsam eine Trendwende hin zu mehr Toleranz gegenüber öffentlich dargestellten und auf diese Weise thematisierten Tabus ein.

Mit Ausbruch des Ersten Weltkriegs wurde die Lust auch in Wien um zwei Nuancen reicher: Zum einen versetzte die Vorstellung, noch einmal Sex mit einem Mann, der in die Schlacht zog und dort womöglich als Held sein Leben ließ, das Blut der Damen in libidinöse Wallungen – was eine regelrechte „Kriegsnymphomanie" zur Folge hatte. Später lebten viele dieser Frauen neben den richtigen Krankenschwestern und Sanitäterinnen ihr „Helfersyndrom" in den Feldlazaretten aus. Zum anderen hat man an den Fronten Bordelle errichtet, als zeitgemäße Nachfolgermodelle der Trossweiber aus dem Mittelalter, wo Soldatendirnen den Kämpfern zwischen den Schlachten Erleichterung verschafften. Innerhalb dieser erotischen Nebenfront existierten Baracken für gewöhnliche Soldaten und Häuser für ranghöhere Militärangestellte, wo es hieß: *Nur für Offiziere – Eintritt für Hunde und Mannschaft verboten*. Die Häuser für die einfachen Kämpfer, die sich vor dem Besuch vom Sanitäter auf Krankheiten untersuchen und einer Behandlung mit dem Silberpräparat Protargol gegen Tripper unterziehen lassen mussten, erkannte man an den langen Schlangen vor der Eingangstür. Für die höherrangigen Militärs galten diese Vorsichtsmaßnahmen nicht – mit der Folge, dass die Geschlechtskrankenabteilungen der Lazarette mit Offizieren überfüllt waren.

Das Arbeitspensum der Prostituierten am Rand der Schlachtfelder konnte sich sehen lassen, an manchen Tagen bedienten sie über 30 Männer in fünf Stunden.

Im Laufe des Kriegs wurde allerdings in ganz Wien eine starke Zunahme der *gewerbsmäßigen Selbstpreisgebung weiblicher Personen zur Unzucht* registriert, was zur Folge hatte, dass sich neuerlich die Syphilis rasant ausbreitete.

♥ ♥ ♥

Während der Ersten Republik in den Jahren von 1918 bis 1938 konnten Dirnen relativ offen ihrem Gewerbe nachgehen. Der bereits zuvor während der Monarchie existente Straßenstrich am Naschmarkt erfreute sich großer Beliebtheit, wobei dem *Café Anzengruber* eine besondere Bedeutung zukommt, da es als eine Art Kuppelbüro fungierte. Dort entstand eine illegale Kontaktbörse zwischen Prostituierten und Freiern, die von den Angestellten verwaltet wurde – natürlich gegen ein entsprechendes Honorar von beiden Seiten. Je nach Geldbeutel ging man anschließend auf die von einem windschiefen Bretterzaun umgebene Gstettn mit der Adresse Girardigasse 10 oder ins Hotel *Drei Kronen* in der Schleifmühlgasse 25.

Es gibt viele Geschichten, die vom Schmäh und der Kreativität der Naschmarkt-Huren erzählen. So sollen sie beispielsweise alleinstehenden Herren, die nach einer Vorstellung aus dem Theater an der Wien oder dem Ateliertheater kamen, eine Fortsetzung des jeweiligen Stücks vorgespielt und auf diese Weise in ihren Bann gezogen haben. Oder sie mimten für die Bauern, die nachts Obst und Gemüse zum Naschmarkt lieferten, verruchte Pariser Damen, die der luxuriöse Hauch der sündigen Hauptstadt Frankreichs umwehte.

1920 gab es in Wien 1387 kontrollierte Dirnen, die mittlerweile nicht mehr nur aus ärmlichen Verhältnissen stammten, sondern zunehmend dem Mittelstand angehörten. Im selben Jahr hat die Polizei 7627 verdächtige Personen wegen „Ausübung der unkontrollierten Prostitution" angehalten, ein Viertel davon waren geschlechtskrank. Nach einer Statistik des Sittenamtes der Wiener Polizeidirektion befanden sich darunter 377 Beamtinnen, 14 Zahntechnikerinnen und Zahnarzthelferinnen, acht Offiziersgattinnen, 255 qualifizierte Arbeiterinnen und 446 Hausgehilfinnen. Erwischt wurden auch die minderjährigen Töchter eines Zahnarztes, eines Regimentsarztes, eines Oberfinanzrates und eines Stadtrates.

Zur selben Zeit nahm die Zahl der Frauen zu, die sich von ihren Ehemännern finanziell unabhängig gemacht hatten und ohne Heimlichkeiten „in Sünde" mit ihren Liebhabern lebten.

In den Jahren danach entwickelte sich, aus Frankreich kommend, der „Schönheitstanz" in einigen berüchtigten Lokalen der Stadt, bei dem es sich um nichts anderes als Striptease handelte. Vorbild der meisten

Mädchen, die mit dem Enthüllen ihres Körpers zu Musik auf einer Bühne ihr Geld verdienten, war die berühmt-berüchtigte Mata Hari. Viele Veranstalter, die den Besuchern die weibliche Nacktheit präsentierten, nutzten als „seriösen“ Vorwand das kulturell-etablierte Thema der Salome für ihre Shows. Auf den aus der biblischen Erzählung bekannten erotischen Schleiertanz der Prinzessin von Judäa, die sich vor Herodes entblätterte und als Belohnung den Kopf von Johannes dem Täufer forderte, geht angeblich der Striptease zurück.

Die noch bestehenden Freudenhäuser der Stadt hielten sich bis in die 1920er-Jahre (zum Beispiel das *Windhaagsche Stiftungshaus* in der Bäckerstraße 9). In jene Zeit fällt auch die erstmalige vollständige Heilbarkeit der Lustseuche Syphilis.

Während der Zeit des Austrofaschismus von 1934 bis 1938 hat man in Wien den Straßenstrich unter Androhung hoher Strafen bei Zuwiderhandlung verboten.

Schon wenige Monate nach Entstehung des Ständestaats wurde auf dem Grundstück Girardigasse 10, der zuvor von den Naschmarkt-Dirnen genutzten Gstetten, ein Bordell aufgebaut – und zwar von den beiden wohlhabenden Zuhältergrößen Franz Kuchwalek und Adolph Girardi (ein Verwandter des Schauspielers und Opernsängers Alexander Girardi, nach dem auch die Gasse benannt wurde). Von außen ein biederes Wohnhaus, war die Einrichtung des Etablissements ganz auf die Bedürfnisse der Kundschaft zugeschnitten und bot allerlei modernen Luxus, den man bis zu jenem Zeitpunkt nur aus den Pariser Puffs kannte. Hinter der kulissenhaften Fassade leitete ein schmaler Hausflur zu einem großen Platz, von dem sich eine breite Boulevard-Treppe vier Etagen in die Höhe schraubte. Gegen das schmiedeeiserne Geländer gelehnt standen die Mädchen, schwatzten, lachten und warteten auf spendable Freier.

Mit dem „Anschluss“ Österreichs fiel auch diese Bastion des käuflichen Sex, das Bordell in der Girardigasse 10 wurde von NS-Aktivisten gestürmt und die Dirnen interniert – so wie viele weitere Prostituierte. Heute befindet sich in einem Teil des Gebäudes eine Nachtbar namens *Puff*.

Natürlich galt diese Zucht und Ordnung nur für Zivilpersonen – die Offiziere der deutschen Wehrmacht gingen in ein Haus in der Kleeblattgasse, wo ihnen jeder sexuelle Wunsch erfüllt wurde.

Nach den Weltkriegen zwangen Armut und Elend viele Frauen in die Prostitution, bis in die 1960er-Jahre prominierten die Freudenmädchen auf der Wienzeile, der Kärntnerstraße und in deren Seitengassen sowie am Graben, Kohlmarkt und Naschmarkt.

Die feineren Kokotten pflegten im *Café Sperl* auf die Anrufe ihrer Kunden zu warten, wo auf jedem Tisch ein Telefon für diesen Zweck stand. Das *Café Wienzeile* und das Hotel *Drei Kronen* praktizierten bis in die 1960er-Jahre den „gemischten Betrieb": Bis etwa 22.30 Uhr kamen die Leute aus dem Theater oder saßen die vornehmen Gäste an der Hotelbar, danach gehörte das Revier den Prostituierten. Als die „ambulanten Damen" aus den Innenbezirken vertrieben wurden, verloren diese beiden Etablissements auch ihre sexuell interessierten Stammkunden.

In etwa zur selben Zeit entstand das Phänomen der „ehestandsfeindlichen Einrichtungen", beispielsweise dem in der Herrengasse 6-8: Wo Mitte des 19. Jahrhunderts der Klavierbauer Ludwig Bösendorfer eine Konzerthalle errichten ließ, entstand einige Jahre nach deren Abriss ein 16-stöckiger Miniatur-Wolkenkratzer nach amerikanischem Vorbild. Zuerst befanden sich darin einige Firmen, ein Restaurant und ein Tanzcafé. Doch schon bald wurden stattdessen Wohnungen eingerichtet, insgesamt 225 an der Zahl. Diese hat man vorwiegend an alleinstehende Damen und Herren der Hautevolee samt Entourage vermietet, darunter auch Künstler und Künstlerinnen wie Albert Paris Gütersloh und Paula Wessely, weshalb der Bau bald den Namen „Hochhaus der Junggesellen" trug. Was in dem Gebäude, und in so manch anderem dieser Art, alles passierte, wie viele Ehen gebrochen und andere Sünden begangen wurden, bleibt wohl für immer ein Geheimnis.

Der Strich hatte sich währenddessen an die großen Durchzugsstraßen verlagert, vorwiegend an den Gürtel (die Damen, die sich dort prostituierten, wurden „Gürtelrosen" genannt), an dessen westlichem Ende im Laufe der Zeit die Bordellmeile Wiens entstand.

Seit November 2011 ist Straßenprostitution nur mehr außerhalb der Stadt erlaubt – als Ausnahme gelten zwei Straßen im Prater, wo die Aufenthaltsgenehmigung für die Zeit zwischen 22 und sechs Uhr erteilt wird.

Heute gibt es im Verhältnis zur Gesamtbevölkerung wesentlich weniger Prostituierte als früher – das mag daran liegen, dass Mädchen von Begleitagenturen oder erotische Tänzerinnen mit Zusatzdienstleistung nicht in die Statistik miteingerechnet werden. Derzeit gibt es rund 2500 legale Sexarbeiterinnen in Wien, deren Dienste laut aktuellen Studien von rund einem Viertel bis einem Sechstel der Stadtbewohner in Anspruch genommen werden.

Wo die Sünde hinfällt - „Adel verpflichtet"

Die Habsburger haben sich in Wien von jeher abseits ihrer Verpflichtungen als Herrscherfamilie oft und gerne der Fleischeslust hingegeben – ob verheiratet oder nicht hat dabei eine eher untergeordnete Rolle gespielt. Doch nicht nur die nachrangigen Adeligen in der Familie umgaben sich gerne mit willigen „Weibersleut", sondern auch die meisten der mächtigsten Männer des Landes krochen gerne unter Bettdecken abseits der Schlafzimmer ihrer Residenz. Benahmen sich die gekrönten Häupter in der Öffentlichkeit allerdings zu schamlos oder fielen durch demonstrative Promiskuität auf, sorgte dieses Verhalten manchmal durchaus für einen handfesten Skandal – oder zumindest für Spott und Empörung.

„Adel verpflichtet" bedeutete bei den Herren im Umfeld der Wiener Hofburg also nicht nur aufgrund von Status und Macht soziale Verantwortung zu tragen, sondern auch, erotische Freiheit zu genießen.

Klatsch und Tratsch folgten den Aristokraten damals – nicht anders als heute – auf dem Fuße. Da wurde nicht nur in jeder Ecke der Stadt hinter vorgehaltener Hand gelacht, gelästert oder geschimpft. Auch bei Hof hat man über die unsittlichen Delikte der Hoheiten gemunkelt und getuschelt – auf einem rauschenden Ball während der Drehungen im Dreivierteltakt, beim Zigarrerauchen und Whiskeydegustieren im Herrenzimmer oder beim orgiastischen Tafeln zwischen dem Geklimper des Silberbestecks und dem Klirren der Gläser.

Besonders brisante Neuigkeiten wurden häufig auch an den Coiffeurtischen ausgetauscht, an welchen sich die Damen auf Tanzveranstaltungen die Röte von den Wangen puderten und mit Fächern die Hitze aus dem Gesicht wedelten.

Über Gerüchte und Spekulationen über etwaige Zügellosigkeiten im elitären Dunstkreis der Adeligen gerieten sensationslüsterne Plaudertaschen regelmäßig in höchste Aufregung – und erzählten die Geschichten brühwarm weiter, selbstverständlich nicht ohne sie auch fantasievoll auszuschmücken.

Homosexualität, Seitensprünge und Affären - erotische Skandale am Wiener Hof

Geheiratet wurde im Hochadel meist aus politisch-strategischen Gründen – häufig sogar innerhalb der eigenen engeren Verwandtschaft –, was in der Regel nicht unerheblich zum Machtzuwachs und unaufhaltsamen Aufstieg der Dynastie beitrug. Diese aus Vernunft und Pflichtgefühl eingegangenen Beziehungen waren jedoch selten von Liebe, Harmonie und Treue begleitet, weshalb sexuelle Ausschweifungen, Seitensprünge und Affären keine Ausnahme darstellten. Diese wurden allerdings eher den männlichen Familienangehörigen zugestanden. Ihre Frauen hatten still zu leiden; nur einige wenige adelige Rebellinnen kämpften für die wahre Liebe gegen Doppelmoral und Imageverlust.

Franz I. Stephan: Flucht über die Schneckentreppe der Wiener Hofburg

Maria Theresias Gatte Franz I. Stephan von Lothringen war zuständig für die Finanzen der Herrscherfamilie, ansonsten aber eher unausgelastet – im Gegensatz zu seiner Ehefrau, die sich neben dem Regieren auch leidenschaftlich der Erziehung ihrer vielen Kinder widmete. Der Kaiser ging demnach in seiner Freizeit einigen Hobbys nach, etwa der Geomantie, Astronomie und Alchemie. Darüber hinaus galt sein großes Interesse der holden Weiblichkeit, und so hatte Franz Stephan immer ein paar Stunden übrig für ein „galantes Abenteuer". Dennoch liebte er seine Ehefrau von ganzem Herzen, nannte sie „Reserl" oder „Chère Mitz" (franz. für „geliebte Mitzi"), sie redete ihn mit „Mäusel" oder „Mon cher Alter" (die Monarchin mischte beim Schreiben häufig Französisch und Deutsch) an.

Maria Theresia, fleißig und stets beschäftigt, wird darüber Bescheid gewusst haben, dass ihr charmanter Filou gerne balzte, und mahnte ihn lediglich hin und wieder zur Diskretion.

Die Kaisergattin dürfte – das belegen einige der Nachwelt erhalten gebliebene Briefe – der körperlichen Zuneigung eher abhold gewesen sein. In einem ihrer Briefe gesteht sie ihrem Leibarzt Gerard van Swieten, dass sie noch nie in ihrem Leben durch Geschlechtsverkehr befriedigt wurde und die „gezielt auf eine Weiterführung im ehelichen Schlafgemach abzielenden Umarmungen“ ihres Gatten sie kalt ließen. „Ich krieg immer nur Kinder, aber ich empfinde nichts ...“, waren ihre Worte.

Irgendwann ließ ihr Ehemann sich in einer der vielen verwinkelten und spinnenverhängten Ecken der Wiener Residenz extra eine sich schmal wendelnde „Schneckentreppe“ errichten – aufgrund der dort auf- und abeilenden Hoflieferanten süßer Köstlichkeiten auch „Zuckerbäckerstiege“ genannt –, um nachts unbeobachtet aus der Hofburg zu gelangen. Einerseits wollte er sich wohl Diskussionen mit der Gattin ersparen, die trotz aller Toleranz durchaus nicht jedes Abenteuer kommentarlos hinzunehmen gedachte, andererseits entging er damit einer Beobachtung durch die Dienstboten.

Viele seiner Eskapaden leistete sich der gekrönte Teilzeit-Schwerenöter mit seinem Bekannten Giacomo Casanova. Wenn dieser in der österreichischen Hauptstadt weilte, schlich der umtriebige Monarch Nacht für Nacht heimlich aus seinen Gemächern – Maria Theresia konnte den Italiener nämlich aufgrund seiner promiskuitiven Lebensweise auf den Tod nicht ausstehen und fand es höchst anstößig, dass ihr eigener Gemahl mit dem Frauenflüsterer ausging. Doch das kümmerte den Kaiser wenig. Und so marschierten die beiden Gentlemen regelmäßig anonym durch die finstere Stadt, die Mitte des 18. Jahrhunderts rund 280 000 Einwohner zählte, um am Spittelberg das eine oder andere amouröse Abenteuer zu erleben.

Die „Schneckentreppe“ nutzte später übrigens auch Franz Stephans Sohn Joseph II., ebenfalls, um der Aufsicht Maria Theresias zu entfliehen.

Leopold II.: Der „treffliche Bevölkerer“

Leopold II., der mit seiner Gattin Maria Ludovica dank ihrer kinderreichen Ehe das habsburgische Nachwuchsproblem löste, wurde von Joseph II. „trefflicher Bevölkerer“ genannt. In einem Brief schrieb er Leopold einmal: *Fahre fort, lieber Bruder, gesunde Kinder in die Welt zu setzen, die Dir ähnlich sind, Du kannst mich Dir nicht inniger verpflichten, sie werden immer die meinigen bei jeder Gelegenheit sein, dem Staat ist gedient und ich bin der Verpflichtung enthoben, eine Frau zu haben, was ein Zustand ist, den ich verabscheue.*

Es handelte sich bei seiner Schwägerin übrigens um jene Dame, die Joseph viele Jahre zuvor aufgrund ihres wenig attraktiven Äußeren verschmäht und beleidigt hatte. Maria Theresia wollte die neapolitanische Prinzessin als „gute Partie" damals aber nicht für immer verlieren und verheiratete sie daher einfach mit Leopold, der später mit Maria Ludovica an seiner Seite nach seinem Bruder den Thron bestieg.

Wie die meisten seiner männlichen Verwandten war der Habsburger auch außerehelich sehr aktiv. Seine Gattin war – ähnlich wie ihre Schwiegermutter Maria Theresia – mit der Kindererziehung beschäftigt und duldete die Affären ihres Gatten. Mit einer seiner Langzeitmätressen, der römischen Ballerina Livia Raimondi, soll Maria Ludovica sogar eine tiefe Freundschaft verbunden haben. Ihr richtete Leopold, zu jener Zeit noch Großherzog der Toskana, ein kleines Palais in Florenz ein und ließ das Haus mit erotischen Bildern schmücken, später folgte sie ihrem adeligen Liebhaber nach dessen Thronbesteigung in die österreichische Residenzstadt. Des Kaisers „große Liebe" Madeleine Bianchi besaß sogar ein eigenes Appartement in der Wiener Hofburg. Bei einer weiteren Favoritin des „trefflichen Bevölkerers" handelte es sich um die englische Lady Hannah Anne Cowper, Ehefrau von George Nassau Clavering-Cowper, einem Freund der Familie.

Darüber hinaus gab es noch weitere Frauen, beispielsweise die erste professionelle Ballonfahrerin der Welt, Sophie Blanchard. Ihr Mann Jean-Pierre sprach im März 1791 bei seinem Aufenthalt in Wien beim Kaiser vor und bat ihn, im Prater ein Fest zu arrangieren, auf dem er sein neuartiges Luftfahrzeug vorführen konnte. Leopold II. wollte eigentlich ablehnen, doch der Franzose schanzte ihm seine attraktive Ehefrau zu, die ihn schließlich im Schlafgemach mit ihren weiblichen Attributen überzeugte.

Obwohl die ersten beiden Ballonstarts nicht gelangen, finanzierte der Monarch noch einen dritten Versuch – weil die schöne Sophie immer wieder ihre Verführungskünste spielen ließ, um die Erlaubnis für eine weitere Veranstaltung zu erhalten. Dem Paar kam zugute, dass Madame Blanchard von Natur aus eine Nymphomanin und im Bett sehr erfinderisch war. Das jedenfalls ging aus dem Tagebuch von Jean-Pierre hervor, das man nach seinem Tod im Jahr 1809 fand. Darin stand: *So manchesmal, wenn meine Ballonvorführung in Zweifel stand, bemühte sich mein Liebstes ganz besonders, zärtlich zu den verantwortlichen Männern zu sein. Sie brachte sie mit ihren Künsten, die auch ich stets bewundere, zur Raserei. Wir sprechen oft über diese Dinge.*

Franz Joseph I.: Der Kaiser und seine „Hintertreppenromanzen"

Was beim ersten Aufeinandertreffen mit Elisabeth in Bad Ischl als romantisches Liebesmärchen begann, wandelte sich schon bald nach der Hochzeit in eine Zweckgemeinschaft um. In der Ehe von Kaiser Franz Joseph I. und der bayrischen Prinzessin Sisi, einer leiblichen Cousine aus dem Haus Wittelsbach, spielten körperliche Nähe und gemeinsame Interessen schon bald keine wesentliche Rolle mehr. Getrübt hat die Beziehung hauptsächlich *ihre* Rastlosigkeit sowie zahlreiche Zwangsstörungen und *sein* militärisches Pflichtbewusstsein in Kombination mit einem permanent umfangreichen Arbeitspensum. Zudem fühlte sich die junge Frau, die in Bayern frei und ungezwungen aufgewachsen war, in Wien von Anfang an nicht wohl. Sie verabscheute die strenge Etikette am Hof und erstickte fast in dem engen Korsett aus Regeln und Verboten. Sie ging daher schon bald auf Reisen und überließ Kind und Haushalt ihrem royalen Gatten und der ungeliebten Schwiegermutter.

Und so dauerte es auch nicht lange, bis das entstandene Zärtlichkeitsmanko beim Monarchen eine Hinwendung zu jüngeren, ihn anhimmelnden Damen bewirkte. Franz Joseph leistete sich in der Folge einige „Hintertreppenromanzen", besonders angetan war er von Anna Nahowski, mit der er von 1875 bis 1888 ein leidenschaftliches Verhältnis pflegte.

Der Kaiser, ein stattlicher und charismatischer Mann, sprach das schlanke, dunkelhaarige Mädchen mit den großen blauen Augen eines

Morgens im Schönbrunner Schlosspark mit den Worten: „Sie gehen aber fleißig spazieren!“ an und verabredete gleich für den nächsten Tag ein Treffen mit ihr. An der damals 15-Jährigen dürften den Habsburger vor allem die üppigen Kurven fasziniert haben sowie die unkomplizierte Art und ihr fröhliches Lachen – sie verkörperte somit das exakte Gegenteil seiner Ehefrau Sisi.

Anna vermerkte am selben Abend in einem Büchlein, dass diese Begegnung der glücklichste Moment ihres Lebens gewesen wäre. Einige Zeit später schrieb sie nach den ersten innigen Momenten mit „Ihrer Majestät“ verliebt nieder: *Ich hab' ihn wahrhaftig geküsst. Ich fühle es noch, der Bart war vom Regen nass.*

Das Mädchen und der Monarch trafen sich in der warmen Jahreszeit meist auf einer bestimmten Parkbank im Schönbrunner Tiergarten, die von außen nicht zu sehen war. Das Original konnte zwar den Gefühlsausbrüchen des Kaisers standhalten, hatte aber keine Chance gegen den Zahn der Zeit. Daher steht an dem geheimen Treffpunkt der beiden Verliebten heute ein Exemplar, das erst vor etwa zehn Jahren angefertigt wurde. Es trägt eine Plakette, die auf die historische Bedeutung der einstigen Bank verweist; Patin ist die Autorin dieses Buchs.

Als Franz Joseph die heimlichen Stelldicheins in freier Natur zu anstrengend wurden, besuchte er Anna zu Hause. Die junge Frau bewohnte bis 1885 mit ihrem bereits zweiten Mann, Franz Nahowski, ein Haus, das über einen geheimen Eingang für ihren kaiserlichen Liebhaber verfügte (Schönbrunner Allee Nr. 8). Sie zog danach mit ihrem Gemahl in eine Villa, die praktischerweise direkt neben dem Schlosspark lag (Maxingstraße Nr. 46/Ecke Weidlichgasse).

Nach seiner morgendlichen Körperhygiene, die bereits um vier Uhr mit einem Bad begann, schlich sich der Regent auf Zehenspitzen aus dem Schloss, ging in den Tiergarten „um den Viecherln beim Erwachen zuzusehen“, schlüpfte hinter der Menagerie durch ein Türchen hinaus auf die Maxingstraße und machte sich fröhlich pfeifend auf den Weg zu seiner Geliebten. Dort bekam er ein stärkendes Frühstück, bevor man sich der körperlichen Liebe zuwandte. Herr Nahowski wurde zu jener

Zeit „zufällig“ mehrmals von seinem Arbeitgeber, der privilegierten Südbahngesellschaft, in die entferntesten Orte des Streckennetzes geschickt.

Anna hatte ihrem Ehemann gegenüber, den sie aufrichtig liebte, allerdings stets ein schlechtes Gewissen, wie aus einem Tagebucheintrag im Mai 1881 hervorgeht: *Wie in jedem Jahr sehe ich auch jetzt den Kaiser. Er wird täglich verliebter. Auch ich bin ihm gut, u. wenn Er bei mir ist, vergeße ich fast Nahowski! Ist Er fort u. der Eindruck vorüber, möchte ich aufschrein, möchte den Nahowski um Verzeihung bitten, ihm sagen, daß ich nur ihn liebe. Alles Andere sei Wahnsinn, Verirrung.*

Gleichzeitig sehnte sich die junge Frau nach ihrem Kaiser und befand sich dabei ständig in einem Gefühls- und Gewissenskonflikt: *Ich frage Ihm: Majestät, nicht wahr, Sie kommen? Er sieht mich fort an, ohne mir eine Antwort zu geben, plötzlich zieht er mich nahe an sich, sieht mir lange in die Augen, küsst mich leidenschaftlich, u. sagte ich komme! Wo sind die guten Vorsätze?*

Als sich Franz Joseph auf Sisis Betreiben mit der Burgschauspielerin Katharina Schratt anfreundete, die sich fast neben dem Ehepaar Nahowski ansiedelte (Gloriettegasse Nr. 19/Ecke Wattmanngasse), wurden die Treffen mit seiner Geliebten immer seltener. Anna stellte ihm jedoch eifersüchtig nach und beschrieb eine Situation in ihrem Tagebuch: *Wer sagt mir, dass es nicht so ist. Sie haben vielleicht die Schratt in Schönbrunn getroffen u. gleichzeitig mich besucht, denkend dies geht in einem Aufwaschen. Er fing hell zu lachen an! Mit einer raschen Bewegung hat Er mich erfasst und hielt mich wie mit Eisenklammern fest. Jeder Versuch mich frei zu machen war umsonst. Er zog mich mit Gewalt nach meinem Bett, mein zorniges Gesicht mit Küssen bedeckend. Sehen Sie, sagte Er, ich habe diese Frau noch niemals nur mit einem Finger berührt, und Er tupfte mich dabei leise mit dem Zeigefinger am Oberarm.*

Nach dem Selbstmord seines Sohnes im Jahr 1889 in Mayerling beendete der Regent jedoch die Beziehung. Anna wurde in die Hofburg bestellt, bekam eine finanzielle Abfertigung von 200 000 Gulden und musste eine Erklärung unterzeichnen, in der sie schwor, über die Geschehnisse zu schweigen. Die Geliebte des Kaisers hielt sich ihr Leben lang an ihren Schwur – ihr Tagebuch mit den persönlichen Aufzeichnungen wurde erst nach dem Tod ihrer Tochter Helene Berg (Ehefrau des Komponisten Alban Berg) im Jahr 1876 veröffentlicht.

Mit Katharina Schratt, seiner „gnädigen Frau", verband den Regenten von 1885 bis zu seinem Tod eine innige Freundschaft (ob dabei jemals Lust und Erotik eine Rolle gespielt haben, kann nicht mit Sicherheit gesagt werden). Eifersüchtig war Sisi auf diese wie auch immer geartete Verbindung aber trotzdem. Das beweist ein Reim, den die Kaiserin in ihr Tagebuch schrieb, als ihr Gatte von einem Besuch bei Katharina nach Hause kam: *Kehrt heim von seiner Kuh, o welch ein Ochs bist du!*

Franz Joseph besuchte die „gnädige Frau" mehrmals die Woche, aß bei ihr einen Gugelhupf, plauderte, rauchte gemütlich eine seiner Zigarren der Sorte „Regalia Media", schlenderte dann wieder zurück nach Hause und regierte das Land.

Der Kaiser war jedenfalls gerne mit der Schauspielerin zusammen, das beweisen ein paar Zeilen, die er der Freundin 1887 schrieb: *Es sind nicht viel mehr als acht Tage, dass ich Sie nicht gesehen habe und doch scheint diese Zeit mir eine Ewigkeit, so gewöhnt man sich an das Glück.*

Als Dank für ihre Gesellschaft – häufig auch bei offiziellen Veranstaltungen, wenn sich Sisi außer Landes befand oder keine Lust auf das Gesichtsbad in der Öffentlichkeit hatte – schenkte er seiner Freundin immer wieder Geld, Schmuck und eine Villa in Bad Ischl. In seinem Testament bedachte er sie mit einer halben Million Gulden. Zum Vergleich: Am Burgtheater erhielt Katharina Schratt ein Gehalt von jährlich 8000 Gulden.

Zu den zwei „offiziellen" Beziehungen des Monarchen zu Frauen aus dem Volk gesellten sich diverse Affären mit Aristokratinnen, Schauspielerinnen und Dienstmädchen. Des Kaisers Bettgefährtinnen erhielten für ihre zärtlichen Zuwendungen entweder eine finanzielle Entschädigung oder Privilegien am Hof, waren sie verheiratet, konnten sie durch ihre „Gefälligkeiten" auch ein rascheres berufliches Fortkommen ihrer Ehemänner erwirken.

Ludwig Viktor: Der schwule Erzherzog

Für damalige Verhältnisse besonders sündhaft benahm sich Erzherzog Ludwig Viktor, der jüngste Bruder von Kaiser Franz Joseph I., der nicht als schwarzes, sondern als „rosa“ Schaf der Familie galt.

Das von den Eltern verzärtelte Nesthäkchen hatte zu Hause Narrenfreiheit, was aus dem Buben einen exzentrischen Sonderling aus Überzeugung machte. Als Kind laufend kränklich, kannte er weder militärischen Drill noch höfische Disziplin, lebte später mit den großzügigen Apanagen unbeschwert in den Tag hinein, galt einerseits als ungemein unterhaltsam und schlagfertig, andererseits als geschwätzig, intrigant und boshaft. Vor allem seine Schwägerin Sisi bezeichnete ihn als Unruhestifter und fand seine inbrünstigen Versuche, sich bei ihr einzuschmeicheln, als „geradezu widerwärtig“.

Auch außerhalb der Habsburgerresidenz war Ludwig Viktors Ruf wenig schmeichelhaft, wie Tagebuchaufzeichnungen der Fürstin Nora Fugger beweisen. Sie schrieb, „Luziwuzi“ sei *grundverschieden von seinen Brüdern, weder militärisch noch kunstverständig, schwächlich, unmännlich, geziert und von garstigem Äußeren.* Zugleich diagnostizierte sie, „Bubis“ Zunge wäre *scharf wie die einer Giftschlange.*

Dennoch verstand es der Erzherzog, sich bei den meisten Frauen am Wiener Hof beliebt zu machen: Er vergaß keinen Geburts- oder Namenstag und hatte immer ein kleines Geschenk parat.

Franz Josephs jüngster Bruder liebte das Theater, spielte allerdings nicht nur bei öffentlichen Auftritten jedes Mal eine andere Rolle, sondern lebte auch seinen privaten Alltag wie ein Schauspieler, der im Rampenlicht nach Beifall heischt. Eine Angestellte des Wiener Hofs notierte einmal: *Der Erzherzog bewegte sich mit der übertriebenen und preziösen Anmut eines Prinzen des 18. Jahrhunderts.*

Luziwuzi, wie der Erzherzog auch genannt wurde, mochte Männer und zog gerne Frauenkleider an. Während der Kaiser das „Bubi“ in Schutz nahm und dessen Neigungen mit: „Was soll man machen … der eine ist so, der andere so“ kommentierte, erklärte der zu jener Zeit hoch angesehene Professor Ernst Bischoff, dass „die Welt von diesen

Scheusalen durch Kastration oder Internierung in einem Narrenhaus zu befreien“ wäre.

Neben seinem Palais am Wiener Schwarzenbergplatz besaß Ludwig Viktor mit Schloss Kleßheim bei Salzburg einen standesgemäßen Sommersitz. Vor allem abseits der österreichischen Residenzstadt und fern von der majestätischen Familie avancierte er als originelles Exemplar eines Adeligen rasch zum gesellschaftlichen Mittelpunkt. In seinem ausschließlich in den Farben Blau und Weiß eingerichteten Domizil veranstaltete er ausschweifende Feste und provozierte dabei den einen oder anderen sündigen Skandal.

Beispielsweise hatte sich der Erzherzog einen Spaß daraus gemacht, den in sein Palais eingeladenen und an den Swimmingpool gebetenen Offizieren der k. k. Armee in den Umkleiden keine Badehosen bereitzulegen. Die jungen Männer, gut aussehend, gebildet und charmant, mussten dann nackt aus den Kabinen treten, wenn sie ihren Gastgeber nicht brüskieren wollten. Bald wurde den in Salzburg stationierten Soldaten untersagt, Einladungen des Habsburgers anzunehmen. Dieser unternahm daraufhin Reisen zu anderen Adelsschlössern, von denen ihm zugetragen worden war, dass dort „etwas los sei“.

Dann kam es im Jahr 1868 in Wien zu einem wahrhaft sündigen Skandal: Luziwuzi bedrängte im *Centralbad* in der Weihburggasse, der heutigen Schwulensauna *Kaiserbründl*, einen Mann so lange unsittlich, bis dieser ihn ohrfeigte.

Franz Joseph drückte ob des Eklats, über den in der Stadt natürlich ausgiebig getratscht wurde, wieder einmal beide Augen zu und beließ es bei einer Maßregelung des kleinen Bruders. Als Ludwig Viktor im Jahr 1873 anlässlich der ersten Wiener Weltausstellung allerdings einen Betrag von 200 000 Gulden verspekulierte, das alles gar nicht so schlimm fand und zeitgleich ein Verhältnis mit einem Kutscher im k. k. Dienst begann, reichte es sogar dem gutmütigen Kaiser. Er befahl „Bubi“, Wien sofort zu verlassen und sich auf Schloss Kleßheim zurückzuziehen, wo der Habsburger bis zu seinem Tod 1919 lebte.

Kronprinz Rudolf: Ein lasterhaftes Sensibelchen

Für einen der größten Skandale sorgte Franz Josephs und Sisis Sohn Rudolf, der zu seiner eigenen Verlobungsfeier seine Geliebte mitbrachte. Doch das war erst der Anfang der erotischen Eskapaden, die sich der Kronprinz leistete und völlig ungeniert auslebte – sowohl vor seinen Eltern als auch vor dem Volk.

Alles begann damit, dass Rudolfs Kindheit sehr unerfreulich verlief. Der kleine Junge wurde von seinem Vater mit militärischer Strenge gedrillt, damit aus dem „Krepierl" (= schwächlicher Mensch) später einmal ein strammer Soldat werden würde. Seine Mutter, die den auf dem Knaben lastenden Druck mit Sanftmut und Zärtlichkeit hätte abmildern können, glänzte durch dauernde Abwesenheit. Immerhin gelang es Sisi, die autoritären Erzieher, die für die Ausbildung des Thronerben angeheuert worden waren, durch humanpädagogische Gelehrte zu ersetzen, die aus Rudolf einen interessierten Naturwissenschaftler machten. In jener Zeit entdeckte der Prinz auch seine Liebe zur Ornithologie.

Ein weiteres Studium wurde dem sensiblen und wissbegierigen jungen Mann von seinem Vater allerdings verwehrt, der auf dem Militärdienst bestand. Davor unternahm der Thronfolger allerdings noch zahlreiche Reisen, auf welchen er Vögel beobachtete und sich von seinem Begleiter „Charly" – es handelte sich dabei um Lebemann Carl Graf Bombelles – die Wege zu zwischenmenschlichen Vergnügungen ohne Verpflichtungen ebnen ließ.

Doch schon bald war Rudolfs Leben, von seiner problematischen Kindheit und Jugend geprägt, von Alkohol- und Drogenmissbrauch gekennzeichnet.

Darüber hinaus rebellierte der Kronprinz kräftig gegen den rechthaberischen Vater, dessen Regierungsstil in seinen Augen altmodisch und überholt war und nichts mit aufgeschlossener liberaler Politik zu tun hatte. Ein Großteil seiner zahlreichen Verbalattacken richtete sich gegen den Adel und die Kirche, zudem verachtete er dekadente Opportunisten und unterwürfige Speichellecker – von welchen es am Wiener Hof zu jeder Zeit genug gab. Franz Joseph, der nichts von den modernen Visionen seines Sohnes wissen wollte, hielt diesen daraufhin von allen wichtigen Positionen fern und machte sich mehr und mehr Sorgen um die Monarchie. An diesen Umstand knüpfen die Verschwörungstheorien an, die verbreiteten, dass Rudolf von kaisertreuen und konservativen Traditionalisten in Mayerling ermordet wurde, damit er dem Land nicht schaden konnte.

Die vom Vater verwehrt gebliebene Anerkennung und Bestätigung suchte er in den Armen von Frauen ... vielen Frauen ... Die Amouren des Kronprinzen waren schon bald nicht mehr zu zählen. Es heißt sogar, er habe ein Jahr vor seiner offiziellen Hochzeit bereits heimlich geheiratet, nämlich die lungenkranke Prinzessin Maria Antonia von Sachsen. Sie schenkte ihm angeblich einen Sohn, Carl Rudolf Salvator, und starb kurz nach der Geburt.

Nach seinem Militärdienst in Prag heiratete Rudolf 1881 auf Druck seines Vaters die 16-jährige Tochter des belgischen Königs Leopold II., Prinzessin Stephanie. Als Rudolf am Brüsseler Hof zur Brautwerbung erschien, überreichte er der jungen Frau einen Diamantring mit prachtvollem Saphir und begab sich danach in sein Quartier. Dort amüsierte er sich mit seiner Geliebten, die mit ihm und seiner Gefolgschaft angereist war. Es handelte sich dabei um eine 26-jährige jüdische „Soubrette“ (in damaligen Zeiten ein anderes Wort für „Schauspielerin mit zahlkräftigem Liebhaber“) am Badener Stadttheater namens Anna Stephanie Hermingilde „Mina“ Pick. Mit ihr soll Rudolf in flagranti von seiner zukünftigen Schwiegermutter, Königin Marie Henriette, ertappt worden sein, was einen handfesten Skandal am belgischen Hof auslöste.

Die Ehe zwischen der als äußerlich reizlos und wenig charmant beschriebenen Stephanie, von Sisi als „belgischer Trampel“ bezeichnet, verlief mehr freundschaftlich und war sexuell wohl eher auf die Zeugung von Nachwuchs beschränkt.

In jener Zeit sagte Rudolf einmal zu einem Freund: „Da sah ich in Wien ein Mädchen, das mich entzückte, die Sehnsucht rieb mich völlig auf. Leider musste ich fort, meine Stellung vernichtete jedes Verhältnis zu einer Plebejerin. Doch hoffen wir und vertrauen wir auf Gott, vor ihm sind wir alle gleiche Menschen, deren Glück kein Stand und kein Adel trennt.“ Diese Hoffnung hat sich für ihn leider nie erfüllt.

Nach der Geburt von Erzherzogin Elisabeth Marie im Jahr 1883 infizierte der Kronprinz seine Gattin mit einer Geschlechtskrankheit und machte sie damit unfruchtbar, die Hoffnung auf einen legitimen Stammhalter war damit erloschen.

Während sich Stephanie in der Folge pflichtbewusst zeremoniellen Aufgaben und repräsentativen Pflichten widmete, arbeitete Rudolf weiter an seinem Ideal einer innovativen Staatsform. In seiner Freizeit ging er seinen Hobbys nach und genoss die ungezwungene Atmosphäre in den Vorstadtlokalen. Der Habsburger trank gerne einen über den Durst, führte Gespräche mit jedermann und sang lauthals Wienerlieder, wenn ihm danach war. Meist befand er sich dabei in Begleitung des leidenschaftlichen Heurigensängers und Kunstpfeifers Josef Bratfisch (den er im November 1887 zu seinem Leibfiaker machte), seines umfangreichen Bierbauchs wegen auch „Nockerl“ genannt.

Mit zunehmendem Alter litt Rudolf immer häufiger an Schwermut und depressiven Verstimmungen, die er mit einem Gemisch aus Champagner und Cognac bekämpfte. Zu der Zeit konnte Rudolf seinen ungesunden Lebenswandel nicht mehr verbergen. Man sah ihm auch an, dass er bereits große Mengen an Morphium gegen die Schmerzen nahm, die ihm seine Syphilis verursachte.

In jener Zeit suchte der unglückliche Kaisersohn, der sich eine Scheidung von Stephanie erträumte und zugleich nach der wahren Liebe sehnte, Trost bei Maria „Mizzi“ Kaspar, die er aufrichtig verehrte. Bei dieser jungen Frau handelte es sich um eine Edelprostituierte, die als lebenslustiges, charmantes und unkompliziertes „Wiener Mädel“ das Herz des Kronprinzen im Sturm erobert hatte und ihn immer wieder aufzumuntern vermochte. Mit ihr gemeinsam zog Rudolf ab Dezember 1887 häufig durch die kleinen Buschenschenken Wiens. Für seine Mizzi dichtete der romantische Kronprinz Couplets zu den Melodien der Lieder „Das wass nur a Weana“ und „Das hat ka Goethe gschrieb’n, das hat ka Schiller ’dicht“.

Darin heißt es:
Zur schwarzen Mitzi sagt a Herr ganz leis,
mei Schatzerl's Herz brennt für Dich gar so heiß.
Sein mir mitsamm' bekannt auch schon sehr lang,
so ist uns doch für d' Zukunft no nit bang.
Denn wenn auch Eifersüchtige uns trennen woll'n,
sag m'r höchstens arm Tschaperl'n, die ihr seid.
Denn mir kennen uns ja doch gar zu gut,
wir zwei Echten vom Weanerblut.

An einem frühen Morgen im Jänner des Jahres 1888 bat Rudolf seine Geliebte Mizzi Kaspar, sich mit ihm gemeinsam am Husarentempel in Mödling zu erschießen, *weil es seine Ehre fordere*. Die junge Frau lehnte ab und meldete die Suizidabsichten des Kronprinzen, nachdem der sich verabschiedet hatte, sofort bei der Polizei. Dort wurde sie als „kleine Kokotte" nur belächelt und ihre Meldung nicht weitergeleitet – möglicherweise sollte aber auch nur nicht zu viel Staub aufgewirbelt werden, weil bereits Pläne zur Beseitigung des Thronfolgers geschmiedet worden waren.

Im Frühjahr desselben Jahres lernte der Thronfolger Marie Alexandrine Freiin von Vetsera, genannt „Mary", kennen. Es handelte sich um ein junges Mädchen aus gutem Haus, das ebenfalls für den feinsinnigen, charmanten und gebildeten Rudolf schwärmte. Aus den beiden wurde rasch ein Liebespaar, und während draußen am Ring der Zobel- und Monokel-Adel des Fin de Siècle promenierte oder in einem Café mit abgespreiztem kleinem Finger am Mocca nippte, nahm in der Hofburg die Tragödie unbemerkt ihren weiteren Verlauf – sie endete in der Nacht zum 30. Jänner 1889, als Kronprinz Rudolf in seinem Jagdschloss in Mayerling zuerst Mary Vetsera und anschließend sich selbst erschoss (zumindest in der offiziellen Version).

Man kann also zusammenfassen: Der Anwärter auf den Wiener Kaiserthron hat eine Adelige geheiratet, eine Jüdin geliebt, eine Prostituierte verehrt und sich mit einem Groupie erschossen. Und zwischendurch ist er am Leben gescheitert.

Erzherzog Otto: Nackt im Sacher

Als attraktivster und zugleich promiskuitivster Habsburger aller Zeiten gilt Erzherzog Otto, genannt „Bolla", Neffe von Franz Joseph I., Bruder des Thronfolgers Franz Ferdinand und Vater des letzten österreichischen Kaisers Karl I.

Der „schöne Otto" fühlte sich viele Jahre lang in seiner Rolle als unverheirateter Schwerenöter pudelwohl und war daher nur schwer zum Heiraten zu bewegen. In ganz Wien tratschte man über die sündhafte Lebensweise des Bonvivants und Frauenhelden, der ausgelassen mit Damen zweifelhaften Rufs bis in die frühen Morgenstunden feierte, Alkohol in Massen trank und sich den strengen Sitten und Gebräuchen des Hauses Habsburg nur in Maßen verbunden fühlte.

Während eines seiner Saufgelage war Otto von seinen Freunden ausgesperrt worden und marschierte daraufhin nackt, nur mit einem Säbel und weißen Handschuhen „bekleidet", durch das *Hotel Sacher*. Dieser Vorfall zog sogar eine polizeiliche Anzeige durch den zufällig dort anwesenden britischen Botschafter nach sich, dessen Gattin beim Anblick des entblätterten Erzherzogs in Ohnmacht fiel. Diese „Ungeheuerlichkeit", wie sich der steife Engländer ausdrückte, führte im Anschluss zu einer peinlichen diplomatischen Verstrickung, worüber sich Onkel Kaiser Franz Joseph auch nicht gerade „very amused" zeigte. Er verdonnerte den lausbübischen Neffen zu zwei Monaten Arrest in einem oberösterreichischen Kloster, in dessen Weinkeller nach der Entlassung des trinkfesten Habsburgers große Lücken geklafft haben sollen.

Als weitere erzieherische Maßnahme beschloss Franz Joseph die Vermählung des renitenten jungen Manns. Allerdings musste er dafür eine List ersinnen, denn der adrette Otto dachte gar nicht daran, den Hafen der Ehe anzusteuern – schon gar nicht mit der ihm zugedachten, unansehnlichen Königstochter Maria Josefa von Sachsen, die schon sein Bruder Franz Ferdinand nicht haben wollte. Und so wurde der Erzherzog auf Befehl des Kaisers betrunken gemacht, was den Verbündeten seiner Majestät keine großen Schwierigkeiten bereitet haben dürfte, und ihm danach der offizielle Heiratsantrag zur Unterschrift vorgelegt.

Josefas Vater, so stand es später im Protokoll, nahm sofort an, womit die Vereinbarung nicht mehr rückgängig zu machen war. Otto gab sich geschlagen und ging mit Freunden in eine Bar, um seine Vermählung zu feiern. Danach wollte er mit den Zechkumpanen in das Zimmer seiner Zukünftigen im Schloss Augarten eindringen, um die „hässliche Eule" vorzuführen. Er wurde jedoch rechtzeitig abgefangen und zum Ausnüchtern in die Hofburg gebracht. Doch auch dieser Eklat brachte ihn, zum Leidwesen des Kaisers, nicht zur Räson.

Der Erzherzog, der seine Frau als „bigotte Nonne" verspottete, blieb auch nach der Heirat seinem ausschweifenden Lebenswandel treu. Er hatte mehrere Mätressen und hinterließ eine Menge uneheliche Kinder.

Sein wildes Leben blieb allerdings nicht ohne Folgen: Der Lebemann erkrankte um 1900 an Syphilis. Die Krankheit griff seine Schleimhäute an, weshalb Otto bald nicht mehr sprechen konnte und eine Nasenprothese aus Kautschuk trug.

Ab 1906 ging es bergab, seine letzte Geliebte, die Operettensängerin Luise Robinson, begleitete ihn in den Tod.

Die Habsburger, ihre Dirnen und zahlreiche „Missehen"

Fast alle Prinzen, Könige und Kaiser des Clans ließen sich in jungen Jahren von Dirnen in die Geheimnisse der Liebe einweihen, damit sie in der Hochzeitsnacht bereits über ein gewisses Maß an Erfahrung verfügten.

Doch auch nach der Heirat vergnügten sich die adeligen Herren gerne mit Prostituierten, häufig, weil im heimischen Ehebett nach Zeugung eines Stammhalters die Laken kalt blieben. In einigen Fällen verlustierten sich die Herren auch deshalb aushäusig, weil sie ihr Liebesleben abwechslungsreich gestalten wollten oder besondere sexuelle Vorlieben hatten, die ihre Gemahlinnen nicht zu teilen bereit waren.

„Die Gesellschaft von Frauen ist für einen vernünftigen Mann auf die Dauer unerträglich", sagte Joseph II. vor seiner Heirat mit der verführerischen Isabella von Bourbon-Parma im Jahr 1760, als er noch lockere

Verhältnisse pflegte. Doch schon bald vergötterte der Sohn Maria Theresias und spätere Thronfolger seine geistreiche und aparte „Tia-Tia", obwohl die heißblütige Spanierin schon bald ein Auge auf Marie Christine, Josephs 18-jährige Schwester, warf. Sie äußerte ihre verliebten und erotischen Anwandlungen der Schwägerin gegenüber in zahlreichen schwärmerischen Briefen, welche die verträumte Marie Christine blumig beantwortete. Die jungen Frauen sahen sich fast jeden Tag, und wenn nicht, hinterließen sie sich kurze Botschaften, etwa *Ich sterbe aus Lieb zu dir, mein Schatz.* Schriftliche Verabschiedungen im Briefwechsel zwischen den Aristo-Damen erfolgten beispielsweise mit den Worten *Auf bald, in Anbetung, ich küsse Dein erzenglisches Arscherl!*

Als Isabella bereits nach drei Jahren Ehe an den Folgen einer Pockeninfektion verstarb, weigerte sich Joseph, ein weiteres Mal zu heiraten. Er musste seine Eheabstinenz aber schon bald beenden, als ihn seine Mutter erneut unter die Haube zwang. Er nahm Maria Amalia von Österreich zur Gattin, ignorierte diese allerdings komplett und verwehrte ihr den Geschlechtsverkehr. Wegen der „Schiachen" ließ der Thronfolger sogar den gemeinsamen Balkon auf Schloss Schönbrunn abteilen, um sie nicht sehen zu müssen. Dass auch die zweite Ehe kinderlos blieb, wunderte angesichts dieser Maßnahme nicht einmal mehr Maria Theresia, die sich zuvor schon Enkel von ihrem Sohn mit Isabella gewünscht hatte. Die schöne Spanierin war zwar insgesamt fünf Mal schwanger gewesen, doch keines der Kinder hatte überlebt.

Anschließend suchte der Thronfolger immer häufiger Trost in den Armen verständnisvoller Dirnen. Besonders angetan hatte es dem Monarchen ein gewisses „leichtes Mädchen" namens Sonnenfels-Waberl (wahrscheinlich Spitzname für Barbara Sonnenfels), die in einer Schenke am Spittelberg als „Kellnerin" arbeitete.

Es war allerdings ein offenes Geheimnis, dass Seine Majestät nichts oder nur wenig für die käufliche Liebe zu bezahlen bereit war. Vom postkoitalen Geiz des Herrschers zeugt eine Inschrift an der Hauseinfahrt Nr. 13 in der Gutenberggasse (damals Lokal *Zum steinernen Löwen*, heute Restaurant *Witwe Bolte*) im Zentrum des ehemaligen Wiener Rotlichtmilieus: *Durch dieses Thor im Bogen kam Kaiser Joseph II.*

geflogen – 1778. Geworfen hat den Kaiser der Wirt des betreffenden Lokals, der den Kaisersohn nicht erkannt haben wollte. Zugleich, das wusste ein französischer Gesandter zu berichten, besuchte Joseph II. nahezu täglich die Tochter des Mannes, der sich um die Wiener Gärten der Habsburger kümmerte.

♥♥♥

Der eine oder andere adelige Spross verliebte sich allerdings in eine der Damen aus dem Gewerbe und nahm diese sogar zur Gemahlin – das war allerdings nur Erzherzögen möglich, ein Thronfolger und dessen Nachwuchs musste selbstverständlich standesgemäß heiraten. Dennoch kam es häufiger zu diesen sogenannten „Missehen" (auch: morganatische Ehen), wenn auch unter Protest und zum äußersten Missfallen der royalen Angehörigen und des Volks. Die Betroffenen, die auf Scheinmoral und Standesdünkel pfiffen und dem Ruf ihres Herzens folgten, mussten dafür in der Folge auf die meisten Annehmlichkeiten verzichten, die man als Mitglied der mächtigsten Familie des Landes genoss.

Die Gesellschaft im Dunstkreis des Kaiserhauses sowie die Sensationspresse schenkte diesen sündigen Beziehungen immer besonders viel Aufmerksamkeit. Gespannt verfolgte sie den Konflikt zwischen Liebe und Pflicht hinter den scheinbar blank polierten Lebenskulissen der besonders Privilegierten, die üblicherweise streng auf einen makellosen Ruf achteten.

Die erste morganatische Ehe im Erzhaus schloss Erzherzog Ferdinand II. mit Philippine Welser in Tirol. Der Skandal, als sich der junge Kaisersohn Mitte des 16. Jahrhunderts in die zwei Jahre ältere Bürgerstochter verliebte, schlug hohe Wellen bis an den Wiener Hof.

Die Familie warf dem Tiroler Landesfürst liederliches Treiben, sündige Begierden und exzessive Verirrung vor, ehe Vater Ferdinand I. in die „Missehe" einwilligte – allerdings unter der Bedingung, dass die Hochzeit heimlich gefeiert wurde. Und so gaben sich die Liebenden im Jänner des Jahres 1557 in der kalten, nur mit ein paar Kerzen erleuchteten Burgkapelle der böhmischen Burg Bresnitz das Jawort. Die beiden bekamen vier Kinder, bis Philippine schwer erkrankte und schließlich 1580 verstarb – man munkelte, sie sei vergiftet worden.

Bereits 1573 hielt Ferdinand II. noch zu Lebzeiten seiner gesundheitlich bereits angeschlagenen Ehefrau um die Hand seiner siebenjährigen Nichte Anna Caterina von Gonzaga an und heiratete diese im Mai 1582. Zu dem Zeitpunkt war die mittlerweile 16-Jährige allerdings nicht mehr die erste Wahl des Erzherzogs, der daher vor der Hochzeit sein Glück bei der schwedischen Prinzessin Cäcilia versucht und eine Abfuhr erhalten hatte. Kurz darauf wollte er seine Nichte Maximiliana heiraten, doch seine Schwester lehnte dies mit der Begründung ab, dass er aufgrund seiner „sittlichen Ausschweifungen" nicht der passende Gemahl für ihr Kind war.

Kam der als liederlich geltende Habsburger nach Wien zu Besuch, munkelte man hinter vorgehaltener Hand, dass der Sünder besser die ganze Zeit im Stephansdom beten als Feste mit der Familie feiern sollte.

Einige Jahrhunderte später hatte man sich trotz diverser „unglücklicher Vorfälle" immer noch nicht daran gewöhnt, dass sich Hocharistokraten im Umfeld des Wiener Hofs unter ihrem Stand verliebten. Vor allem jene Familienmitglieder, die beim Heiraten ausschließlich an ihre Karriere dachten, fürchteten sowohl den Spott anderer Herrscherhäuser als auch die Lästereien im Volk.

Trotzdem heiratete Erzherzog Johann Nepomuk Salvator, genannt „Gianni", im Jahr 1889 heimlich die Balletttänzerin Ludmilla Stubel, genannt „Miltschi". Das Paar musste daraufhin laut den habsburgischen Hausgesetzen den Boden Österreich-Ungarns sofort verlassen, und aus Gianni wurde in der Folge Johann Orth. Die biederen Wiener bezeichneten die Tänzerin als Dirne und sprachen davon, dass Johann Nepomuk Salvator wider dem Ehrenkodex handelte und sich gegenüber seiner Familie und den treuen Monarchisten versündigte.

Der Geächtete schrieb daraufhin in einem Brief an einen Freund: *Die vielfachen Kränkungen, die man mir schon zugefügt, habe ich im Laufe der Zeit ertragen gelernt, die Kränkungen jedoch, die man meiner armen, unschuldigen Miltschi bereitet, verbittern mir das ganze Leben.*

Der Habsburger erwarb 1890 das Kapitänspatent, kaufte sich den Frachtdampfer *Santa Margareta* und trat mit seiner Gattin in London eine Reise mit dem Ziel Valparaíso in Chile an. Sie verschwanden auf der Überfahrt spurlos und wurden 1911 offiziell für tot erklärt. Wahrscheinlich ist, dass das Schiff in der Nähe von Kap Horn in einen heftigen Sturm geriet und unterging, die dunkle See das liebende Paar verschluckte und nie wieder freigab.

Johanns Bruder, Erzherzog Ludwig Salvator, pfiff von Anfang an auf Etikette und seinen Adelstitel, befuhr stattdessen mit seiner Dampfjacht *Nixe* die sieben Weltmeere und tobte sich erotisch aus.

Bei seinen Reisen erforschte der „grüne Spinner", wie er in Wien genannt wurde, die Natur, sammelte Insekten und führte penibel Buch über seine Beobachtungen. „Luigi" ließ sich schließlich 1867 auf der größten Baleareninsel im Mittelmeer nieder. Er investierte dort das Geld seiner Familie in Grundstücke und wurde daher schon bald als „König von Mallorca" bezeichnet.

Der alternativ gesinnte Aristokrat war nie verheiratet und vergnügte sich unter der spanischen Sonne mit Frauen und Männern. Von einem seiner Jünglinge ließ er sich einmal Briefe mit pornografischen Zeichnungen schicken und wurde anschließend erpresst. Zudem knüpfte er zarte Bande zu seinem tschechischen Privatsekretär Vladislav Výborný, der nach sechs Jahren intensivem Kontakt mit seinem Vorgesetzten an einem Hitzschlag verstarb. Zugleich zeugte er mit seinen einheimischen Liebesdienerinnen drei uneheliche Kinder, unter anderem mit Catalina Homar, die ihn sogar auf seinen Forschungsreisen begleitete.

Erzherzog Franz Ferdinand von Österreich-Este, der nach seinem Cousin Rudolf Kaiser werden sollte, schloss 1900 die letzte bedeutende morganatische Ehe der Monarchie.

Er lernte Gräfin Sophie Chotek, die böhmischem Uradel entstammte, 1894 auf einem Ball in Prag kennen. Die junge Frau war zu dieser Zeit als Hausdame im Pressburger Palais Grassalkovich beim erzherzoglichen Habsburgerpaar Friedrich und Isabella beschäftigt, das gerade passende Ehemänner für seine Töchter suchte. Eine davon sah die ehrgeizige Mutter bereits auf dem Thron sitzen, als Franz Ferdinand immer häufiger auf einen Kaffee oder ein Tennismatch vorbeischaute. Dass das Interesse des Thronfolgers der Gräfin Chotek galt, ahnte anfänglich niemand und sollte schon bald nicht nur eine große Enttäuschung bei den Eltern hervorrufen, sondern auch einen mittelgroßen Skandal in der Monarchie auslösen.

Franz Ferdinand und Sophie verstanden es meisterhaft, ihre Treffen jahrelang unter völlig harmlosen Vorwänden zu arrangieren, und so konnte sich ihre Beziehung still und leise entfalten. Zwischen den häufigen Besuchen des Erzherzogs transportierte die Postkutsche unzählige zärtliche Briefe von Wien nach Pressburg und umgekehrt, die raffiniert verschlüsselt wurden – für den Fall der Fälle. Aufgeflogen sind die beiden, als Franz Ferdinand seine Taschenuhr im Palais vergaß und sie von Erzherzogin Isabella gefunden wurde. Als sie neugierig den Deckel aufklappte, erblickte sie jedoch nicht, wie von ihr erwartet, eine ihrer Töchter auf dem dort befindlichen Foto, sondern ihre Hausdame.

Da Sophie Chotek nach dem strengen Familienstatut trotz ihrer Herkunft nicht ebenbürtig war, der Erzherzog aber stur auf einer Heirat bestand, stand Kaiser Franz Joseph vor einer schwierigen Entscheidung. Letztendlich stimmte der Monarch der Eheschließung aber doch noch zu – vermutlich auch deshalb, weil es ihm an Thronfolgern mangelte.

So wurde 1900 geheiratet, doch bereits 1914, zwei Jahre vor der geplanten Thronbesteigung, schlug das Schicksal erbarmungslos zu: Erzherzog Franz Ferdinand und seine Gemahlin wurden bei einem Aufenthalt in Sarajevo ermordet.

Erzherzog Ferdinand Karl von Österreich, Bruder von Thronfolger Erzherzog Franz Ferdinand, nahm an dessen Hochzeit mit Sophie Chotek nicht teil, weil er sie „höchst unschicklich“ fand. Doch dann verliebte er sich 1902 auf dem Wiener Technikerball in die Hofratstochter und Tänzerin Berta Czuber, die zuvor bereits von dem Schriftsteller Robert Musil hofiert worden war, und heiratete sie heimlich im Jahr 1909 in der Schweiz.

Zwei Jahre später plagte den Habsburger sein schlechtes Gewissen: Er gestand Franz Joseph I., der ihm die Hochzeit aufgrund der Häufung von „Missehen“ ausdrücklich verboten hatte, die Heirat und bat um Verzeihung. Doch der Kaiser blieb hart, und so musste der reuige Erzherzog das Haus Habsburg verlassen und zog mit dem Nachnamen Burg samt Gattin auf ererbte Güter in Südtirol. Franz Joseph versuchte, einen neuerlichen Skandal zu vermeiden, und ließ Ferdinand aus allen offiziellen Urkunden des Kaiserhauses streichen.

Erzherzog Leopold Ferdinand Salvator, Urenkel von Kaiser Leopold II., verliebte sich in die Tochter eines Zuckerbäckers, schwängerte sie und ließ sie danach sitzen. Die Wiener tobten, Franz Joseph, Kummer mit seinen Nachfahren längst gewohnt, resignierte vorerst. Der Habsburger versuchte, seine neue Freundin als Matrose verkleidet auf ein Schiff zu schmuggeln, mit dem er eine Weltreise unternehmen sollte – was ihm eine Strafversetzung eintrug, als der von ihm verhasste Erzherzog Franz Ferdinand den Schwindel entdeckte.

Kurz darauf begann der findige Aristokrat eine Affäre mit Wilhelmine Adamovic, einer Prostituierten mit rotem Haar und dunklen Augen. Als er den Wunsch äußerte, die „Dirne“ zu ehelichen, ließ ihn der Kaiser zuerst in eine Nervenheilanstalt einweisen, danach ins weit entfernte Galizien abschieben – mitsamt seiner Geliebten, die offiziell als Haushälterin mitreiste. Im Jahr 1902 heiratete Leopold Ferdinand seine Wilhelmine, nachdem er freiwillig aus dem Haus Habsburg ausgetreten war und den Nachnamen Wölfling angenommen hatte. Das Paar ging noch im selben Jahr in die Schweiz, schloss sich einer Aussteiger-Kolonie an und wurde 1907 wieder geschieden – weil dem Habsburger dieses Leben unter Vegetariern und Anarchisten nicht gefiel, Wilhelmine aber bleiben wollte. Der ehemalige Erzherzog ehelichte kurz darauf die Prostituierte Maria Magdalena Ritter und übersiedelte mit ihr nach Paris. Die Beziehung scheiterte ebenfalls. Im Jahr 1922 adoptierte er ein Mädchen namens Aloisia und zog wieder nach Wien. „Der Sünder kehrt reuig heim in den Schoß der Familie“, wurde damals im Volk getuschelt. Leopold Ferdinand Salvator führte mit seiner Tochter eine Greißlerei, arbeitete außerdem in Kaisermühlen als Fremdenführer und stand später in Berlin als Sensation einer Kabaretttruppe namens „Rakete“ auf der Bühne.

Aber auch so manche Dame aus dem Haus Habsburg schloss eine Mesalliance, etwa Erzherzogin Luise, Leopold Ferdinand Salvators Schwester. Zuerst heiratete sie im Jahr 1891 standesgemäß Friedrich August von Sachsen und wurde damit zur Kronprinzessin. Doch die lebenslustige junge Frau kam mit der erzkonservativen Familie ihres Gatten nicht zurecht und fühlte sich von deren verknöcherten Ansichten und Vorschriften eingeengt. Trotzdem gebar sie sechs Nachkommen und litt weiter unter der strengen Dresdner Hofetikette. Als es aber immer häufiger zu erheblichen Spannungen kam, floh Luise, schwanger mit dem siebenten Kind, im Jahr 1902 mit ihrem Bruder Leopold in die Schweiz. Mit dabei war auch ihr Geliebter, der Französischlehrer ihrer Kinder, André Giron, der zur Ablenkung für Polizei und Kaiserhaus durch seinen Notar eine falsche Spur nach Brüssel legen ließ.

In Wien erbebte die Hofburg unter dem Wutausbruch von Kaiser Franz Joseph, als er davon erfuhr. Die Sachsen leiteten kurz darauf die Scheidung der Ehe ein, die Habsburger strichen Luise aus ihrem genealogischen Verzeichnis. Die ehemalige Prinzessin erhielt den Titel Gräfin von Montignoso, trennte sich von André Giron und zog nach Lyon, dann auf die großbritannische Isle of Wight und später nach Florenz. Im Dezember 1904 versuchte sie, mit ihrem Liebhaber Conte Carlo Guiccardi in den sächsischen Königspalast einzudringen, um ihre Kinder wiederzusehen, was jedoch misslang. Drei Jahre später heiratete sie den Musiker Enrico Toselli und gebar ihm einen Sohn. 1912 wurde jedoch auch diese Ehe getrennt, Luise zog allein nach Mallorca, später nach Brüssel und nannte sich Antoinette Maria Comtesse d’Ysette. In der belgischen Hauptstadt verstarb sie verarmt als Blumenfrau und wurde im deutschen Kloster Hedingen beigesetzt.

Erzherzogin Elisabeth, genannt „Erzsi“, die einzige Tochter von Kronprinz Rudolf und seiner Gattin Stephanie von Belgien, verliebte sich

1900 in Prinz Otto zu Windisch-Graetz, den sie gegen den Wunsch ihres Großvaters heiraten wollte. Kaiser Franz Joseph, mittlerweile vermutlich altersmilde, willigte schließlich murrend in die Ehe ein, obwohl er lieber den deutschen Kronprinzen Wilhelm an der Seite seiner Enkelin gesehen hätte. Erzsi musste aus dem Haus Habsburg ausscheiden und auf alle Ansprüche verzichten. Die 1902 geschlossene Ehe, aus der vier Kinder hervorgingen, verlief jedoch nicht glücklich und war durch häufige beiderseitige Untreue und Eifersucht gekennzeichnet. In dieser Zeit hatte Erzsi vermutlich eine Affäre mit dem U-Boot-Kapitän Egon Lerch, der allerdings 1915 im Ersten Weltkrieg fiel. Als sie sich kurz darauf scheiden lassen wollte, bäumte sich der alte Kaiser noch einmal auf und verbot es.

Nach dem Tod von Franz Joseph, einem Sorgerechtsstreit und einer Schlammschlacht vor Gericht wurde Rudolfs Tochter erst 1948 endgültig geschieden. Sie lebte als überzeugte Sozialdemokratin, was ihr den Spitznamen „die rote Erzherzogin" einbrachte, mit ihren Kindern im niederösterreichischen Schloss Schönau. Auf einer Wählerversammlung lernte sie ihren zweiten Ehemann, Leopold Petznek, kennen, den sie 1948 heiratete. Die beiden wohnten in einem Wiener Palais (Linzer Straße 452) und galten in jener Zeit als eines der Paare, über das in der Stadt am meisten getuschelt wurde.

Prominente Sünder

Natürlich führte auch so mancher Prominente oder Künstler ein recht untugendhaftes Leben – der eine fristete sein Dasein in Saus und Braus und bekämpfte seine Fadesse mit gekauften körperlichen Zuwendungen, der andere kompensierte seine Tristesse aufgrund fehlender pekuniärer Möglichkeiten mit ausschweifender Lasterhaftigkeit im billigen Sektor. Außerdem galt: Was dem einen seine Ablenkung vom Alltag, das ist dem anderen seine Muse für die Kreativität.

Auch in Wien gab es zahlreiche wichtige Leute, die sich hin und wieder einen Rausch der Sinne gönnten – in den seltensten Fällen gemeinsam mit dem Partner. Verliebte wiederum ließen die angebeteten Personen oder zukünftige Eheleute an diversen sexuellen Zügellosigkeiten nicht teilhaben, weil man vermeiden wollte, diese mit den unreinen Fantasien und deren Ausleben zu beschmutzen. Und die dritte Kategorie waren Alleinstehende, manchmal freiwillig, häufiger unfreiwillig, die in eine frivole Affäre nach der anderen stolperten oder sich dann und wann ein erquickliches erotisches Abenteuer leisteten.

Den Unterschied zu den Sexskandalen und Sünden der „Normalsterblichen" machten bei den Promis einzig und allein die Paparazzi, die wiederum nur ihre Arbeit taten, um Neugierde und Sensationslust des Publikums zu befriedigen.

Wolfgang Amadeus Mozart und sein „Bäsle"

Leck mich das Mensch im Arsch, das mich nicht will, schrieb der junge Wolfgang Amadeus Mozart 1778 an seinen Vater, als ihn seine Herzensdame Aloysia Weber abblitzen ließ. Über die Enttäuschung halfen ihm die Leidenschaft für das Tanzen, das Billardspielen mit Freunden und leichte Mädchen hinweg. Wie viele Männer in jener Zeit ging auch der junge Musiker in „Unzuchts- und Luderhäuser". Drei Jahre später verliebte sich der leicht entflammbare Künstler prompt in Aloysias Schwester Constanze, nachdem ihm die Mutter seiner Verflossenen in ihrem Heim einen Platz zum Schlafen gewährt hatte. Leopold Mozart warnte seinen Sohn vor der Familie Weber und riet ihm dringend von einer Vermählung mit dem Mädchen ab. Der Musiker war dennoch fest entschlossen, diese Frau zu heiraten, und schrieb in einem Brief: *Lieber Vater! Ob Ihr es wollt oder nicht. Ich werde heiraten. Ich liebe Constanze. Ich nehme mir aus rein wirtschaftlichen und hygienischen Gründen ein Weib. Glaub mir, diese Hurerei in Wien ist teuer und gefährlich …!*

Trotzdem dachte er auch in dieser Zeit noch häufig an seine allererste große Liebe, bei der es sich um seine Base (= Cousine) Maria Anna Thekla Mozart handelte, die er liebevoll „Bäsle" nannte. Bereits als Kinder waren sich die beiden nähergekommen, der junge Wolfgang Amadeus hatte sogar seine Unschuld an dieses Mädchen verloren, und zwar im Weinkeller seines Onkels.

Mozart beschloss kurzerhand, trotz der Verlobung mit Constanze wieder Kontakt zu Maria Anna aufzunehmen. Ein schlechtes Gewissen plagte ihn dabei nicht, es handelte sich schließlich um eine Verwandte. Im Laufe des Schriftverkehrs erfragte er pikante Details aus dem Liebesleben seiner Cousine, erkundigte sich nach der Anzahl ihrer Liebhaber und nach ihren Verführungskünsten. *Ich hoffe, sowohl im Herzen und zwischen den Beinen ist alles in Ordnung. […] Schreib mir, wie du's getan hast. Ich möchte mich amüsieren. Haben sich alle gleich dämlich angestellt? Laß von dir hören. Laß mir deinen Herrn Hervorbringer und deine Frau Hervorbringerin grüßen, nämlich die beiden, die sich die Mühe gegeben haben, dich zur Welt zu bringen, liebes Bäsle. Die Mutter, die sich's hat machen lassen, und der Herr Vater, der sich die Mühe gemacht hat, es an ihr zu tun.*

Die Antwort der jungen Frau fiel nicht weniger pikant aus. Sie erkundigte sich nach seiner sexuellen Beziehung zu Constanze und berichtete ihm, dass sie eine wundervolle Zeit mit einem Geistlichen verbracht hatte, nun jedoch unglücklicherweise von eben diesem ein Kind erwartete. Maria Anna Mozart und der Domherr Louis de Berbier wurden dann auch wegen fleischlicher Vermischung angeklagt und mussten eine hohe Strafe zahlen.

Mozarts zukünftige Schwiegermutter packte das Misstrauen, als sie den Brief mit weiblichem Absender in der Post fand. Sie berichtete ihrer Tochter umgehend von dieser „Unerhörtheit", doch der Musiker winkte ungerührt ab und erklärte, dass es sich bei der vermeintlichen Verehrerin lediglich um seine Verwandte handelte.

Was die beiden Damen jedoch nicht wussten: Der Komponist war im Sommer 1781, kurz vor der Hochzeit mit Constanze, nach Augsburg gereist. Dies belegt ein Brief, den er an seinen Vater schrieb. Darin lobte er seine Cousine in höchstem Maße und beschrieb, was für eine schöne Zeit sie miteinander verlebten. Es heißt, dass die beiden in diesem Sommer eine Sammlung an frivolen Gedichten verfasst hätten.

Der damals 25-jährige Wolfgang Amadeus war vor seiner Ehe noch sehr wild und nur allzu häufig im Weinkeller *Zum steinernen Kleeblatt* in den Tuchlauben 11 anzutreffen, wo er sich mit dem Librettisten Pietro Metastasio den einen oder anderen edlen Tropfen munden ließ. In jener Zeit wurde er auch mit einem Fußtritt aus seiner Wohnung im Deutschordenhaus in der Singerstraße 7 befördert, und zwar vom fürsterzbischöflichen Oberstküchenmeister Karl Graf Arco. Der Mann verlor die Contenance, als Mozart sich bei ihm wiederholt über den gemeinsamen Arbeitgeber beschwerte und sich dabei angeblich äußerst rüpelhaft benahm.

Kurz darauf komponierte Mozart den sechsstimmigen Kanon „Leck mich im Arsch". Zu Lebzeiten des Komponisten blieb dieses Werk ungedruckt, erst seine Witwe überließ es dem Leipziger Verlag Breitkopf & Härtel zur Publikation, der den Text allerdings in „Lasst froh uns sein" abänderte.

Als der Musiker im August 1782 Constanze heiratete, hoffte diese, ihren Gatten zu zähmen – doch schon bei der Hochzeit dürften ihr gewisse Zweifel gekommen sein. Da tauchte nämlich plötzlich ein Kaufmann namens August Liebermann auf und versuchte, den frisch Vermählten zu erpressen. Er wollte ihm einige von Mozarts Schreiben an sein Bäsle mit schlüpfrigem Inhalt verkaufen, die in seine Hände gelangt waren. Wolfgang Amadeus hielt Liebermann von seiner Angetrauten fern, damit diese nichts davon erfuhr, und schickte den Mann dann erzürnt weg. Er bestand darauf, dass die Briefe an Maria Anna nichts Verwerfliches enthielten und es ihn nicht stören würde, sollten diese an die Öffentlichkeit gelangen. Der Kaufmann gab jedoch nicht auf und wandte sich an Constanze Webers Mutter. Diese zeigte sich entsetzt über den Inhalt und bezahlte Liebermann.

Ihrer Tochter erzählte sie auf Bitten ihres Schwiegersohns hin nichts davon, sie wies den Musiker jedoch zurecht und kritisierte sein Verhalten. Dabei erwähnte sie nicht nur die pikanten Briefe, sondern auch den Besuch im Bordell am Polterabend, den Mozart sich gegönnt hatte: „Man kann ja feiern und saufen, aber man muss doch nicht zu den Huren am Graben gehen. Und man muss auch nicht lebende Bilder anschauen gehen. Ich finde es abscheulich, nackerte Menschen anzustarren und anzugreifen."

Der Künstler beschwichtigte sie und versicherte ihr, dass das nicht wieder vorkommen würde – dennoch war er bald als jemand bekannt, der gerne junge, hübsche Mädchen ansprach und sich ohne Constanze auf Bällen amüsierte. Er hielt jedoch sein Versprechen, das er seiner Ehefrau hatte geben müssen, und schrieb keine erotischen Briefe mehr an sein Bäsle.

1787 wurde sein Gehalt als Kammerkompositeur gekürzt, gleichzeitig erkrankte seine Frau Constanze schwer. Mozart geriet in eine finanzielle Notlage und wollte sich ablenken, so schrieb er Maria Anna erneut und bat sie um pikante Geschichten. Die Cousine enttäuschte ihn nicht und verfasste allerhand Freizügiges, was den Musiker wieder aufheiterte.

1790 erhielt er anlässlich der Krönung von Leopold II. den Auftrag, eine Festoper zu schreiben. „Titus" löste jedoch in Prag keine Begeisterung aus, und so kehrte Wolfgang Amadeus bereits schwer krank nach Wien zurück. Vor seinem Tod nahm er noch einmal Kontakt zu seinem Bäsle auf und schwelgte in Erinnerungen. Als Maria Anna ihm 1791 ein letztes Mal antwortete, war Mozart bereits verstorben.

Napoleon Bonaparte, die Marketenderin und der „Page Felix“

Im November 1805 rückte Napoleon mit seinen Truppen in Richtung Wien vor. Die österreichische Armee wurde zu Höchstleistungen angetrieben und leistete den Franzosen erbitterten Widerstand. Nach den Kämpfen tagsüber strotzten die Soldaten nachts, immer noch vollgepumpt mit Adrenalin, vor sexueller Energie. Um ihnen Linderung zu verschaffen, kümmerte sich im heimischen Lager von Kaiser Franz I. die Marketenderin Klara Zischka gegen Bezahlung um sie. Die junge Frau tat es jedoch nicht ausschließlich des Geldes wegen, sondern liebte es, sich auf diese Weise zu vergnügen. Sie war die geborene „Soldatendirne“ und nahm es locker mit 30 oder 40 Männern pro Tag auf. Trotzdem beschwerte sie sich: „In diesem Lager gibt es nur müde Schlappschwänze. Wie die Karnickel, aber einer unfähiger als der andere. Gut, dass die Männer so viel im Krieg sind, dann bleiben den Frauen daheim eheliche Enttäuschungen erspart.“

Nachdem Austerlitz gefallen war, musste Vermögen locker gemacht werden, damit man die im Friedensvertrag festgelegte Geldsumme bezahlen konnte. So schickte Kaiser Franz I. eine Einheit nach Ungarn, um die dort in den Bergen versteckten Geldschätze zu holen und nach Wien zu bringen. Klara sollte die Soldaten begleiten, um die Reise angenehmer zu gestalten.

Im Jänner 1806 befand sich der Wagenkonvoi wieder auf dem Weg zurück in die österreichische Residenzstadt – verspätet wegen eines Zwischenfalls mit Straßenräubern und aufgehalten durch ein Unwetter. Als die Fuhrwerke endlich in Perchtoldsdorf eintrafen, wartete Napoleon bereits ungeduldig, um persönlich die Ladung zu begutachten. Dabei öffnete er die erste Droschke, in welcher sich nicht die erhoffte Goldfracht, sondern die Marketenderin Klara Zischka befand – nackt, einen Brief an ihre Schwester schreibend. Er ließ sich den Brief übersetzen und hörte, dass kein Mann sie bisher glücklich gemacht hatte, sie aber erotische Fantasien dem Franzosenkaiser gegenüber hegte. Dieser Brief war Jahrzehnte später noch im Louvre ausgestellt, wurde schließlich aber auf Antrag der Sittenbehörden eingezogen.

Napoleon bestieg den Wagen, erklärte seinen Wachen, nicht gestört werden zu wollen, und zeigte der jungen Frau, wie ein kleiner, aber einflussreicher Mann Liebe machte. Angeblich konnten alle Umstehenden hören, wie Klara stöhnte: „Es lebe Frankreich! Es lebe Napoleon!"

Klara war untröstlich, als der Korse sein Versprechen gegenüber Kaiser Franz I. hielt und wenige Tage später aus Wien abzog. Sie wurde jedoch nicht nur von ihrem Geliebten zurückgelassen, der sie mit den Worten „Es ist wichtig, dass du hierbleibst und mir berichtest, wie man über mich redet!" verabschiedete, sondern zu allem Unglück auch noch als Hochverräterin verhaftet. Als sie drei Jahre später im Gefängnis hörte, dass Napoleon zurückgekehrt war und Schönbrunn besetzt hatte, verführte sie den Polizeiwachtmeister und konnte fliehen.

Da es während der Kriegszeit keinerlei Vergnügungsleben in Wien gegeben hatte, freuten sich die Menschen, als Napoleon im Sommer 1809 den Prater wieder eröffnen ließ. Auch er selbst fuhr hin, um sich zu unterhalten, und meinte: „Hier gibt es sehr viele nette Menschen, wenn sie mich sehen, grüßen sie freundlich. Nur einer mag mich offenbar nicht, das ist dieser Beethoven. Zuerst widmet er mir eine heroische Symphonie, dann zerreißt er das Titelblatt und benennt das Stück um. Komischer Kauz …"

An jenem Tag traf der Franzosenkaiser zwischen Grottenbahn und Karussell auch Klara Zischka wieder. Die beiden sollen daraufhin drei aufregende Stunden in einer Pferdedroschke verbracht haben. Napoleon mietete der jungen Frau eine Wohnung auf dem Kohlmarkt und kleidete sie fürstlich ein. Er besuchte sie fast jeden Tag, bis er im Oktober 1809 Frieden mit Österreich schloss und abreiste, ohne sich zu verabschieden. Zuvor hatte er entschieden, dass er sich von seiner Frau Joséphine trennen und die bezaubernde Marie Louise, Tochter von Franz I., heiraten würde.

Klara Zischka sollte neuerlich als Staatsfeindin und Verräterin verhaftet werden, kam der Justiz aber zuvor und erhängte sich.

Eine weitere Dame trauerte, als Napoleon Wien wieder den Rücken zukehrte: die polnische Gräfin Maria Walewska. Es handelte sich dabei um die Geliebte des kleinen Korsen, die während der Besatzung im Schloss Schönbrunn schwanger wurde und ihm Sohn Alexandre schenkte.

Und dann war da noch Eva Lucia Cäcilia Victoria Emilia Kraus, die Napoleon mit dem Namen Felix zu seinem Adjutanten machte, um die Liebschaft vor seinem Umfeld geheim zu halten. Nach seiner Ehe mit der Habsburgerprinzessin fand er „Page Felix“, wie er seine burschikose Mätresse nannte, großzügig ab und machte sie zur Freiin von Wolfsperg. Sie blieb jedoch an seiner Seite und verließ ihn erst nach seiner Abdankung in Paris.

Nachdem der Franzosenkaiser nach St. Helena verbannt worden war, kehrte seine Ehefrau Marie Louise nach Wien zurück. Sie hatte nicht im Entferntesten daran gedacht, ihrem Gatten ins Exil zu folgen, und flüchtete sich nach der Rückkehr in die starken Arme ihres kaiserlichen Vaters. Dort blieb sie allerdings nicht lange und vergnügte sich mit zahlreichen Männern, darunter ein Stallmeister und ein Sänger, ehe sie neuerlich heiratete.

Fürst Charles Joseph de Ligne in Rosa

Fürst Charles Joseph de Ligne, belgischer Feldmarschall, Literat, Schöngeist, Freimaurer, Naturschwärmer, Gartenexperte, war als „rosaroter Prinz“ stets eloquenter Mittelpunkt der höchsten Wiener Gesellschaftskreise. Er kannte unter anderen auch Giacomo Casanova, den sein Onkel, Graf Joseph Karl von Waldstein 1784 als Bibliothekar auf Schloss Dux im Norden Tschechiens (damals Königreich Böhmen) eingestellt hatte. De Ligne behauptete, der einstige Schürzenjäger mutierte in dem alten, zugigen Gemäuer in Böhmen zum „alten zahnlosen und paranoiden Grantler“, was ihm selbst nie passieren könnte, da er eine hartnäckige Frohnatur wäre.

Im Jahr 1794 mietete sich de Ligne in eines der Häuser am Leopoldsberg ein, wo er bis zu seinem Tod 1814 wohnte – und das recht feudal, wie ein Eintrag des Chronisten des Stifts Klosterneuburg beweist. Der Mann beschrieb eigentlich ein Unwetter und berichtete, dass ein Blitz das Kupferdach der Kirche zwar gestreift, aber nicht in Brand gesetzt hatte, im Gegensatz zum türkischen Schlafzimmer des Fürsten, der sich auch ein gotisches und ein ägyptisches Zimmer hatte einrichten lassen.

Der „rosarote Prinz“ hielt sich darüber hinaus häufig in einem kleinen Haus auf der Mölker Bastei mitten in Wien auf, das rosa und rot gestrichen worden war, damit jeder wusste, dass er dort wohnte. In seiner prächtigen rosaroten Kutsche ließ er sich durch die Stadt chauffieren und machte hin und wieder auch am Graben unter den Dirnen halt, die dort auf ihre Kundschaft warteten. Der Fürst war trotz seines Alters immer noch dem Abenteuer zugeneigt und gustierte gerne bei den freizügig gekleideten Mädchen. Er behauptete von sich, es als junger Mann oft mit bis zu vier Damen gleichzeitig aufgenommen zu haben und auch als Greis noch etwas von der Liebe zu verstehen. Vor der Bettakrobatik pflegte sich der Feldmarschall zeit seines Lebens mit großen Mengen an Stier- und Lammhoden, serviert mit Fenchel, Spargel, Artischocken und Sellerie zu stärken.

Auch an einem schönen Herbsttag Ende September 1814 befand sich der damals mittlerweile 78-jährige de Ligne wieder einmal auf einer Rundfahrt durch die Innenstadt und hielt nach weiblichen Appetithappen Ausschau. In jener Zeit trafen sich die Prostituierten bereits am frühen Nachmittag auf der Suche nach wohlhabenden Männern, die sich während des Wiener Kongresses in der Residenzstadt aufhielten. Unter die regulären Dirnen mischten sich auch einige verheiratete Frauen, die heimlich ihr Wirtschaftsgeld aufbessern wollten. So auch die 35-jährige Theresia Hranninger, Gattin eines angesehenen Börsenmaklers. Und genau sie stach dem alten Mann an diesem Tag ins Auge. Er flüsterte ihr zu, dass sie wie eine Göttin aussähe, lud sie zu einer Spazierfahrt ein und geleitete sie zu seiner Kutsche. Theresias Freundin Maria Zusanek hörte die zurückgebliebenen Grabennymphen hämisch lachen und sagen, dass es nicht gerade wunderbar wäre, mit dem „schrumpeligen Bock“ zu verkehren.

Theresia und der „rosarote Prinz“ kamen bei seinem Domizil auf der Mölker Bastei an, wo bereits ein Diener auf sie wartete. Ein Streichquartett und zwei Köche waren auch bereits zur Stelle, um den Besuch gebührend zu beeindrucken und zu verwöhnen. De Ligne führte seine Eroberung nach dem Essen in den Salon, in dessen Mitte ein großes, breites Bett stand. Hinter einer verschlossenen Tür saßen vier weitere Musiker – der Fürst brauchte immer Musik bei der Liebe, meinte er. Theresia ekelte sich vor seinem Kuss, dachte aber an das Geld, das sie mit nach Hause nehmen würde, und ließ es mit geschlossenen Augen geschehen. Schon bald vergaß die Frau jedoch, dass sie mit einem Greis im Bett lag – die Fingerfertigkeit des Fürsten war beeindruckend. Sie fragte interessiert, wie er denn als junger Feldherr geliebt haben musste, doch er erwiderte bedauernd, dass er damals leider viel zu wenig Sex gehabt und zu häufig in Schlachten gekämpft hatte.

Nach dem Akt, den der alte Mann bravourös meisterte, wurde Theresia von der rosaroten Kutsche nach Hause gebracht und erfuhr dabei, dass der mitfahrende Diener dem unersättlichen Fürsten noch ein weiteres Mädchen bringen sollte.

De Ligne konnte sich dieses Vergnügen jedoch schon bald nicht mehr leisten, da man ihn seines Amts als Diplomat enthoben hatte und er künftig nur noch ein kleines Ruhestandssalär bezog. Der liebeshungrige Belgier musste daher seine Mädchen außerhalb der Stadtmauer suchen, wo man die billigen Dirnen fand. So las er eines Tages in Favoriten ein Mädchen auf, das von zwei Betrunkenen zusammengeschlagen worden war. Die Budapesterin Tori Stani erholte sich im Haus des Fürsten auf dem Leopoldsberg und teilte auch das Bett mit ihm. Geld verlangte sie nicht, sie hatte sich in ihn verliebt. Fast täglich besuchte sie de Ligne auch noch nach ihrem Auszug – ihr Ehemann und Zuhälter saß während dieser Zeit im Zuchthaus.

Als dieser jedoch an einem kalten Tag Anfang Dezember 1814 entlassen wurde, fuhr Tori nicht zu ihrem greisenhaften Liebhaber und blieb bei ihrem Gatten. Bei eisigen Temperaturen ging der Fürst an jenem Abend auf dem Gehsteig auf und ab. Er erwartete seine ungarische Freundin, die ihm fest versprochen hatte zu kommen. Zwei Stunden lang stand er zitternd im Schnee, dann brach er zusammen. Es wurde sofort ein Arzt geholt, der ihn auf sein Bett legen und entkleiden ließ. Überrascht stellte er fest, dass de Ligne unter seinem Mantel vollkommen nackt war. Der alte Mann bekam eine Lungenentzündung, rang vier Tage lang mit dem Tod und starb dann an hohem Fieber. Seine letzten Worte sollen gewesen sein: „Ich liebe die Wienerinnen …!"

Der ehemalige Feldmarschall wurde mit allen Ehren zu Grabe getragen und ruht auf dem Kahlenberger Friedhof. Die Wiener haben noch lange über den rosaroten Prinzen getratscht, der zwar ziemlich frivol, aber auch amüsant gewesen war.

Josef Lanner und die Dirne

Im Alter von 18 Jahren war Josef Lanner noch verwirrt, wenn die Mädchen sich mit leuchtenden Augen zu seiner Musik im Takt wiegten, ihren Busen gegen die Lichtrampe pressten, damit der junge Konzertmeister auch wirklich alle dargebotenen Reize genau sehen konnte. Schließlich gewöhnte sich der Künstler daran, dass sich die Frauen ihm an den Hals warfen und großzügige Einblicke in ihre Dekolletés gewährten und konnte auch damit umgehen. Mehr zu schaffen machten ihm die älteren Bewunderinnen, die ihn regelrecht mit ihren begehrlichen Blicken verfolgten und ihm Nachrichten zusteckten. Einmal hatte er sich auf eine Liebesnacht mit einer reiferen Dame eingelassen, die sich als Nymphomanin und Stalkerin entpuppte.

Es war im Jahr 1819, da beendete Lanner gegen 22.30 Uhr sein Konzert im Paradeisgartl. Er gab noch ein paar Autogramme und packte anschließend rasch zusammen, um zu einer musikalischen Darbietung im Restaurant *Jüngling* in der Praterstraße 6 zu eilen, wo er bis zwei Uhr morgens aufspielen sollte.

Dort passierte ihm allerdings gleich zu Beginn der Veranstaltung ein Missgeschick: Es ertönte ein lauter Knall, die E-Saite seines Instruments war gerissen. Ein hübsches junges Mädchen bot dem verzweifelten Konzertmeister seine Hilfe an und fuhr mit einem Fiaker zu ihm nach Hause, nachdem Lanner ihr erklärt hatte, wo sie dort neue Saiten fand. Gleich darauf trat ein junger Mann an die Bühne und reichte ihm zum Spielen seine eigene Geige – es handelte sich dabei um Johann Strauss

(Vater). Die beiden jungen Musiker wurden durch diesen Zwischenfall unzertrennliche Freunde.

Erst spielte Lanner auf dem geborgten Instrument, dann ließ er Strauss etwas vortragen. Als das Mädchen mit der E-Saite zurückkehrte, zeigte es sich enttäuscht, da seine Hilfe wohl offenbar doch nicht benötigt worden war. Als Entschädigung für den umsonst zurückgelegten Weg bat sie den scheuen Musiker um einen Tanz, einen Kuss und darum, ihn später nach Hause begleiten zu dürfen. Die junge Frau gefiel Lanner – er bat seinen neuen Freund weiterzuspielen und zog seine „Retterin" auf die Tanzfläche. Sie drückte sich an ihn, worüber die Umstehenden sofort zu tuscheln begannen. So kannten sie ihren Josef nicht, der anwesende Damen sonst nur anlächelte, aber selten berührte.

Der Konzertmeister versprach seiner Begleiterin, sie später mit nach Hause zu nehmen, obwohl ihn ein Kellner des Restaurants warnte und darauf aufmerksam machte, dass sie keine passende Gesellschaft für ihn wäre. Lanner zuckte nur lachend mit den Schultern, sprang auf die Bühne und griff nach seiner zuvor reparierten Geige. Dann spielte er zum ersten Mal in der Wiener Musikgeschichte mit Strauss gemeinsam für das Publikum auf. Nach der Vorstellung wurden die beiden mit dröhnendem Applaus bedacht.

Der Musiker nahm seine neue Bekanntschaft später tatsächlich mit in seine Kemenate, um mit ihr zu feiern. Am frühen Morgen, noch berauscht von der stürmischen Liebesnacht, strich er sanft über den nackten Körper neben sich, als ihm bewusst wurde, dass er noch nicht einmal den Namen des Mädchens wusste. Auf seine Frage sagte sie ihm, dass sie Jirina Holczek hieße. Dann begann sie zu schluchzen und gestand ihrem Liebhaber, dass sie eigentlich ein gewöhnliches Straßenmädchen war, es aber nicht mehr sein wollte. Sie bat ihn um Hilfe. Als er sich nach ihrem Zuhälter erkundigte, meinte sie nur, dass der nach einer Straftat untergetaucht wäre.

Ein paar Tage später spielten Lanner und Strauss gemeinsam im *Café Unger* am Hernalser Gürtel 32. Zwischendurch machte der Konzertmeister eine kurze Pause, gesellte sich zu Jirina und tanzte mit ihr. Da stand plötzlich der Besitzer des Lokals vor ihm und bat ihn um eine

Aussprache. Kaum außer Hörweite, regte sich der Mann darüber auf, dass Lanner mit dem Straßenmädchen aufgetaucht war, und wies ihn darauf hin, dass eine solche Frau in seinem Kaffeehaus nichts verloren hätte. Er drohte sogar damit, die Polizei zu holen. Wutentbrannt zog der Musiker daraufhin unter Protest von Unger sofort ab. Aber auch im Paradeisgartl wurden er und Jirina schief angeschaut, als Lanner dort auftrat, und man sprach ihn neuerlich auf seine unangemessene Begleitung an. Der Künstler war außer sich, wollte erklären, dass man seine Freundin doch in die Gesellschaft einführen könnte. „Hur bleibt Hur, die wird nimmer besser!“, hieß es da.

In diesem Moment verschwand das Mädchen, wollte nicht mehr länger eine Bürde für ihren Liebhaber sein, dessen Ruf bereits wegen ihr litt. Der Konzertmeister verließ das Paradeisgartl nur wenig später und fluchte dabei: „Wisst ihr was? Ich scheiß euch was, ihr gemeinen Spießbürger!“ Er konnte Jirina nirgendwo mehr entdecken und suchte sie in den folgenden Tagen in ganz Wien – vergeblich. Die junge Frau war zum Versteck ihres Zuhälters geflüchtet, der sie bis zur Bewusstlosigkeit schlug. Dann rollte er sie in einen Teppich, hievte sie auf einen Pferdewagen und ließ sie aus der Stadt schaffen. Später erfuhr man, dass der Mann sie an einen türkischen Geschäftsmann verkauft hatte. Damit war die ungewöhnliche Liaison zwischen dem Konzertmeister und der Dirne zu Ende.

Mittlerweile wohnten die Freunde Strauss und Lanner zusammen und teilten alles – sogar die Kleidung. Sie verstanden und ergänzten sich hervorragend, zumindest so lange, bis sie sich in dasselbe Mädchen verliebten. Am 1. September 1825 spielten sie gerade beim *Schwarzen Bock* auf der Wieden, Margaretenstraße 27, als die zukünftige Angebetete auftauchte. Die Musiker begannen sofort darum zu streiten, wer mit ihr tanzen durfte. Es kam zur Rauferei, Lanner und Strauss schlugen einander blutig und sogar die Polizei musste einschreiten. Beim anschließenden Verhör wies der Kommissar Lanner darauf hin, dass er auch verdächtigt wurde, der Zuhälter von Jirina Holczek zu sein und Geld von der k. u. k. Post geraubt zu haben. Der Verdächtige musste daraufhin zahlreiche Fragen beantworten, durfte das Kommissariat schließlich jedoch als freier Mann verlassen. Lanner forderte später eine schriftliche Entschuldigung von der Polizei.

Johann Strauss heiratete das Mädchen, in das die beiden Musiker verliebt gewesen waren, die Ehe scheiterte jedoch. 1828 heiratete auch Lanner. Sein Freund, mit dem er sich wieder versöhnt hatte, gratulierte und wünschte ihm Glück. Die Männer spielten schon bald wieder zusammen im Paradeisgartl, beim *Domayer*, in *Wagners Kaffeehaus* im Prater, im Lokal *Zwei Tauben* und manchmal auch im *Schwarzen Adler* in Baden.

Anfang April 1843 trat Josef Lanner in der *Mehllucken* am Neuen Markt bei einer Nobelhochzeit auf, als ihm plötzlich mitgeteilt wurde, dass eine heruntergekommene Frau namens Jirina Holczek mit ihm sprechen wolle. Er ließ sie trotz der Widerworte des Kellners in den Raum bringen und war von ihrem Anblick erschüttert. Sie sah alt, verbraucht und krank aus. Jirina erzählte von ihrer Zeit im Harem eines türkischen Geschäftsmannes und im öffentlichen Bordell. Sie versicherte ihrem ehemaligen Geliebten, dass sie sofort nach Wien gekommen war, als sie von dem Verdacht gegen ihn erfahren hatte. Ihr Zuhälter saß aufgrund ihrer Anzeige bereits hinter Gittern.

Der Musiker wollte sie umarmen, aber sie wich zurück und erklärte ihm, dass sie krank und ansteckend wäre. Sie wollte sich in eine Heilanstalt begeben, wo sie mit Sicherheit sterben würde. Lanner weinte um das Mädchen und ertränkte an diesem Abend seinen Kummer in Alkohol. Im Zuge des Besäufnisses zog er sich wegen einer Wette splitternackt aus und lief über einen schneebedeckten Hof. Am nächsten Tag war er schwer krank und erholte sich nicht mehr – er starb am 14. April 1843.

Ferdinand Raimund, die kesse Schauspielerin und der falsche Graf

Im Haus mit der Adresse Johannesgasse 19/Seilerstätte 24 kam es im Februar 1827 zu einem brutalen Raubmord, der aus Leidenschaft zu einer jungen Schauspielerin verübt wurde.

Bei dem Tatverdächtigen handelte es sich um Severin von Jaroszynski, einem über beide Ohren verschuldeten Hochstapler und ehemaligen Schüler des Opfers. Der aus einer wohlhabenden adeligen Familie stammende Pole war mit 18 nach Wien gezogen, wo er an dem privaten Bildungsinstitut der Anna Pleban am Hohen Markt Nr. 8 zu studieren begann. Einer seiner Lehrer war der Mathematiker Johann Konrad Blank, der den jungen Mann auf seinem Zimmer in der Erziehungsschule unterrichtete. Durch den vertrauten Umgang der beiden erfuhr Jaroszynski, dass sein Professor Aktienanteile im Wert von 6100 Gulden besaß.

Nach fünf Jahren Ausbildung kehrte der junge Pole in die Heimat zurück, wurde Vater von drei Kindern und Kreismarschall der Stadt Mohilov. Obwohl er nach dem Tod seines Vaters Jahre zuvor ein großzügiges Erbe erhalten hatte, musste sein Bruder schon bald seine Schulden in Höhe von mehr als einer Million polnischer Gulden übernehmen, da der junge Mann offenbar laufend über seine Verhältnisse lebte. Als zudem bekannt wurde, dass er Geld aus der Amtskasse von Mohilov gestohlen hatte, trennte sich seine Frau von ihm.

In etwa zur selben Zeit im ungarischen Ödenburg: Hier stand Therese Krones auf der Wanderbühne ihres Vaters und bezauberte Tag für Tag das versammelte Theaterpublikum – vorwiegend das männliche. Herren jeden Alters kamen häufig, nur um die hübsche Schauspielerin zu sehen und anzuhimmeln. Die junge Frau nahm auch gerne Geschenke ihrer Verehrer entgegen, wenn sie ihr denn gefielen, und bewies ihnen vor und nach den Vorstellungen ihre Dankbarkeit – im Wohnwagen der Künstlerfamilie, während die Eltern mit der Aufstellung oder dem Abbau der Kulissen beschäftigt waren. Sie trieb es ganz schön bunt, wurde dabei auch schwanger und wusste nicht, von wem. Das Kind starb kurz nach der Geburt. Einer ihrer Günstlinge nahm sich sogar das Leben, als das Mädchen Schluss mit ihm machte.

Eines Tages wurde Therese ein ganz besonderer Besucher vorgestellt, der die Darbietung besucht hatte: Ferdinand Raimund. Vater Krones schickte seine Frau aufgeregt ins nächste Wirtshaus, damit man den vom Theaterdirektor hochverehrten Gast aus Wien angemessen bewirten konnte. Der bekannte Dichter interessierte sich allerdings mehr für die Tochter des Wanderbühnenbetreibers als für dessen Gulasch. Am folgenden Tag erschien Therese zu spät zur Vorstellung und verriet einer Freundin, dass sie den berühmten Ferdinand Raimund bei einem Spaziergang im Grünen zum Liebesspiel verführt hatte.

Der Dramatiker war in jener Zeit mit der Soubrette Luise Gleich verheiratet, die ihn allerdings häufig betrog. Als Grund gab die Ehefrau an, dass ihr biederer Gatte ihre Gelüste im Bett nicht ausreichend stillen konnte, weshalb sie sich immer wieder junge Geliebte nahm. Sie selbst war als Minderjährige an einen Adeligen mit pädophilen Neigungen verkauft und von dem erfahrenen Mann schon früh in die zahlreichen Spielarten der Sexualität eingeweiht worden.

Auf Raimunds Einladung und Versprechen, Therese in der österreichischen Residenzstadt bei einer Karriere als Schauspielerin behilflich zu sein, zog die Familie kurz darauf nach Wien. Die junge Frau kam gut an bei den Wienern und verstand sich nicht nur meisterlich darauf, von der Bühne herab die Zuschauer in ihren Bann zu ziehen, sondern den gegen sie als „Neue" von ihren Kolleginnen inszenierten Intrigen standzuhalten. Ferdinand Raimund schrieb für Therese, mit deren Entdeckung als großes Talent er sich gerne brüstete, „Der Bauer als Millionär". Auch das Verhältnis der beiden war in gewissen Kreisen bald Gesprächsthema Nr. 1, sodass es auch nicht ausblieb, dass Luise Gleich von den außerehelichen Aktivitäten ihres Gatten erfuhr.

„Die Krones" hatte es in der Zwischenzeit weit gebracht und besaß sogar ein eigenes Landhäuschen in Heiligenstadt, in dem sie der Dramatiker häufig besuchte. Dorthin folgte ihm seine Gattin eines Tages, beschimpfte Therese mit Worten wie „Bühnendirne" und „Strichkomödiantin", verpasste ihr ein paar Ohrfeigen und rauschte dann erbost ab. Auch Raimund suchte das Weite und ward ab diesem Tag nicht mehr so oft in der Nähe seiner Muse gesehen, weil er den Zorn seiner Soubrette fürchtete.

In etwa zur selben Zeit kam Severin von Jaroszynski wieder zurück nach Wien, legte sich einen falschen Grafentitel zu und führte ein mondänes Leben. An einem Sonntag im Herbst des Jahres 1826 traf er am Graben auf die mittlerweile 25-jährigen Therese Krones, die sich auf dem Weg zum Gottesdienst in der Michaelerkirche befand. Er sprach sie an und machte ihr Avancen, versprach er sich doch durch eine Verbindung mit der bekannten Schauspielerin noch mehr Aufmerksamkeit von der feinen Wiener Gesellschaft. Er veranstaltete nun ihr zu Ehren regelmäßig Empfänge für die Schönen und Reichen, um an ihrer Seite Teil der großstädtischen High Society zu sein. Therese ließ sich blenden vom Charme des Lebemanns und wurde zu seiner Geliebten, während sich Ferdinand Raimund weniger beeindruckt von Jaroszynski zeigte und ihn einen „Windbeutel" nannte.

Bei einem Sektgelage für das gesamte Ensemble des Leopoldstädter Theaters im Gasthof *Zum Wällischen Bauern* in der Praterstraße 34 ließ sich die junge Schauspielerin als Verlobte des falschen Grafen feiern. Sie soll an diesem Abend hemmungslos betrunken gewesen sein und gebrüllt haben: „Severin, nimm mich, wo du willst. Sogar hier unter dem Tisch würde ich mich dir hingeben!"

Als sich die Schulden des Möchtegerns bald wieder häuften, erinnerte er sich an seinen Mathematikprofessor Konrad Blank und dessen Wertpapiere. Er meldete sich bei dem Pädagogen und behauptete, seinen Rat beim Ankauf von Aktien zu benötigen. Der gutgläubige Mann sagte zu und bestellte seinen ehemaligen Schützling am 13. Februar 1827 in seine Wohnung in der Johannesgasse 19/Seilerstätte 24. Dort sprachen die beiden eine Zeit lang über Investitionen in Anleihen, doch als der alte Professor seinem Gast den Rücken zuwandte, schlug ihm der einen Knüppel auf den Kopf, zückte anschließend ein Küchenmesser und stach mehrmals auf ihn ein. Dann nahm er die Wertpapiere des Opfers an sich, verließ hastig den Tatort und verkaufte das Diebesgut umgehend. Mit den erhaltenen 5400 Gulden beglich Jaroszynski einen Teil seiner Außenstände und erwarb mit dem Rest einen Ring, mit dem er seine Freundin Therese überraschen wollte.

Die übel zugerichtete Leiche wurde am Folgetag gefunden, nachdem der Mathematiker nicht zur Vorlesung an der Universität erschienen war. Der erste Verdacht auf Raubmord bestätigte sich rasch, als bei der Durchsuchung der Wohnung eine Auflistung der Anteilscheine aus Blanks Besitz auftauchte, die Aktien selbst aber fehlten. Zwei Tage nach dem Mord feierte der Täter in seiner noblen Unterkunft im Trattnerhof

Am Graben 29 und 29 A ein rauschendes Fest, ehe er das Land vorübergehend verlassen wollte. Gerade als Therese Krones im Kreise der geladenen Gäste das Lied „Brüderlein fein“ anstimmte, stürmte eine Heerschar von Polizisten durch die Tür und legte dem verdutzten Täter Ketten an. Dem Käufer der gestohlenen Wertpapiere war die Situation seltsam vorgekommen, weshalb er die Polizei verständigt und sie auf die Spur des Übeltäters geführt hatte.

Jaroszynski bestritt den Raubmord beim Verhör, doch nach der Aussage einer Augenzeugin wurde er zum Tod durch den Strang verurteilt. Seine Henkersmahlzeit: Lungenstrudelsuppe, Rindfleisch mit Milchkren, gebratene Ente mit Pfirsichkompott, Spritzkrapfen, Weintrauben, Mokka, Rotwein, Slibowitz und … seine Verlobte. Obwohl man seitens der Justiz Stillschweigen darüber bewahrte, drang doch der letzte Wunsch des Hochstaplers nach außen: „Ich will ein letztes Mal mit der Theres schlafen und ihre Sinnlichkeit spüren!“ Die Schauspielerin, die ihren Severin immer noch liebte, erfüllte ihm seinen Wunsch in der Nacht vor seiner Hinrichtung. Sie hoffte, es würde niemand davon erfahren … und irrte.

Die letzten Worte des Delinquenten vor dem Henker bei der Spinnerin am Kreuz: „Wer die Theres nach mir liebt, soll verflucht sein!“

Der aufsehenerregende Mordfall beendete auch vorübergehend die Karriere von Therese Krones, die komplett aus dem gesellschaftlichen Leben Wiens verschwand. Ihrem Mentor Ferdinand Raimund gelang es nach mehreren Monaten des Bittens, sie ans Theater zurückzuholen. Zuerst wurde sie bejubelt, doch als sie anfing, selbst Stücke zu schreiben, krähte bald kein Wiener Hahn mehr nach ihr. Ende Dezember 1830 starb der einstige Bühnenstar im Alter von nur 29 Jahren nach kurzer schwerer Krankheit.

Franz Grillparzer und die rosa Unterwäsche

Henriette Fossi-Theimer, eine der führenden Wiener Theatersängerinnen, feierte als Cherubin in Mozarts „Figaro“ stürmische Erfolge. Sie galt als „wilde Frau“, und eine, der Geld wichtiger war als Liebe. Die Künstlerin scharte zahlreiche Männer um sich, die meisten davon ihr hörig und laut eigener Aussage „fad und einfallslos“, die sie mit Geschenken und finanziellen Zuwendungen überhäuften. Eines Tages las sie im Beisein ihres aktuellen Liebhabers Baron Stephan von Wesenheim ein Gedicht vor, das ihr ein unbekannter Verehrer in die Bühnengarderobe hatte schicken lassen und in dem er von ihrem wogenden Busen und ihren heißen Lippen schwärmte. Der junge Adelige verlangte zu erfahren, von wem die Zeilen stammten und drohte, den Wüstling zum Duell aufzufordern. Doch Henriette war vollkommen ahnungslos und bat den Baron, herauszufinden, wer diese glutvollen Worte verfasst hatte. Zähneknirschend versprach der verliebte Mann, den Dichter ausfindig zu machen.

Ein strenger Wintertag im Februar 1821: Im Palais Mollard-Clary in der Herrengasse 9, in jener Zeit bewohnt von dem reichen Bankier Johann Heinrich Ritter von Seymüller und seiner Frau Klara, fand eine Gesellschaft statt. Geladen waren vornehme und bekannte Leute, darunter einige Diplomaten und der Wiener Dramatiker Franz Grillparzer. Der Schriftsteller wollte an jenem Abend auf Ludwig van Beethoven treffen, doch dieser sagte im letzten Moment ab. Grillparzer blieb, denn er suchte ohnehin Zerstreuung. Mit seiner Geliebten Charlotte Paumgartner, der Frau seines Cousins, kam es immer häufiger zum Streit.

Zu Beginn des Unterhaltungsprogramms traten vier junge Damen in den Salon, Schwestern, von welchen drei Klavier spielten und sangen. Die vierte setzte sich ins Publikum und erregte sofort die Aufmerksamkeit des Dramatikers. Dem Bankier entging die Begeisterung nicht, mit der sein Gast das Mädchen anstarrte, weshalb er sie ihm nach der musikalischen Darbietung vorstellte – es handelte sich um Katharina Fröhlich, die den Seymüller-Kindern Klavierunterricht erteilte.

In der Pause, gerade als Grillparzer das Mädchen ansprechen wollte, trat ein junger Mann auf ihn zu, der sich als Baron Stephan von Wesenheim vorstellte. Er hielt seinem Gegenüber einen Zettel hin und sagte: „Darf ich Ihnen ein Gedicht vorlegen, von dem ich gerne wüsste, wer es verfasst hat?“

Franz Grillparzer begann zu lesen und wurde schon nach den ersten Zeilen blass um die Nasenspitze. Er fragte: „Wie gelangte das Stück Papier in Ihren Besitz?“

Der junge Mann erklärte es und erbat seine Hilfe bei der Suche nach dem Verfasser. Der Dramatiker lächelte und gestand, diese Zeilen selbst geschrieben zu haben, weil er Henriette Fossi-Theimer für eine der schönsten Frauen hielt, die es auf Erden gab. Rasch fragte er, wo die Dame denn wohne, woraufhin der überrumpelte Stephan von Wesenheim wie aus der Pistole geschossen antwortete: „In der Rotenturmstraße, Ecke Stephansplatz!“

Franz Grillparzer eilte in Richtung Eingangstür, griff nach seinem Zylinder und verschwand mit den Worten: „Recht herzlichen Dank, Herr Baron!“ Die folgende Nacht in der Wohnung der Theatersängerin soll recht stürmisch verlaufen sein – und das, obwohl der Dichter von seiner Nachwelt oft als grantiger und unnahbarer Hofrat dargestellt wurde, der für das schwache Geschlecht nur wenig übrig hatte und nahezu asketisch lebte. Neuere Forschungen haben ergeben, dass der Schriftsteller in jüngeren Jahren ein sehr lebenslustiger und leidenschaftlicher Mann war. Die Damen der Wiener Gesellschaft, die ihn umschwärmten, zählten zu den hübschesten der Stadt, und er machte von deren sexuellen Angeboten reichlich Gebrauch.

Aber auch in manch anderer Hinsicht zeigte sich der Dramatiker keineswegs als Kostverächter.

Im Frühling 1821 war er im Haus von Fanny Arnstein in einem Salon bei einer Abendveranstaltung zu Gast, bei der sich neben anderer Prominenz und bekannten Gesichtern aus der oberen Wiener Gesellschaftsschicht auch Fürst Klemens Wenzel Lothar von Metternich aufhielt. Für die musikalische Unterhaltung sorgten neuerlich die Fröhlich-Schwestern. Doch an jenem Abend wollte keine rechte Stimmung aufkommen, weshalb Metternich ein lustiges, wenngleich auch „nicht ganz stubenreines“ Spiel vorschlug: „Alle Damen sitzen auf ihren Sesseln in einem Kreis, in der Mitte befinden sich zwei Herren, einer auf einem Stuhl, der andere auf dem Boden liegend. Der Sitzende muss nun erraten, welche Farben die Strümpfe und Unterwäsche der Damen haben.“

Die Männeraugen begannen in diesem Moment zu glänzen, die Frauen kicherten, die Atmosphäre knisterte vor erotischer Spannung. Franz Grillparzer musste als Erster nachsehen, ob der Ratende recht hatte, und warf somit gespannt einen Blick unter den Rock der Gräfin Seitenstätten. Dann schnalzte er mit der Zunge, bestätigte die Annahme, dass sie rosa Unterwäsche und schwarze Strümpfe trug, und sagte: „Oh, là, là, meine Herren, mehr darf ich als Kavalier zu meinem Erlebnis nicht sagen."

Da sprang ein Mädchen auf und lief schluchzend in Richtung Tür. Sie rief: „Das hätte ich von diesem Grillparzer nie erwartet, gerade von ihm nicht." Es handelte sich bei der in ihrem Glauben Erschütterten um Katharina Fröhlich, die der Dramatiker bereits eine Stunde später in einem Vorsaal des Palais leidenschaftlich küsste.

Ganz Wien sprach noch wochenlang davon, dass der bekannte Schriftsteller einer vornehmen Dame unter den Rock geschaut hatte. Es wurden sogar Karikaturen von dieser Episode angefertigt.

Henriette Fossi-Theimer blieb jedenfalls bei ihrem Baron, weil er mehr Geld hatte als der „herrliche, aber bescheidene und knausrige" Grillparzer. Der begann eine Beziehung mit Katharina Fröhlich, verliebte sich allerdings schon bald in Heloise Höchner, danach in Josephine Miglitz. Regelrecht verfallen war er Marie von Smolenitz, die sich allerdings schon bald dem reichen Sigmund von Wertheimstein zuwandte und ihrem Tagebuch anvertraute: *Der Grillparzer ist ein wundervoller Mann, den ich mein ganzes Leben nicht missen möchte. Er ist so stark und männlich. Er kann so herrlich küssen. Doch der Sigmund hat eben so wunderbar viel Geld. Und das braucht man halt sehr notwendig!*

Wiens sündigste Adressen

In Wien gibt es zahlreiche Orte, an denen nachweislich sündhafte Dinge passiert sind oder immer noch vor sich gehen – mehr oder weniger skandalös, mehr oder weniger geheim. Meist handelt es sich um Gebäude, in denen sich Erstaunliches ereignet hat oder hinter deren dicken Wänden sich bis heute Geheimnisse verbergen.

Mit ausschweifenden Vorgängen verbindet man immer auch Rotlichtlokale und einschlägige Etablissements, sie dürfen an dieser Stelle nicht fehlen – natürlich kann nur eine kleine Auswahl davon präsentiert werden. Bei manchen Adressen taucht man tief in die Geschichte ein und bekommt einen Eindruck davon, wie es im alten Wien einst zugegangen ist. An anderen kann man sich auch heute noch davon überzeugen, wie sündig und frivol es an den betreffenden Orten immer noch zugeht.

Zum roten Ochsen: Wo Casanova durch die Betten turnte

Florianigasse 29, 8. Bezirk

Giacomo Casanova, Schriftsteller, Abenteurer Lebenskünstler, Nonkonformist, Lotterie-Einnehmer, Falschspieler, Hochstapler, Ritter des päpstlichen Ordens vom Goldenen Sporn, Geheimagent und von seinen Bewunderern häufig „amüsantester Filou seines Jahrhunderts" genannt, machte sich vor allem durch die Schilderungen seiner zahlreichen amourösen Abenteuer einen Namen. Er gilt als einer der größten Schürzenjäger der Geschichte und wurde aufgrund seines Einfühlungsvermögens in die weibliche Psyche – in Kombination mit angeblich hervorragenden Kenntnissen der Bedürfnisse einer Frau im Bett – häufig auch als „bester Liebhaber aller Zeiten" bezeichnet.

1753 hielt sich der Venezianer erstmals auch in Wien auf; zuvor hatte er sich noch in den Freiherrenstand erheben lassen, um in den feineren Kreisen der noblen Residenzstadt bessergestellt zu sein.

Neben seiner Teilnahme an zahlreichen gesellschaftlichen Ereignissen besuchte der Abenteurer einschlägige Lokale und Freudenhäuser am Spittelberg, da er auch auf Reisen sein liebstes Hobby nicht zu vernachlässigen pflegte. Häufig traf man ihn in weiblicher Begleitung im Spielsalon *Zum roten Krebs* am Hohen Markt (heute Nr. 12) an. Genächtigt hat Casanova – wohl ebenfalls selten allein – im vornehmen Gasthof *Zum wilden Mann* auf der Kärntnerstraße (heute Nr. 17). In seinen Memoiren hielt er fest: *In Wien war alles schön! Ich war entzückt von dem Wiener Leben und von allen den Genüssen, die ich bei den adeligen Fräulein fand.* Und für die Damenwelt allgemein galt: *Die Beine einer Frau sind das erste, was ich beiseiteschiebe, wenn ich ihre Schönheit beurteilen will.*

Maria Theresia, die kurz vor Casanovas Aufenthalt in Wien ihre Keuschheitskommission gegründet hatte, machte auch beim „besten Liebhaber aller Zeiten" keine Ausnahme. Alle Versuche, die strenge Monarchin diesbezüglich milde zu stimmen, blieben erfolglos – sie strafte den Draufgänger wegen promiskuitiven Verhaltens und Gefährdung der Moral ab. Doch tatsächlich waren ihr die nächtlichen Ausflüge ihres Ehemanns Franz I. Stephan auf den Spittelberg ein Dorn im Auge, die er gemeinsam mit dem venezianischen Filou unternahm, mit dem er sich angefreundet hatte.

Im Jahr 1767 kam der „Weiberer" ein weiteres Mal nach Wien. Wenige Tage nach seiner Ankunft traf auch die Gräfin Blasin de Cheveromme, eine Edelprostituierte, die den Schürzenjäger bereits über einen längeren Zeitraum hinweg auf seinen Reisen begleitet hatte, ein. Mit ihr machte er tagelang zwei Zimmer im Gasthof *Zum roten Ochsen*, der sich in der Florianigasse (heute Nr. 29) befand, unsicher.

Mit seinem „liederlichen und schamlosen Verhalten" zog sich Casanova neuerlich den Unmut Maria Theresias zu. Der Schürzenjäger berichtete darüber in seinen Memoiren: *Infolge der Frömmelei der Kaiserin war es schwer, sich Freuden zu verschaffen. Eine Legion erbärmlicher Spitzel, die man Keuschheitskommissare nannte, waren die unerbittlichen Quälgeister aller hübschen Mädchen; die Kaiserin hatte alle Tugenden, nicht aber die Duldsamkeit, wenn es sich um unerlaubte Liebe zwischen Mann und Frau handelte.*

Und obwohl Casanova die verstockte Regentin mit netten Komplimenten und seinem Lebemann-Charme umzustimmen versuchte, warf sie ihn kurz darauf wegen „Wildpinkelns in der Öffentlichkeit" aus der Stadt.

Hotel Orient: Nicht nur „Fremdenverkehrsort"

Tiefer Graben 30, 1. Bezirk

Das *Hotel Orient*, bekannt für sein schwül-schwülstiges Ambiente, wurde bereits im 17. Jahrhundert gegründet. Es handelte sich damals um eine direkt am Wasser gelegene Schenke, da der Tiefe Graben ein Nebenarm der Donau war, auf dem die Schiffleute ihre Fracht in Richtung Stadtmitte beförderten. Das Einkehrwirtshaus entwickelte sich aufgrund seiner Lage schon bald zum Umschlagplatz für diverse Güter wie Gewürze, Stoffe und Schmuck aus dem fernen Orient – so entstand der Name des Hauses nach den exotischen Ländern in der Ferne. Die Schenke wurde schließlich zur Herberge und dann zum *Hotel Derby*, geleitet von einem Herrn namens Schmidt. 1815 wohnte in dem Haus der Dichter Franz Grillparzer und schrieb hier sein Werk „Die Ahnfrau".

Ende des 19. Jahrhunderts öffnete dann das generalsanierte *Hotel Orient* seine Pforten, dessen plüschige Pracht des Fin de Siècle rasch überzeugte. Ausgestattet waren die 40 Zimmer im Makart-Stil von der renommierten Möbelfabrik Edmund Gabriels Söhne, es gab warmes Wasser, eine Heizung und einen Lift.

Schon bald fand sich nicht nur die Prominenz aus dem In- und Ausland ein, sondern auch zahlreiche wohlhabende Mitglieder der Wiener Schickeria, die sich in dem Etablissement ein paar lustvolle Stunden abseits des ehelichen Schlafzimmers gönnen wollten – manchmal mit, aber meist ohne die werte Gattin. Außerdem beherbergte das Haus monatsweise Artisten aus in Wien gastierenden Zirkussen oder Tänzerinnen aus dem Moulin Rouge.

Und so kam es, dass sich abends an der Hotelbar, wo sich die illustre Gästeschar vor dem Rückzug in die privaten Gemächer traf, Revuegirls, Messerwerfer und Löwenbändiger mit Professoren, Diplomaten und Bankiers trafen und den einen oder anderen Absacker tranken.

Auch zahlreiche Vertreter in- und ausländischer Prominenz, meist unerkannt und daher ungenannt, machten im *Orient* Station. Einer, der in den 1990er-Jahren in dem Etablissement gewohnt und das Werk „Die Krokodilsdame" geschrieben hat, ist der Buchautor und Liedermacher Ernst Molden. Er kennt kuriose Geschichten, beispielsweise von Opa Artur, einem jüdischen KZ-Überlebenden, der Tag und Nacht durch die Gänge des Hotels geisterte. Der damalige Hotelbesitzer, Rotlichtlegende und Nachtclubkönig Heinz Werner Schimanko, hatte den Mann in seinem Haus einquartiert und ließ ihn dort kostenlos wohnen.

Billig waren die Nächte im Etablissement nicht: Die Zimmer des Hotels, eingerichtet im burlesk üppigen Stil, kosteten so viel wie im Bristol.

Wir sind gepuderte Gestalten auf Polstern in der Sitzecke halbdunkel, schwarzer Samtverschnitt, heißt es im Gedicht „Im Hotel Orient" von Marcel Beyer.

Und ein paar Zeilen weiter liest man: *Gibt es das Flüstern noch? Das Rauchen? Spiele die Koksnase: das mitgegangene Tütchen Zucker, Santora, vor dem kalkfleckigen Spiegel inhaliert.*

Das feudal-opulente Stundenhotel am Graben war auch Kulisse für einige Filme, so wurden in den Räumlichkeiten beispielsweise Szenen des bekannten Streifens „Der dritte Mann" mit Orson Welles gedreht. Der Schauspieler hat auch nach Ende der Dreharbeiten den einen oder anderen Abend im *Orient* verbracht.

Das Motto des Hotels, von dem es heißt, dass es niemand kennt und jeder schon dort gewesen ist, lautete stets: „Was im Orient passiert, bleibt im Orient!" Aus diesem Grund sind Tratsch-und-Klatsch-Berichte über verschiedenste Ausschweifungen in der Lustburg rar gesät. Dennoch haben einige Skandale und Skandälchen, die sich in dem Haus ereignet haben, dessen altehrwürdige Mauern verlassen.

Im Juni 1915 trug es sich beispielsweise zu, dass ein gewisser Josef Doll den Portier des *Orient*, Sebastian Schneider, wegen Ehrenbeleidigung anzeigte. Der Gast war eines Frühsommerabends mit einem ärmlich aussehenden, leicht bekleideten Mädchen erschienen. Der Portier schätzte die Kleine auf maximal 12 Jahre und verweigerte Pohl ein Zimmer. Es entbrannte daraufhin ein Streit, im Zuge dessen Schneider dem Mann Missbrauch an dem Mädchen vorwarf. Der aufmerksame Portier wurde vor Gericht freigesprochen und sogar für seine Fürsorge gelobt.

Außerdem gab es da noch den Betrüger Rudolf Kabelka, der im Oktober 1921 im *Hotel Orient* verhaftet wurde, weil er Geld in der Höhe von 165 000 Kronen veruntreut hatte. Bei seiner Festnahme hatte der Gauner jedoch nur noch 13 000 Kronen bei sich, die restliche Summe hatte er in Geschenke an die Barfrauen des Hotels investiert.

Die 24-jährige Artistin Mia Holubek stürzte sich im November des Jahres 1923 aus dem Fenster ihres Zimmers im zweiten Stock auf die Straße. Einige Stunden nach der Einlieferung ins Krankenhaus starb sie an ihren inneren Verletzungen. Grund der Verzweiflungstat war – wie könnte es an einem Ort wie diesem auch anders sein – die unglückliche Liebe zu einem verheirateten Mann, mit dem sie eine Affäre begonnen hatte.

Und nicht zuletzt, doch dabei handelt es sich wohl eher um eine Legende, soll auch Kaiser Franz Joseph dem sündigen Etablissement hin und wieder einen Besuch abgestattet und seine Begleitung Anna Nahowski majestätisch beglückt haben. Es befindet sich zwar ein Bild von Katharina Schratt im Hotel, doch der Monarch hätte sie als seine „offizielle Geliebte" nicht heimlich treffen müssen und sich als sparsamer Herrscher das Geld für den Aufenthalt in einem verschwiegenen Liebeshotel wohl gespart.

Auch heute geht es im *Hotel Orient*, das von der Legendenbildung lebt und dadurch fast der Eindruck entsteht, das ganze Haus sei nur ein Gerücht, immer noch recht ausschweifend zu. Wie schon einst werden hier noch immer Ehen gebrochen und sexuelle Fantasien ausgelebt, von Männern mit ihren Geliebten und Frauen mit ihren Affären.

Außen eine denkmalgeschützte Jugendstilfassade, innen liebevoll restauriert und großteils im Original erhaltene Räumlichkeiten, wo sich in den Gästezimmern mit Themen wie Afrika oder 1001 Nacht die

Exotik mit der Erotik paart. Fernseher gibt es in den Zimmern nicht, damit man sich uneingeschränkt dem Liebesspiel widmen kann, dafür umso mehr Kitsch.

Wer durch die mit einem Glasornament-Puzzle gekrönte Flügeltür ins Innere des Gebäudes tritt, begibt sich auf eine Zeitreise ins üppige Wien des Dekadentismus und spürt förmlich den Hauch der Jahrhundertwende durch die Gänge wehen. Man wird empfangen von einem Meer aus weichem Samt und sattem Bordeaux, die von den Decken hängenden neunarmigen Luster werfen ein schummriges Licht auf schwere Vorhänge, blumige Tapeten und goldgerahmte Spiegel.

Spannend ist auch das eine oder andere Detail, das es zu entdecken gibt, etwa ein Gemälde in der Kaisersuite, das ein großes Loch aufweist. Zur Entstehung existiert die Legende, dass es der zu jenem Zeitpunkt sternhagelvolle Udo P. verursacht hat – jener Geschäftsmann, der mitverantwortlich war für den Untergang eines Schiffs und den Tod einiger Seeleute. Die einen erzählen, es stamme von einer Pistole, die abgefeuert wurde, die anderen von einem Stöckelschuh, den der Betrunkene auf das Bild geschleudert hat.

Die Räume werden im Drei-Stunden-Takt überwiegend an Wiener vergeben, Stoßzeit ist von zwölf bis 15 Uhr, wenn die umliegenden Ämter und Büros Mittagspause machen. Der Rezeptionist fragt nicht nach Namen und schon gar nicht nach einem Ausweis, die meisten Gäste bezahlen bar und kommen ohne Gepäck.

Es läuft meist gleich ab: Zuerst erscheint der erste Teil eines Pärchens, das sich im *Orient* ein verbotenes Schäferstündchen gönnt, kurz darauf taucht der andere auf und verschwindet im selben Zimmer. Da die Gäste des Etablissements das Licht der Öffentlichkeit scheuen, ist die Atmosphäre geschwängert von pikanten Informationen und Details – und diese sind dort ebenso sicher verwahrt wie im Kopf des verschwiegenen Mannes am Empfang. Nicht umsonst sagen die Wiener: „Das Hotel Orient ist so diskret, dass dessen Gäste danach oft selbst nicht wissen, ob sie überhaupt dort waren."

Das Schmuddel-Image und den Puff-Charakter hat das Haus verloren, als Heinz Werner Schimanko entschied, dass an der Bar keine

Damen mehr die männlichen Gäste zum Trinken und zur käuflichen Liebe animieren sollten.

Ein bisschen Romantik, die man in einem Stundenhotel eher nicht vermuten würde, zum Schluss: Ein großer Teil der Ehebrecher taucht seit Jahren mit derselben Person auf, meist sogar am selben Tag zur selben Uhrzeit.

Und immer wieder werden Andenken mitgenommen – beispielsweise Steine aus den Lustern – als Erinnerung an schöne Stunden zu zweit und intime Nähe fern vom vielleicht längst schal gewordenen Ehealltag.

Am Hof: Wo Adam mit Eva spielte

Irisgasse 2 (Am Hof 3–4, Naglergasse 22), 1. Bezirk

Als die Irisgasse noch Hundsfottgässel hieß, weil sie – in Relation zu größeren Straßenzügen „nicht länger war als ein Hundepenis“ – gehörte der Vorgängerbau des Hauses Nr. 3-4 einem Vertrauten des Kaisers Rudolf I. von Habsburg.

Im 17. Jahrhundert trug er das Schild *Zum Adam und Eva* und stellte damit den Inbegriff einer sündigen Wohnadresse in Wien dar. Zu sehen waren auf der Tafel auch die zwei Bibelfiguren, halb nackt und ineinander verschlungen. Der Name ging auf das in jener Zeit äußerst beliebte „Adam-und-Eva-Spiel“ zurück, das sich bereits unter Kaiser Karl VI. in der Faschingszeit großer Beliebtheit in der Bevölkerung erfreute.

Die jungen Burschen der Stadt liefen singend, tanzend und springend durch die Straßen und flirteten mit den Mädchen, die ihnen begegneten oder vom Fenster aus zusahen.

Als der Spaß ausuferte, erlaubte er ihn nur noch an den letzten drei der „tollen Tage“ und auch nur in „aller Ehrbarkeit“. Seine Tochter, die sittenstrenge Maria Theresia, ließ die Volksbelustigung allerdings schon bald wegen Gefährdung von Moral und Anstand komplett verbieten, da sich die Teilnehmer ihrer Meinung nach „höchst promiskuitiv“ benahmen.

Besonders vor dem Haus mit der Adresse Am Hof 3-4, in dem Mitte des 19. Jahrhunderts auch Adalbert Stifter eine Zeit lang wohnte, soll es damals besonders lustig zugegangen sein. Dort wurde jährlich auch die Adam-und-Eva-Komödie aufgeführt, ein derb-komisches Straßenschauspiel, in dem Episodenfiguren wie Teufel und Hanswurst den Sündenfall parodierten. Dass die Scharade verständlicherweise vor allem bei den braven Christen auf Unverständnis und Ablehnung stieß, dürfte der Hauptgrund für die gläubige Maria Theresia gewesen sein, dem bunten Treiben Einhalt zu gebieten.

1878 wurde das Haus mit dem Nachbargebäude zu einem vierstöckigen Prachtbau vereint, 1913 abgerissen und durch einen Neubau mit moderner Fassade ersetzt.

Moulin Rouge: Zwielicht in der „roten Mühle"

Walfischgasse 11 (Akademiestraße 2A), 1. Bezirk

Zwielichtig in den Augen vieler Wiener oder wohl eher der Wienerinnen war auch das *Moulin Rouge,* dessen Leuchtreklame in Form einer Windmühle früher sofort ins Auge stach. Es befand sich am Anfang der Kärntnerstraße und ist heute kein sündiges Etablissement mehr – auch die Windmühle ist längst verschwunden.

Sein Ruf eilte dem Haus voraus, als es noch ein Varieté war, in dem sich die hübschen Mädchen beim Tanzen nicht nur entblätterten, sondern während der Tanzeinlagen den männlichen Besuchern schöne Augen machten. Da sollen allerdings nicht nur während der Vorstellung verführerische Blicke ins Publikum geworfen, sondern hinter der Bühne Telefonnummern sowie Zärtlichkeiten zwischen den Künstlerinnen und ihren Verehrern ausgetauscht worden sein.

Früher befanden sich an der heutigen Adresse Nr. 11 zwei kleine Basteihäuser sowie Stallungen. Als im Jahr 1884 die Walfischgasse, benannt nach dem um 1700 dort angesiedelten Gasthaus *Bey den Wallfisch*, reguliert wurde, entstand dort ein Wohnhaus. Darin war ursprünglich das Vergnügungslokal *Pavillon* untergebracht, aus dem sich während des Zweiten Weltkriegs das Kabarett „Schiefe Laterne" entwickelte und danach die *Rio Rita Bar*. Im Jahr 1949 öffnete an der Stelle das *Moulin*

Rouge seine Pforten, ein Tanz-Varieté nach dem gleichnamigen französischen Vorbild, das es in Paris bereits ab 1889 gab. Das Etablissement fasste 240 Personen und bot neben Striptease Bühnenshows mit wechselndem Unterhaltungsprogramm.

Allerdings kämpfte das Erotik-Lokal mit gewissen Startschwierigkeiten und die Darbietungen wurden in der damaligen Presse verrissen – so etwa im Wiener *Kurier* am 27. September 1949: *Lediglich die Parterreakrobaten konnten in der sogenannten Parkett-Show gefallen. Alles übrige überbot sich an Einfallslosigkeit der Erfindung. Man wird bedenken müssen, daß veraltete Heurigenwitze sich nicht für ein Nachtlokal-Kabarett eignen, schon gar nicht, wenn sich dieses prätenziös „Moulin-Rouge" nennt.*

Jahre später gefiel das *Moulin Rouge* offenbar bereits, da sich hier zwischen Roséwein und Rüschen häufig auch prominente Persönlichkeiten aufhielten – beispielsweise der Schauspieler Orson Welles nach seinen Dreharbeiten zum Streifen „Der dritte Mann". Die Zeitschrift *Spiegel* wusste allerdings zu berichten, dass der 39-jährige Filmheld im März 1955 eines Nachts beleidigt aus dem Etablissement gestürmt war, weil er sich in die Sektlounge Slibowitz bestellt und man das beanstandet hatte. Eine halbe Stunde später, auch davon bekam die Presse Wind, stritt er sich im Nachtlokal *Feuchter Stock* mit einem Kellner über den Umrechnungskurs für den Dollar.

Im Jahr 1974 kaufte Heinz Werner Schimanko, später auch Inhaber der *Eden Bar* und des *Orient*, das Lokal und betrieb es bis Anfang der 1990er-Jahre als „verruchtes Etablissement". Doch selbst der Nachtclubkönig wollte ein gewisses Niveau halten, und als er feststellte, dass dieser Zug längst abgefahren war, verpachtete er es an Peter Zanoni. Der Geschäftsmann führte die Bar als Kartencasino weiter, ging damit im Jahr 2000 allerdings in Konkurs. Bis Ende 2011 wurde das einstige Varieté als Clubbing-Location genutzt, seit 2012 befinden sich in dem Haus ein Speiselokal und ein Club.

Das wohl bekannteste *Moulin Rouge* in der Walfischgasse war aber nicht das erste und einzige: Bis 1911 befand sich ein Lokal mit selbem Namen in der Weihburggasse 11 und von 1920 bis 1938 in der Weihburggasse 9/Ecke Liliengasse 3, das ab 1932 unter anderen von Karl Farkas geführt wurde – beide Häuser boten traditionelle Revue-Unterhaltung und hatten Publikumstänze sowie akrobatische und kabarettistische Einlagen im Programm.

Eden Bar: Nachtclub mit Kultstatus

Liliengasse 2 (Singerstraße 8, Weihburggasse 7), 1. Bezirk

Wo einst die Sünden bestraft wurden, hat man sie später kultiviert: Im Mittelalter hieß die Liliengasse nämlich noch Armensündergässel, durch das Strafgefangene in Begleitung einer berittenen Eskorte zu ihrer Hinrichtung am Hohen Markt geführt wurden.

Jahrhunderte später gab es im Haus mit der Nr. 898 einen Alkoholausschank, eröffnet 1811 von Achazius Lenkey. Er kredenzte in seinem Lokal vorwiegend ungarische Weine, die dort unter anderen auch Franz Schubert und Moritz von Schwind genossen. In einer Stube darüber wohnte 1791 der Komponist Franz Xaver Süßmayer, der dort Mozarts Requiem vollendete.

Nachdem bei einer gerichtlich angeordneten Lebensmittelkontrolle Bleizucker in Lenkeys Rebensaft nachgewiesen worden war, blieben die Gäste aus und der Wirt musste das Lokal schließen. Anschließend öffnete in dem 1818 neu errichteten Bau das Bierhaus *Zum Reichsapfel* seine Pforten.

Als im Jahr 1883 das ganze Gebäude einzustürzen drohte, wurde eine Grube ausgehoben, um Stützpfeiler tief in der Erde zu versenken, und dabei fanden die Arbeiter eine große Anzahl an Bruchstücken von römischen Ziegeln. Rund 30 Jahre später errichtete man an dieser Stelle ein spätsezessionistisches Wohnhaus. Dort wurde ein Nachtlokal eingerichtet, zwar noch ohne paradiesischen Namen, aber schon mit zwielichtigem Ruf: die *City-Bar*, in der sich zur Kaiserzeit die adeligen Offiziere in Uniform vergnügten.

1919 erwarb die Opernsängerin und Schauspielerin Emma Steininger (Künstlername Emmy Stein) die *City-Bar*, taufte sie auf den Namen

Eden und erfüllte sich damit einen lang gehegten Wunschtraum. In dem Lokal, in dem schon bald die gesamte Wiener Hautevolee verkehrte, gab es abends täglich Livekonzerte der Musikkapelle unter der Leitung von Karl Haupt, mehrmals pro Jahr ausgelassene Hausbälle und stets Champagner im Überfluss. Doch viele Wiener kamen schon vormittags – geöffnet war ab 10 Uhr und ab 11 Uhr gab es ein kaltes Mittagsbuffet.

Die Freude von Emmy Stein währte allerdings nicht lang, denn schon bald erfuhr die Steuerbehörde, dass die Lokalbesitzerin die Luxus- und Nahrungsmittelabgaben nicht vollumfänglich entrichtet hatte und brummte ihr eine Strafe von 50 000 Schilling auf. Doch ein Unglück kommt selten allein: Kurz darauf wechselte die im *Eden* fest angestellte Musikkapelle zu einem anderen Engagement und nur Wochen später entstand durch eine achtlos weggeworfene Zigarette ein Brand, der in den Innenräumen einen Schaden von 18 000 Schilling verursachte. Als 1930 ganz in der Nähe die *Oase Bar* eröffnete, wechselten auch die letzten Stammgäste das Lokal und Emma Steininger musste Konkurs anmelden.

Nach einem Ausgleich führte sie das Lokal weiter. Von den langsam wieder zu ihr zurückkehrenden Stammgästen ahnte niemand, dass 27 000 Schilling Schulden auf dem Vergnügungsetablissement lasteten, und die Besitzerin fast täglich gepfändet wurde. Doch dann änderte sich die Lage und der Laden lief wieder.

Im Jahr 1939 hieß es im *Neuen Wiener Tagblatt*, das *Eden* sei *billig und vornehm*. Es traten in der Bar damals unter anderen die „Sensationskapelle", der „Zechmeister" mit dem Wiener Rundfunksänger Heinz Roland oder der Meisterpianist Karl Loube auf. In einer zeitgenössischen Beschreibung hieß es: *Apart durch die charakteristisch nebeneinander gesetzten Farbwirkungen wirkt der Raum gediegen, intim und pikant zugleich. In rhythmischer Anordnung strahlen die verchromten Leuchtschalen an den Wänden, die Deckenleuchtschalen wirken mit indirekter schattenfreier Beleuchtung. Sehr originell wirkt das Tanzparkett, aus schwarzem Ebenholz, das mit weißen Ahornstreifen gemustert ist.*

1941 wurde das Lokal vom Deutschen Reich beschlagnahmt und das Gebäude ging in den Besitz des Heiligen Stuhls der Diözese Rom über, ein Jahr später nahm die Gestapo Emma Steininger in Haft, weil sie den Feindsender *Radio London* abgehört haben soll. Die ehemalige Operndiva leugnete zuerst und behauptete, man hätte ein Komplott gegen sie geschmiedet, gestand dann aber letztlich ihr „Verbrechen" und saß daraufhin bis Ende des Jahres 1944 in Bayern im Gefängnis. Zurück in Wien, verarmt, krank und stark sehbehindert, hielt sie sich mit staatlicher Unterstützung in Form einer Opferfürsorgerente über Wasser, bis sie die Bar im Jahr 1949 zurückerhielt. Vier Jahre lang saß sie selbst halb blind an der Kassa, bis sie beschloss, an den ungarischen Geschäftsmann Gabor Kenezy zu verkaufen. Nur wenige Monate nach der Aufgabe ihres Traums verstarb Emmy Stein.

Unter der Führung des neuen Besitzers erlebte das *Eden* mit Publikumsmagneten wie der Sängerin Liane Augustin seine zweite Blüte. In jener Zeit trat dort auch der damals noch unbekannte Pianist Joe Zawinul auf. In den Nachkriegsjahren wurden zahlreiche Kinopremieren internationaler Filme in dem Lokal gefeiert. Zu den prominentesten Besuchern jener Zeit, die damals in der *Eden Bar* Champagner schlürften, zählten Romy Schneider und Alain Delon, Anita Eckberg, Jack Lemmon, Liz Taylor, Billy Wilder, Ella Fitzgerald und – kaum mehr verwunderlich – der umtriebige Orson Wells.

Marlene Dietrich hielt sich während der Dreharbeiten zu dem Stummfilm „Café Electric" im Jahr 1927 ebenfalls häufiger in der *Eden Bar* auf – gemeinsam mit ihrem Filmpartner Willi Forst, mit dem sie eine heiße Affäre hatte.

In den 1950er-Jahren war der Spruch „Neulich sitz ma in der Eden und reden!" eine Redensart abgeleitet von dem Liedtext „Der Papa wird's schon richten" – komponiert von Gerhard Bronner für Helmut Qualtinger. Darin wird das Lokal als Treffpunkt einer gelangweilten und zynischen Jeunesse dorée verewigt, einer Jugend aus der oberen Gesellschaftsschicht, deren Lebensstil von luxuriösen Vergnügungen geprägt ist. Als sich nach der Vorstellung des Lieds in der Fernsehsendung „Spiegel vorm G'sicht" einige Stammkunden der *Eden Bar* bei dessen Besitzer Gabor Kenezy beschwerten, forderte dieser Bronner auf, das Lokal eine Zeit lang nicht mehr zu besuchen.

Nach der Übernahme durch Heinz Werner Schimanko im Jahr 1975 avancierte das Vergnügungsetablissement im Art-Déco-Ambiente zum High-Society-Hotspot der Stadt. Der neue Besitzer hatte sich verpflichtet, den „gehobenen Charakter" beizubehalten, weshalb noch heute Krawattenzwang in der Bar herrscht. Lange Zeit gingen in dem Lokal nicht nur die Reichen und Schönen ein und aus, um zu sehen und gesehen zu werden, sondern auch die Mächtigen und Wichtigen aus Politik und Wirtschaft.

Heute tauchen echte Stars nur noch selten auf, die Gäste gehören längst der Mittelschicht an, werden dennoch vornehm hofiert – die berüchtigte *Eden*, heute eher Kultschuppen als nobler Nachtclub, hat schließlich einen Ruf zu wahren.

Übrig blieb von den Promis einzig die glamouröse Jazzsängerin Vera Love, die seit 1990 regelmäßig kurz vor Mitternacht die Bühne betritt und erst Stunden später wieder verlässt, um „nach Hause" ins *Hotel Orient* zu gehen. Dort ist sie ein fixer Bestandteil der Schimanko-Familie, bewohnt das „Mädchenzimmer" und gehört quasi zum Inventar.

Der Kleidersalon Riehl und die Sado-Maso-Lehrerin Cadivec

Grünentorgasse 24, 9. Bezirk, Biberstraße 9, 1. Bezirk

Es existierten im 19. und auch noch zu Beginn des 20. Jahrhunderts jede Menge „Salons" für junge Mädchen, in denen sie offiziell als Wäscherinnen oder Näherinnen angestellt waren, inoffiziell aber als Prostituierte arbeiteten. Viele der jungen Damen verkauften freiwillig ihren Körper, weil sie häufig kein Dach über dem Kopf, nichts zu essen und Angst vor den Gefahren in der nächtlichen Stadt hatten.

Auch Regine Riehl unterhielt ein solch „toleriertes Haus", das die Wiener Lebemänner sehr gerne und oft besuchten. Es ist zu vermuten, dass die meisten Herren nicht wussten, dass die Insassinnen von der Madame wie Gefangene gehalten, außer Dienst ihrer Kleidung beraubt, in Verliese gesperrt und ausgepeitscht wurden. Die Peinigerin unterhielt gute Kontakte zur Obrigkeit, weshalb die Behörde jede Anzeige von Freiern, die sich wegen der Misshandlungsspuren auf den Körpern der Mädchen besorgt zeigten, zurückhielt.

Im Jahr 1906 kamen die schrecklichen Zustände in dem Salon dem Redakteur Emil Bader vom *Illustrierten Wiener Extrablatt* zu Ohren, der in wochenlangen Recherchen Beweise sammelte und Regine Riehl beim Polizeipräsidenten anzeigte. Der ließ die Madame verhaften und das Haus der Qualen schließen.

Im selben Jahr wurde in der Biberstraße ein Haus errichtet, in dem sich zwischen 1916 und 1923 erschreckende Szenen abspielten, die einigen Personen Schmerz zufügten, den anderen Lust verschafften. Verantwortlich dafür war eine Frau namens Edith Cadivec: 1879 im slowenischen Teil von Istrien als Tochter eines Bahnbeamten geboren, besuchte sie die Volksschule Unterwaltersdorf im Bezirk Baden und machte anschließend in Graz bei den Ursulinen die Ausbildung zur Pädagogin.

Sie erhielt eine Anstellung in Paris am Lycée des filles und lernte bei einem Aufenthalt in Wien, wo sie sich wegen eines Nervenleidens behandeln ließ, den sadomasochistisch veranlagten Grafen Franz Schlick kennen. Mit ihrer Tochter aus diesem Verhältnis lebte Edith Cadivec bis 1915 in Paris, kehrte dann aber wieder zurück nach Wien und gab sich als verwitwete Baronin Cadwé aus.

Im Februar 1916 eröffnete die Pädagogin in ihrer Dachwohnung im Haus Biberstraße 9 eine „Privatschule für moderne Sprachen". Sie bewarb ihre Dienste in Zeitungen mit dem Anzeigenwortlaut: *Energischen Unterricht erteilt autoritäre Lehrerin bei strengster Disziplin*. Schon bald gaben sich bei der Dame zahlreiche Leute die Klinke in die Hand, wie Nachbarn später vor Gericht aussagten. Es handelte sich dabei allerdings nicht nur um Kinder und deren Eltern, meist aus der unteren Bevölkerungsschicht, sondern auch um distinguierte Gentlemen aus den besseren Kreisen der Wiener Gesellschaft – Universitätsprofessoren, Industrielle und andere wohlhabende Herren. Die gut gekleideten Besucher brachten aber, sehr zum Erstaunen der anderen Hausbewohner, nie den Nachwuchs mit, sondern kamen immer allein. Schon bald kam der Verdacht auf, dass die scheinbar wohlbetuchte und weltmännisch auftretende Lehrerin sich entweder aushalten ließ oder ein Nebeneinkommen hatte.

Als man am Weihnachtsabend 1923 am Wilhelminenberg die 12-jährige Grete Pilz aufgriff, eine Schülerin von Edith Cadivec, kam der Stein ins Rollen. Das Mädchen, Tochter einer Zugehfrau, wurde auf eine Wachstation gebracht, wo es aussagte, regelmäßig von der Lehrerin vor den Augen einiger Männer übers Knie gelegt und ausgepeitscht worden zu sein.

Ein Amtsarzt, der Grete untersuchte, stellte einen Bluterguss am Gesäß fest, woraufhin eine Anzeige am Wiener Jugendgericht erfolgte. Am 3. Jänner standen morgens einige Polizisten vor der Tür der Privatschule in der Biberstraße und führten kurz darauf eine Untersuchung der Unterrichtsräume durch. Es stellte sich heraus, dass die Pädagogin den Kindern absichtlich schwere Aufgaben stellte, um sie dann zu züchtigen, wenn diese nicht zufriedenstellend beantwortet wurden. Die Beamten fanden in der Wohnung eine Sammlung von Riemen und Lederzeug, Ruten und Peitschen, ebenso sadomasochistische Bilder und einschlägige Kataloge.

Misshandelt wurden die Kinder im Beisein der „ehrenwerten Gentlemen", die für einmal Schlagen und Auspeitschen 300 000 Gulden bezahlten – das entsprach damals dem Wochenlohn einer Dienstmagd. Die Polizisten entdeckten außerdem ein Haushaltsbuch, in dem Edith Cadivec akribisch alles festgehalten hatte. Anhand dieser Eintragungen gelang es, eine vollständige Kundenliste zu erstellen. Bei späteren Verhören war in Erfahrung zu bringen, dass die meisten der männlichen Zuschauer bei den Bestrafungen masturbiert und anschließend die Beschuldigte oral befriedigt hatten.

Beim Prozess gegen die sadomasochistische Lehrerin Anfang des Jahres 1924 wurde die Öffentlichkeit ausgeschlossen. Vor den Toren der Gerichtsvollzugsanstalt Wien drängten sich jedoch Tausende Schaulustige, darunter Künstler, Aristokraten und höhere Beamte – laut der Vermutung einiger Wachleute, die diese Schar an Dränglern in Schach halten mussten, „alles Kunden der Kinderpeitscherin, die hoffen, dass sie freigesprochen wird".

Die Anklage lautete unter anderem „Unzucht wider die Natur“ und „Dominatrie“ – Schlagen als erzieherische Maßnahme galt in jener Zeit zwar als erlaubt, doch es war verboten, dabei Lust zu empfinden und die Demütigung zu „verkaufen“. Als Synonym für Geißelungen mit Peitsche bürgerte sich im Wienerischen jener Jahre der Ausdruck „cadivezzln“ ein.

Die Pädagogin erhielt statt der ursprünglich verhängten Strafe von sieben Jahren schwerem Kerker nach einer Berufung im März 1924 eine Haftstrafe von sechs Jahren. Ihre 14-jährige Tochter, zu der sie ein Inzest-Verhältnis gehabt haben dürfte, wurde ihr weggenommen und in eine katholische „Korrektionsanstalt“ gesteckt. Für einige Mitangeklagte gab es Bewährungsstrafen. Cadivec kam infolge einer Weihnachtsamnestie bereits im Dezember 1927 frei.

In der Wiener Gesellschaft sorgte die Verurteilung der Pädagogin für rege Diskussionen. Diese wurden von einigen Zeitungsartikeln angeheizt, die Sigmund Freud und Karl Kraus veröffentlichten und in denen sie sich mit der Lehrerin solidarisierten (wie schon zuvor mit Regine Riehl, bei deren Gerichtsprozess sie sogar im Verhandlungssaal saßen) und das Gerichtsurteil als barbarisch bezeichneten. Und sie nahmen jene Herren in Schutz, die bei den Züchtigungen zugesehen und sich daran ergötzt hatten.

Während ihrer Zeit hinter Gittern verfasste Edith Cadivec mithilfe eines Journalisten ein Buch, das wegen der detaillierten Beschreibung einiger Sexualpraktiken ein wichtiges Werk der sadomasochistischen Literatur wurde. 1932 erschien ein Folgeband, in dem die ehemalige Lehrerin die Jahre nach ihrer Entlassung aus der Haft beschrieb.

Edith Cadivec ließ nach dem Gefängnisaufenthalt ihren Namen ändern und setzte sich anschließend jahrelang für die Wiederaufnahme des Verfahrens mit der Forderung nach einer finanziellen Entschädigung ein. Zudem wollte sie gegen den gerichtlich eingesetzten Vormund ihrer Tochter klagen und das Mädchen wieder zu sich holen. Nachdem sie einen weiteren Antrag im Jahr 1940 damit begründete, Opfer einer jüdischen Weltverschwörung geworden zu sein, wurde sie für beschränkt entmündigt erklärt. 1951 und 1952 war die Frau in der psychiatrischen Heilanstalt „Am Steinhof" in Wien untergebracht, kurz darauf verstarb sie im Armenhaus.

Odolek'sches Haus: Ein wächserner Skandal und eine lustige Witwe

Neubadgasse 2 (Wallnerstraße 2, Kohlmarkt 6), 1. Bezirk

Der Name des Gebäudes in der damaligen Neubadgasse, in der sich im Mittelalter eine Badestube befunden hatte, geht auf Baron Leopold Arnold Odolek zurück. Später zog der Hofjuwelier Michael von Grosser ein, der durch seine kunstvollen Arbeiten bekannt wurde – unter anderem schuf er den weltberühmten Edelstein-Blumenstrauß, den Maria Theresia ihrem Ehemann Franz I. Stephan von Lothringen schenkte. Zur selben Zeit befand sich in den ebenerdigen Räumlichkeiten die Trattner'sche Hofbuchhandlung, in der wöchentlich die *Gazette de Vienne* erschien. Bis zu diesem Zeitpunkt gab es in diesem Gebäude noch keine Sünden zu verzeichnen, zumindest keine, die öffentlich geworden wären.

Ende des 18. Jahrhunderts geriet das Haus dann in Verruf, und zwar durch das darin befindliche *Café Milani*, das ab 1791 unter Polizeiaufsicht gestellt werden musste, weil das Publikum immer zwielichtiger wurde.

Und dann kam es im Jahr 1796 zu einem echten Skandal, als an der Adresse ein Wachsfigurenkabinett seine Pforten öffnete. Joseph von Deym, der die verschollene Totenmaske von Wolfgang Amadeus Mozart angefertigt hatte, übersiedelte seine wächserne Sammlung vom Stock-im-Eisen-Platz in das Odolek'sche Haus. Angeblich platzierte er das letzte Abbild des großen Komponisten in einem Extrazimmer – gemeinsam mit Modellagen dreier nackter Damen. Der männliche Teil der Wiener Bevölkerung war erfreut über die hüllenlosen Schönheiten, der weibliche entrüstet.

Nur rund 15 Jahre später erschütterte ein weiterer Eklat das altehrwürdige Haus am Wiener Kohlmarkt. Nachdem nämlich ein dort wohnhafter Arzt gestorben war, heiratete dessen 80-jährige Witwe kurz darauf einen minderjährigen Burschen. Anfangs noch belächelt, hat man das ungleiche Paar in der Öffentlichkeit schon bald beschimpft, wenn es Arm in Arm durch die Straßen der Stadt flanierte. Als es sogar zu Handgreiflichkeiten kam, wurden die lustige Witwe und ihr Verehrer unter Polizeischutz gestellt.

1889 musste das sündige Haus einem Neubau weichen, in dem es jetzt – vielleicht – gesitteter zugeht.

Das *Maxim*: ein erotischer Nachtclub mit Tradition

Bösendorferstraße 2 (Kärntnerstraße 61), 1. Bezirk

Eine andere „lustige Witwe" spielt auch im Zusammenhang mit dem Etablissement *Maxim*, das sich in der Bösendorferstraße 2 befindet, eine Rolle – nämlich die aus der Operette von Franz Lehár. Darin heißt es nämlich in einem Lied:

Da geh ich zu Maxim,
Dort bin ich sehr intim,
Ich duze alle Damen
Ruf' sie beim Kosenamen,
Lolo, Dodo, Joujou
Clocio, Margot, Froufrou,
Sie lassen mich vergessen
Das teu're Vaterland!

Franz Lehár bezog sich in seinem Text auf das Restaurant in Paris, das 1893 vom Kellner Maxime Gaillard eröffnet worden war und in dem sich stets zahlreiche hübsche Damen aufhielten, die mit den männlichen Gästen kokettierten. So finden sich in der Operette neben zahlreichen Tanzeinlagen auch etliche erotische Anspielungen, die zum internationalen Erfolg des Bühnenstücks beitrugen.

Interessant ist, dass der Erotik-, Escort- und Striptease-Club – oder einfacher: das Bordell – in der Bösendorferstraße als Varieté eröffnet wurde, und zwar 1985 von Josef Stern. Der Besitzer setzte jedoch schon bald nur noch auf Sinnlichkeit und Lust – obgleich im *Maxim* noch heute getanzt wird, allerdings vorwiegend von jungen Mädchen an der Stange. Stern stellt sich außerdem gerne als Lebemann zur Schau und produziert dabei Schlagzeilen. Er besitzt angeblich ein Auto von Adolf Hitler und ließ sich damit im März 2016 inmitten von zwölf Damen durch die Wiener Innenstadt kutschieren. Laut eigener Aussage handelte es sich dabei um einen Werbegag für das Etablissement in der Bösendorferstraße.

Josef Stern tätigte außerdem in einem Interview den Ausspruch: „Eine Weltstadt braucht mehr als 200 Bars und Bordelle!" Mittlerweile befindet sich das *Maxim Wien*, in dem laufend verschiedenste Veranstaltungen und Partys stattfinden, im Besitz einer deutschen Immobiliengesellschaft.

Café Herrenhof: Kokain zum Dessert und junge Mädchen auf dem Dach

Herrengasse 10 (Fahnengasse 1, Leopold-Figl-Gasse 1, Wallnerstraße 9), 1. Bezirk

Im Vorgängerhaus des zu Beginn des 20. Jahrhunderts errichteten Neubaus befand sich bereits 1370 eine Badestube namens *Die Canzlerin*, die um 1550 *Die allt Canczley* hieß. Der Sünde war an diesem Ort also schon früh Tür und Tor geöffnet, eingedenk dessen, was die Menschen in den dampfenden Zubern so alles trieben. 1791 wurden die Räume zu Wohnungen umgebaut, in welchen man komfortabel und nobel logierte und das wohlhabend-spießige Bürgertum Einzug hielt.

Im Jahr 1914 eröffnete in dem neu erbauten Gebäude im „Palaisviertel" – so genannt, weil in dem Grätzl nahe der Hofburg zahlreiche „herrschaftliche Häuser" standen, was vermutlich auch den Namen der Herrengasse erklärt – das *Café Herrenhof*. Darüber befand sich die Reformschule von Eugenie Schwarzwald, die erste pädagogische Anstalt in Österreich, die es Mädchen ermöglichte, zu maturieren. Das Ansinnen der Direktorin, die auch in laufendem Kontakt mit Maria Montessori stand, war gewaltfreie Erziehung und Förderung der Kreativität. Sie beschäftigte auch berühmte Künstler als Lehrer, etwa den Architekten Adolf Loos, den Maler Oskar Kokoschka, den Musiker Arnold Schönberg und den Theaterhistoriker Otto Rommel. Auch die körperliche Ertüchtigung spielte im Unterricht eine große Rolle, weshalb im Dachgarten auf dem Haus bei Schönwetter fleißig Gymnastik betrieben wurde.

1916 etablierte der Schriftsteller Franz Blei einen literarisch-philosophischen Stammtisch in dem Lokal, dem unter anderen Franz Kafka, Friedrich Torberg, Franz Werfel, Joseph Roth, Robert Musil, Elias Canetti, Max Brod, Hugo von Hofmannsthal, Egon Erwin Kisch, Leo Perutz und Heimito von Doderer sowie Ludwig Wittgenstein angehörten – dort traf sich damals die geistige Elite der Stadt. Es saßen die Dichter und Denker beieinander und tauschten sich aus, empfingen Briefe, Anrufe und Verehrerinnen; waren sie gerade nicht da, nahm der Oberkellner die Nachrichten in Empfang und leitete sie später weiter. Die Räumlichkeiten im *Café Herrenhof*, in welchen die Literaten und Philosophen Hof hielten, fungierten daher sowohl als Wohnzimmerersatz als auch als Postzweigstelle und Kontaktanbahnungsinstitut. Mit elitärer Gunst wurden Gruppenzugehörigkeiten verteilt und ersessene Privilegien mit spitzer Zunge verteidigt. Es gab nur wenige Frauen an dem Stammtisch, eine davon war etwa die Schriftstellerin Hilde Spiel.

Doch auch Größen aus Politik und Wirtschaft kehrten gerne und häufig in dem Kaffeehaus ein, die gemütlich bei einem kleinen Mokka die Zeitung zu lesen pflegten oder sich zum Bridgespiel trafen. Die Ausstattung des Lokals mit den geräumigen Logen war im Jugendstil gehalten, beim Eingang saß eine Kassiererin, bei der man die konsumierten Speisen und Getränke bezahlte. Es gab außerdem einen Kunstraum, in dem wechselnde Ausstellungen stattfanden, und im Keller einen großen Tanzsaal.

Was selten in der gutbürgerlichen Literatur thematisiert wird, ist die Tatsache, dass in jener Zeit im *Café Herrenhof* nicht nur vergeistigte Gespräche geführt, sondern – ganz weltlich – zum Dessert Kokain serviert und anschließend im Hinterzimmer der eine oder andere weibliche Fan vernascht wurde. Darüber hinaus gab es an den Wochenenden wilde Partys, bei denen die häufig so abgehoben wirkenden Künstler im Souterrain bis in die frühen Morgenstunden Champagner tranken, mit den eingeladenen Damen flirteten und Charleston tanzten.

Ihre erotischen Fantasien verwirklichten die Mitglieder der elitären Seilschaft an besonders „dankbaren Objekten", die gerne Sex mit einem berühmten Bohemien haben wollten. Bei einer dieser Damen handelte es sich um die Pragerin Milena Jesenska, die sich mit dem wenig attraktiven Literaten Ernst Polak, Stammgast im *Café Herrenhof*, vergnügte und später als letzte Freundin Kafkas in die Geschichte einging.

Eine andere Bettgeschichte, die man im Kaffeehaus brühwarm zum Mokka gereicht bekam, war die der Lina Obertimpfler. Die blutjunge Schönheit hatte sich in den Architekten Adolf Loos verliebt, die beiden heirateten, doch schon kurz nach der Eheschließung kam es zum sündigen Skandal. Sie betrog ihn mit einem 18-jährigen Gymnasiasten, wie hinter vorgehaltener Hand getuschelt wurde. Die Affäre kam ans Tageslicht, als kompromittierende Briefe auftauchten, woraufhin der gehörnte Gatte die Scheidung einreichte. Der junge Bursche wurde von der Femme fatale abserviert, litt daraufhin unter schrecklichem Liebeskummer und erschoss sich kurz darauf – zuvor hatte er dem Kaffeehausliteraten Peter Altenberg im *Café Herrenhof* sein Leid geklagt, dem nichts Besseres eingefallen war, als dem Verzweifelten zu raten: „Stirb, sie ist eine Göttin!" Diesen Rat nahm der Schüler dann wohl doch zu wörtlich.

Altenberg selbst waren fleischliche Gelüste allerdings auch alles andere als fremd, laut Zeitzeugen stand er auf Schulmädchen in Strümpfen und sexy Unterwäsche – die Wände seiner Absteige waren voll mit Bildern nackter und halb nackter Minderjähriger. Er selbst sagte, gefragt nach seiner sexuellen Vorliebe: „So von dem Alter an, in dem sie sich nicht mehr anwischerln, so zwischen fünf und sechs."

Karl Kraus hatte als Vertreter der Sexualtoleranz kein Problem mit Altenbergs Verehrung der Lolitas, verachtete allerdings selbst jede „Gefühlsduselei" und schützte sich davor mithilfe von Arbeit und Dirnen.

Junge hübsche Dinger hielten sich damals in den Kaffeehäusern der Stadt jedenfalls genug auf – vor allem im *Herrenhof*, der laut Zeitzeugen eine „Remise für schöne wartende Frauen" darstellte, während es im *Café Central* als „Asyl männlicher Resignation" kaum noch hübsche Mädchen gäbe.

Besonders angetan waren die Herren vom Stammtisch natürlich von der im Haus befindlichen „Schule für Wiens höhere Töchter", auch wenn den sensiblen Kaffeehauskünstlern die hantige Direktorin Eugenie Schwarzenberg kräftig auf die Nerven ging. Ein Dorn im Auge war ihnen vor allem ihre Angewohnheit, im Lokal auf Prominentenfang zu gehen und aufdringlich Werbung für ihr pädagogisches Institut zu machen. Allerdings brachte gerade ihre Hartnäckigkeit dem Lycée den Ruf als fortschrittliche Eliteschule ein.

Als „höchst angenehm und inspirierend" befanden die Mitglieder des Stammtischs vor allem den Turnunterricht der jungen Damen auf dem Dach des Hauses Herrengasse 10. Die Herren mussten sich schließlich auch hin und wieder die Beine vertreten – vorzugsweise in luftiger Höhe mit Blick auf knospende Mädchenkörper, die sich während der anstrengenden Gymnastik mit erhitzten Gesichtern stöhnend in alle Richtungen bogen. Dass einige dieser Gaffer später im Klassenzimmer auch als Pädagogen tätig waren, stieß bei der Wiener Bevölkerung keineswegs durchgehend auf Verständnis, weshalb die Direktorin ihre Lehrmethoden einmal sogar vor dem Unterrichtsminister verteidigen musste.

Kurz nach dem Ersten Weltkrieg verlegten auch viele andere Wiener Literaten – die zuvor im *Café Central* und *Café Museum* zusammengesessen waren – ihren Stammtisch ins *Café Herrenhof*, wobei sie sich nicht zu ihren Kollegen gesellten, sondern das Hinterzimmer bevorzugten; womit dieses seine Funktion als Liebeshöhle verlor.

Diese legendäre Ära endete 1938, der jüdische Besitzer wurde enteignet, das Kaffeehaus „arisiert", doch aufgrund der wegbleibenden Stammgäste musste es schon bald schließen. Nach dem Einmarsch der Nazis reiste die Pädagogin Eugenie Schwarzwald nach Dänemark und kehrte anschließend nicht mehr nach Wien zurück; die Schule wurde von der SS gesperrt.

Nach dem Zweiten Weltkrieg führten zwei ehemalige Oberkellner des *Herrenhofs* das Lokal noch eine Zeit lang weiter, konnten aber nicht mehr an die alten Erfolge anknüpfen, weshalb es 1961 geschlossen wurde. Die Literaten zogen weiter ins *Café Hawelka*, das sich rasch als neuer Szenetreffpunkt etablierte.

Vom alten Glanz erhalten geblieben ist der Name im heutigen *Steigenberger Hotel Herrenhof*, das sich seit 2008 an der Adresse Herrengasse 10 befindet.

Das Geschäft mit der Sünde: Unterwelt- und Rotlichtmilieu

Auch in Wien gab es schon immer Rotlichtviertel, Prostitution und Zuhälterei. Durch all die Zeit sind die Motive gleich geblieben: der Wunsch nach einem schnellen erotischen Abenteuer, nach körperlicher Zuwendung oder nach Praktiken, die im ehelichen Schlafgemach tabu sind. Und die Erfüllung seiner lustvollen Begierden und Fantasien hat man sich immer schon gerne etwas kosten lassen.

Hand in Hand mit dem Traum vom unkomplizierten Geschlechtsverkehr mit einer „Professionellen" ging allerdings immer auch die Finanzierung des Umfelds der betreffenden Damen – und das war nie und ist bis heute nicht rot, wie der Name sagt, sondern schwarz wie die Nacht; Drohungen, Erpressungen und Misshandlungen sind in diesem Milieu an der Tagesordnung, häufig in Kombination mit Geldwäsche und Drogenhandel. Die Frauen stammen oft aus ärmeren Ländern und unteren Schichten, sie gehen „anschaffen", um zu überleben oder ihre Familie zu Hause zu unterstützen – auch daran hat sich nichts geändert.

Doch trotz allem Dunkel, das über dem ältesten Gewerbe der Welt liegt, tragen Bordellbesitzer und Zuhälter verharmlosende und sogar anerkennende Bezeichnungen wie „Rotlichtlegende" oder „Unterweltkönig". Teilweise wurden und werden diese Personen wie Prominente behandelt und wie Stars hofiert.

Aber wie man auch zu den erotischen Dienstleistungen im Zwielicht steht: Sie gehören zum sozialen Gepräge einer Stadt, sind Ausdruck urbaner Lebensart und erfreuen sich unvermindert großer Nachfrage.

Halbweltspelunken und sündige Etablissements

Auch in Wien gab es zu jeder Zeit Freudenmädchen – einige davon erlangten im 19. Jahrhundert große Bekanntheit und ihre Namen waren sowohl vielen sexhungrigen Männern wie auch fast jedem braven

Bürger ein Begriff. Und da nachts alle Katzen grau sind, bewegten sich in jener Zeit auch einige Halbweltdamen im Milieu, die von ihren wohlhabenden Gatten finanziell kurzgehalten wurden und ihr Haushaltsgeld aufbessern wollten.

Neben den wohlbekannten dunklen Ecken in der Innenstadt und dem Strich, auf dem Damen aus dem horizontalen Gewerbe auf Kundschaft warteten, gingen die meisten der Mädchen auch in diversen Halbweltspelunken auf Freiersuche.

Viele der anrüchigsten Lokale Wiens befanden sich im 18. und 19. Jahrhundert am Spittelberg, der einen sehr zweifelhaften Ruf genoss und in dem sich aufgrund der dichten Bebauung Krankheiten rascher als sonst in Wien ausbreiteten. Die Prostituierten schlossen sich damals zu „Arbeitsgemeinschaften" zusammen: Die Hübscheste machte an einer Straßenecke unauffällig einem Freier schöne Augen, eine andere brachte den Interessierten in ihre Wohnung, wo der zahlungswillige Galan selten die attraktive Dame von der Straße vorfand, sondern ihre meist optisch weniger ansprechende Kollegin. Es kam auch vor, dass in den Durchhäusern der Stadt 13- oder 14-jährige Mädchen eintretenden Herren Zettel mit eindeutigen Angeboten und dazugehöriger Adresse überreichten – geöffnet hat dort dann aber nicht wie erwartet eine taufrische Minderjährige, sondern eine schon etwas abgelebte Dirne. Doch war man schon einmal da, blieb man eben auch.

In etwa 60 Spelunken wie der *Hollerstaude* in der heute nicht mehr existierenden Fleischhauergasse – sie verlief als Sackgasse zwischen der Breite Gasse und der Kirchberggasse –, *Zum weißen Rössel* in der Kirchberggasse 8 oder das *Löberl* (eigentlich Gasthaus *Weißer Löwe*) in der Gutenberggasse 13 (heute Restaurant *Witwe Bolte*) tummelten sich in jener Zeit auf dem Spittelberg die „Bierhäuselmenscher" oder „Spittelbergnimpfen", die, so hieß es, „im Dienste der Venus nicht unerfahren waren".

So mancher Besucher ließ dort in den „Sauf- und Raubnestern" viel Geld, ehe er von einer der „Lasterviecher" verwöhnt wurde. *Bei erstem Eingang der Haustür laufft die Wirtin mit einer Masskandel in den Keller, bringt vor eine ganze Maß drey Seitl von dem besten sechs Kreutzer*

Wein, und rechnet dem Herrn Gast davor 8 Groschen, darauf fängt die Wirtin zum ersten zu trinken an, schenkt sodann ein Glas der Musche oder Kostjungfern ein, nach diesem saufft die Kupperlerin, und endlich kommt es auch auf den Gast, ist in einem zeitgenössischen Bericht zu lesen. Dann begann das *Mist-Freule ihre Waren aufzulegen* und machte allerlei *Academische Stellungen, um das Venus-Feuer recht aufzuwecken.* Zum Löschen der Flammen ging es dann in *eine finstere Kammer, wo man sich im Liebeskampffe exercirte.*

In einer Reisebeschreibung über das Treiben im Sündenbabel von Wien hieß es ganz ähnlich: *Itzt sitzt dir eine auf dem Schoos, die andere kneipt dir in die Wangen, die dritte macht geheime Seitengriffe, und wenn du allenfalls diese Liebkosungen erwidern willst, so steht dir ein Seitenzimmer zu Befehle …*

Als Kuppler zwischen den oft als Verwandte der Wirtsleute oder Serviererinnen getarnten „honetten" (rechtschaffene) Damen und Gästen fungierten meist zwielichtige Gestalten, die „Hurenzins" an die Betreiber der betreffenden Gaststätten bezahlten.

Es soll recht lustig zugegangen sein in diesen Beiseln, die Mädchen haben kokettiert, gelacht und getanzt, die Männer sich in der „Bewunderung" der hübschen holden Weiblichkeit gesonnt und die „Klingenfetzer" gegeigt, was das Zeug hielt.

Dazwischen gab so mancher Handwerksbursche seinen letzten Kreuzer für Liebesdienste aus, prügelte sich ein lüsterner Freier mit einem anderen um die Gunst einer besonders hübschen Animierdame oder wurde ein wohlhabender Durchreisender seiner Geldbörse oder anderer Wertsachen beraubt.

Doch nicht nur in den Lokalen, von denen die meisten zu Bordellen umfunktioniert worden waren, fand man die käufliche Liebe. Wer am Spittelberg durch die engen Gassen schlenderte und an manchen Häusern Seidenbänder hängen sah, konnte an deren Farbe erkennen, welche „Spezialität" angeboten wurde. Die Freudenmädchen saßen oft auch direkt an den Fenstern, stellten offen ihre Reize zur Schau und lockten die vorbeischlendernden Männer mit diversesten Versprechungen in ihre muffigen Kammern.

Dazwischen arbeiteten aber auch brave Geschäftsleute, die mit ihren Familien in der Gegend lebten, deren Söhne schon als Buben kleine Dienste für die „Hübschlerinnen“ erledigten und dafür als junge Männer gratis in die Freuden der körperlichen Liebe eingeweiht wurden.

Der Spittelberg war damals nicht nur das Zentrum der Prostitution, sondern auch das Vergnügungsviertel der Stadt. Straßenkünstler mit unterhaltsamen Darbietungen und Musiker mit ihren Spottliedern, die tanzenden, lachenden und kokettierenden „Bierhäuselmenscher“ ... Sie alle liebten die Freiheit auf ihrer „Insel der Seligen“, ohne Konventionen, abseits der Staatsmacht, die sich nur wenig um diesen Teil von Wien und was dort vor sich ging, scherte.

Die dort vorherrschenden Zustände brachte der Dichter Ignaz Franz Castelli, selbst ernannter „Professor für Frivolitätswissenschaften“, Mitte des 19. Jahrhunderts auf den Punkt. Er war der Meinung, dass diesen Ort ohnehin nur Männer der „gemeinsten Klasse“ oder „verwahrloste Muttersöhnchen besuchten“, die ihr Geld und oft auch ihre Gesundheit an Ort und Stelle ließen, daran aber selbst schuld waren.

Um 1900 fand eine lange Ära langsam ihr Ende: Die meisten Beisln, das unbeschwerte Gelächter, Tanz und Gesang, die Kellnerinnen mit den bunten Röcken sowie die Straßenkünstler und Musiker mit ihren lustigen Gstanzeln verschwanden. Einzig das die Kirchberggasse, Gutenberggasse und Spittelberggasse besäumende rote Licht blieb vorerst, das aus den ebenerdigen Fenstern drang. Sonst herrschten nachts Stille und Schweigen, zu hören einzig die verhallenden Schritte von Passanten, die entweder spazieren gingen oder nach etwas suchten, was nicht mehr da war.

Zuletzt quartierte man in den leeren Räumen der Häuser, die man rasch in billige Absteigen umfunktionierte, Fremde oder obdachlose Wiener ein. Einige der dort untergekommenen Männer suchten weiterhin nach einer Frau, die nicht einmal hübsch sein musste – allerdings wollten sie für diese nicht bezahlen, im Gegenteil, wie ein in jener Zeit erschienenes Zeitungsinserat belegt: *Zum Heirathen wird ein Weibsbild gesucht, von einem munteren und frischen Wittiber, es kann ledig oder Witwe sein, auch mit unerzogenen Kindern, sogar mit einem Naturfehler, muss aber Geld besitzen. Wann ein solches Weibsbild zu dem Vorgeschriebenen ein Belieben trägt, so kann es in seine Logis kommen, er wohnt am Speelberg* (= Spittelberg) *beim Goldenen Luxen.*

♥♥♥

Neben dem legendären Rotlichtviertel existierten im 19. Jahrhundert auch diverse Unterhaltungslokale oder Vergnügungsstätten für die feinere Gesellschaft, in denen sich allerdings ebenfalls stets halbseidene Damen herumtrieben. Es handelte sich dabei häufig um von den Veranstaltern und Gastgebern eigens engagierte Mädchen, die sich an männliche Besucher heranmachen, ihnen heftig schmeicheln und sie verführen sollten.

In der Leopoldstadt beispielsweise, und da vor allem auf der Praterstraße, gab es damals zahlreiche Lokalitäten dieser Art – eines unter vielen war das *Sperl* an der heutigen Adresse Kleine Sperlgasse 2c. Vorläufer war das Wirtshaus *Zum Sperlbauer*, betrieben von einem kaiserlichen Jäger und zu Beginn des 19. Jahrhunderts um einen Gastgarten und einen großen Saal erweitert. Kurz darauf wurde es im Stil von Pariser Sälen umgestaltet: Das Lokal galt als eines der vornehmsten der Monarchie. Bald traten im *Sperl* berühmte Musiker, Artisten und Zauberkünstler auf, jährlich fanden außerdem bis zu 30 „feenhafte Tanzveranstaltungen" statt. Der Schriftsteller und Zeitzeuge Heinrich Laube beschrieb die Atmosphäre folgendermaßen: *Der ganze Garten des Sperls in der Leopoldstadt brennt dann mit tausend Lampen, alle Säle sind geöffnet, Leuchtkugeln fliegen, alle Sträucher werden lebendig. Und es erklingt Tanzmusik, wobei vor allem der moderne Walzer das junge Blut in Aufruhr bringt, gleich dem Stich einer Tarantel.*

Johann Strauss widmete dem Lokal 1830 sogar drei Stücke: *Sperls Festwalzer*, *Sperl-Galopp* und *Sperl-Polka*, und der Dramatiker Ferdinand Raimund bewarb es mit einem Lied aus seiner Zauberposse „Der Diamant des Geisterkönigs".

Als der Besitzer das Lokal 1857 verkaufte, beschäftigten seine Nachfolger zur Unterhaltung der Gäste aus Kostengründen nur noch

Volkssänger. Schon bald wurde aus dem vormals gut situierten ein zwielichtiges Publikum, es kam immer häufiger zu Raufereien und Messerstechereien zwischen den Unterweltgestalten. Aber auch in jener Zeit prägten legendäre Figuren die Geschichte des *Sperl*, nur handelte es sich dabei nicht mehr um feingeistige Künstler, sondern um derbhumorige Menschen aus den tiefsten Schichten Wiens.

Eine davon war Emilie Turetschek, genannt „Fiaker-Milli“, der ihr Ruf vorauseilte und die als „Gipfel der Verruchtheit“ bezeichnet wurde. Sie trat in engen Hosen, einer Jockey-Jacke und mit Reitgerte auf, tanzte Cancan und sang höchst unanständige Volkslieder. Ihr Leben kam 1953 als Film mit dem Titel „Fiakermilli – Liebling von Wien“ mit Gretl Schörg, Paul Hörbiger und Rudolf Platte in tragenden Rollen auf die Kinoleinwand.

Ihre größte Konkurrentin war Franziska „Fanny“ Hornischer, meist bekleidet mit hochgeschlossener Seidenrobe. Nicht selten kam es wegen einer der beiden Damen zum Eklat, manchmal sogar mit Polizeieinsatz, der höchst amüsant für die Gäste, aber unangenehm für die Lokalwirte ablief.

So rückten die braven Beamten beispielsweise aus, als die Hornischer munter von einem Tisch des Lokals herunterträllerte: „Net nur der Löwe hat an Schwanz. Ich hab’s bemerkt beim Tanz: Es hat ihn a mein Franz. Doch net nur der Franz, a der Hans …!“ Im Polizeiprotokoll hieß es: *Und so ist es zu überlegen, ob man nicht die ordinären Liedvorträge dieser Frauensperson mit Namen Hornischer ein für alle Mal verbieten und verfolgen sollte. Die Lieder bringen die Leut auf unzüchtige Gedanken.*

Im August 1827 gerieten sich die beiden Volkssängerinnen im Kampf um die Gunst des Publikums und vor allem um die der Männer in die Haare – wortwörtlich. Zuerst griffen sich die beiden beherzt gegenseitig in die Frisur, dann flogen ordinäre Schimpfwörter und zuletzt auch die Fäuste.

Bei der Auseinandersetzung ging es darum, wer den hübscheren Hintern besäße. Die Gäste witterten eine Riesengaudi und hetzten die „Milli“ und die „Fanny“ aufeinander, bis diese das Lokal verließen und den Praterauen zustrebten. Dort entledigten sich die Frauen ihrer

Kleidung und zeigten den ihnen nachgeeilten Gaffern ihre nackten Kehrseiten. Eine rasch zusammengestellte Jury verkündete um des lieben Friedens willen Gleichstand. Im Gästebuch des *Sperl* konnte man allerdings später lesen: *Im Grunde genommen hat die Fiaker-Milli einen recht faltigen Hintern und Hornischer Hängebacken. Also, bei beiden sind die umstrittenen Körperteile keine Offenbarung.*

1873, im Jahr der Wiener Weltausstellung, wurde das *Sperl* geschlossen, anschließend abgerissen und auf dem Grundstück eine Schule erbaut. In einer Tageszeitung hieß es dazu: *Vorbei und zu End. Der höllische Pfuhl sündiger Versuchung hat nicht nur bis zum Himmel, nein, sogar bis in die Wipplingerstraße übel gerochen. Der Herr Bürgermeister hat die Kündigung schon signiert, die den Pächter der Lasterhöhle, den Oberpriester von Sodom und Gomorrha hinausweist. Ein Jahr noch, dann werden keine Pfropfen dort mehr knallen, kein Champagner mehr perlen, keine hochbusigen Sirenen mehr aus abgelebten Augen verführerische Blitze schleudern.*

♥ ♥ ♥

Doch noblere Lasterhöhlen gab es in Wien schon früher: Vor dem 19. Jahrhundert war die *Mehlgrube* für ausgelassene Feierlichkeiten bekannt. Einst dem Adel vorbehalten und prunkvoll eingerichtet, tanzten dort während des barocken Karnevals schon Maria Theresia und Franz I. Stephan. Das Kaiserehepaar nahm neben zahlreichen anderen betuchten Gästen dort nur zu gerne an der „Maschere“ (= Maskerade) teil und vergnügte sich bis früh am Morgen.

Auch die anderen Wiener feierten während der Ballsaison ausgelassen, teilweise so wild, dass immer wieder Rasttage eingeschoben werden mussten. Die Verkleidungen auf den Straßen wurden allerdings bald verboten, da es die Leute *unerkannt zu bunt und ohne jede Scham trieben*. Einige Damen ließen außerdem während der Umzüge zwar nicht ihre Masken, dafür aber ihre Kleider fallen und prostituierten sich – häufig handelte es sich dabei nicht um echte Dirnen, sondern um frustrierte Ehefrauen. Auf den Bällen im Theater, in den Lokalen und Tanzsälen verkleideten sich die Freudenmädchen oft als „biedere Weiblein“, die auf diese Weise harmlos mit Männern kokettierten, bis sie sie um den Finger gewickelt und ihnen das Geld aus der Tasche gezogen hatten.

Aus der *Mehlgrube* wurde im 19. Jahrhundert die *Mehllucken*, und die war längst nicht mehr elitär – ganz im Gegenteil. Zu Beginn des Jahres 1804 wurde in der Stadt über ein Mädchen getratscht, das sich in dem Lokal äußerst vulgär benahm und damit das Publikum erregte – Damen und Herren auf verschiedene Weise, versteht sich. Stefanie Dorninger, so ihr Name, tanzte aufreizend, hob ihre Röcke, quetschte ihren Busen und verhalf sich sogar einmal mitten unter den Leuten selbst zum Höhepunkt. Am 16. Mai hat man das „bewusste Fräulein“ dann wegen „ordinären Gebärdens“ und auf vielfachen Wunsch anwesender weiblicher Gäste direkt in der *Mehllucken* verhaftet. Zuvor hatte sie noch politisiert, wie sie es gerne tat, und Kaiser Franz I. einen Feigling geschimpft.

Die Kommissäre der Wiener Polizei staunten allerdings nicht schlecht, als sie am Folgetag angewiesen wurden, Stefanie Dorninger wieder freizulassen und direkt zum österreichischen Regenten in die Hofburg zu bringen. Und dort erhielt die junge Frau ein unmoralisches Angebot: Sie sollte für den Kaiser im k. u. k. Theater an der Wien als Spionin tätig werden, „staatsfeindliche Elemente“ ausfindig machen bzw. bereits verdächtige Individuen überführen. Im Gegenzug dafür würde man sie wegen ihres Verhaltens nicht einsperren. Die junge Frau nahm den Auftrag an, doch als sie sich in eines dieser „suspekten Subjekte“, den Maler Anton Möllhammer, verliebte, wurde sie als Verräterin verhaftet. Schon bald kam sie wieder frei, war jedoch als polizeibekannte Hure abgestempelt, konnte sich nirgendwo mehr blicken lassen und endete als kranke, billige Fünfkreuzerhure auf der Straße.

Ende der 1850er-Jahre wurde die Klage in Wien laut, dass nicht nur die obskuren Gasthäuser, sondern auch die nobleren Lokalitäten von Dirnen überschwemmt würden und deren Anwesenheit dem anständigen Publikum den Aufenthalt verleiden würde. Hinter diesen Beschwerden standen wohl eher die Damen, weniger die Herren.

♥ ♥ ♥

Nicht mehr ganz so berühmt, aber dennoch berüchtigt waren folgende Etablissements, in denen die Sünde ein und aus ging:

Zu einem der bekanntesten zählte der „Tanz- und Vergnügungsort" *Elysium*, der sich von 1833 bis 1838 im ehemaligen klösterlichen Weinkeller des *Seitzerhofs* in der Seitzergasse 6 (im Durchgang zu den Tuchlauben) befand. Eine besonders erotische Ecke in dem Lokal war das sogenannte „rote Zeltzimmer", in das man sich zu zweit zurückziehen konnte und in dem es nicht selten zu Liebesspielen kam. Als der Seitzerhof demoliert wurde, übersiedelte das *Elysium* in die unterirdischen Räumlichkeiten des St. Anna-Gebäudes in der Johannesgasse 4, wo es 1840 feierlich wiedereröffnet wurde. Es war mit großem Luxus ausgestattet und laut dem Lokalhistoriker und Schriftsteller Wilhelm Kisch ein *Heim der raffinierten Unterhaltungen und des echten Wiener Humors*. Neben diversen künstlerischen Darbietungen und Schaustellungen gab es Eisenbahnfahrten durch das Gewölbe, jeden Abend sechs Musikorchester und verschiedene „Welten" wie „Afrika" mit ägyptischem Zaubergemach, „Asien" mit Palast und Harem sowie „Amerika" mit Urwald, Palmen, Affen und Papageien.

Im Dezember 1864 schloss das *Elysium*, das wegen der verruchten Atmosphäre nur allzu gerne von den Wiener Dirnen aufgesucht und zugleich von zahlungskräftiger Kundschaft frequentiert worden war, endgültig seine Pforten.

Das *Kolosseum*, 1834 in der Jägerstraße 90 eröffnet, wurde vor allem durch einen aufgestellten Riesenelefanten zum Gesprächsthema der Stadt. Der Rüssel bestand aus zwei Springbrunnen, im Inneren fanden in einem Gesellschaftssalon etwa 50 Personen Platz. Darüber hinaus gab es in dem Lokal ein riesiges Fass, in dem sich ein Tanzsaal befand. Noch im Jahr 1840 führte eine Pferdeeisenbahnlinie vom Rotenturmtor entlang des Donaukanals in die Brigittenau zum Etablissement *Kolosseum*, das im Juni 1842 geschlossen wurde. Anschließend entstand an dieser Stelle das *Universum*.

In den Tanzsälen, die im 19. Jahrhundert in Wien wie Pilze aus dem Boden schossen, waren bevorzugt Damen und Herren anzutreffen, die nach einem Abenteuer für die Nacht suchten. Bekannt dafür war unter anderem das *Odeon* in der Leopoldstadt. Es handelte sich dabei um den größten Saal, der je in Wien existiert hat und rund 8000 Personen fasste. Dort traten auch häufig Künstlerinnen auf, die Männer auf den Geschmack bringen sollten, beispielsweise erotische Tänzerinnen. Es fanden aber auch zahlreiche Bälle statt, dirigiert von Johann Strauss (Vater) mit einem bis zu 80-köpfigen Orchester. Jedes Wiener Mädel träumte davon und tat alles, wirklich alles dafür, um im *Odeon* Einlass zu finden.

Das nur zum Teil beleuchtete Kaffeehaus *Zum Engländer*, später umbenannt in *Walhalla*, war ein beliebter Treffpunkt für Damen und Herren aus der Halbwelt. In keinem anderen Etablissement in Wien wurden im 19. Jahrhundert so viele Razzien durchgeführt und so viele Geheimprostituierte und ihre Freier festgenommen wie in diesem. In dem Haus mit der Adresse Währingerstraße 30 traten auch die „Fiaker-Milli" und andere „Sperlfetz'n" (die auch im Café *Sperl* ein Engagement hatten) wie Mizzi Missbach oder „Gräfin Laura" auf.

In der Josefstadt eilte dem Gasthaus *Zum rothen Apfel* in der Auerspergstraße der Ruf voraus, bevorzugter Aufenthaltsort für Personen zu sein, die sich der Sünde hingaben. Es handelte sich um ein Eldorado der Volkssänger und einen Lieblingsort der Wiener Bürger aus den unteren Schichten. An Sonn- und Feiertagen war der Andrang so groß, dass der Wirt die Leute etappenweise „abfertigen" musste. Der Schauspieler und Volkssänger Josef Matras feierte in diesem Lokal große Erfolge. Ab den 1850er-Jahren galt das Gasthaus als Treffpunkt für die Prostituierten der Josefstadt, die in dem Lokal entweder auf Männerfang gingen oder von dort in andere einschlägige Etablissements weiterzogen.

Im 20. Jahrhundert war unter vielen anderen Wirtshäusern mit Gästezimmern besonders verrufen das 1909 in der Linken Bahngasse/Ecke

Ungargasse errichtete Haus *Zur Goldenen Spinne* – heute ein Stundenhotel. Zu Beginn des 19. Jahrhunderts befand sich im Vorgängergebäude die Gaststätte *Zur Goldspinnerin*, in der es stets recht lustig zugegangen sein soll: Häufig befanden sich unter den Gästen verheiratete Männer mit ihren Geliebten, die am Abend ausgelassen feierten, sowie gewisse Damen, die einquartierten Fremden eine Freude bereiten wollten. Einer der Stammgäste des Wirtshauses war Ludwig van Beethoven, der ganz in der Nähe wohnte und wohl häufig auf einen Humpen Bier vorbeikam. Von 1869 bis 1871 wohnte in einem der Zimmer außerdem der Komponist Johannes Brahms. Im Jahr 1909 wurde das Gebäude aufgestockt und ab diesem Zeitpunkt Treffpunkt für käufliche Damen und ihre Freier.

Besonders verrufen waren jedoch die Spelunken in den Wiener Vororten, von welchen es in dem 1899 erschienenen Buch „Die amtlichen Vorschriften, betreffend die Prostitution in Wien", verfasst von Josef Schrank, hieß: *Dorthin strömte das Heer der gemeinen Dienstboten, die meist geheime Prostitution trieben, wie auch liederliche Dirnen, notorische Prostituierte mit oder ohne Begleitung ihrer Strizzis. In diesen Localen ist unter den männlichen Gästen auch die Mannschaft der Wiener Garnison stark vertreten, besonders an jenen Sonntagen, die mit den Löhnungstagen zusammenfallen. Aus diesem Grunde kommt es zu den vielen Militärexcessen und blutigen Conflicten wegen der Mädchen in der Nähe solcher Locale.*

Im Jahr 1884 wanderten viele Dirnen aus der österreichischen Monarchie aus und zogen nach Südamerika, weil windige Geschäftemacher ihnen vorgaukelten, im fernen Ausland ihre Dienstleistung zu weit höheren Preisen anbieten zu können. Sie trugen sich an, ihnen bei der Ausreise zu helfen und versteigerten die Damen dann nach der Ankunft in Buenos Aires zu besten Preisen an ortsansässige Zuhälter. Einen schwunghaften Mädchenhandel unterhielt in jener Zeit auch die Wienerin Katharina Kutina, die das berüchtigte Etablissement *Paulus* führte – die meisten Dirnen wurden dort rekrutiert.

Diejenigen, die den Menschenfängern nicht auf den Leim gingen, trieben sich weiter in den Spelunken herum oder gingen auf die Straße. Josef Schrank schrieb: *In Wien hat sich gezeigt, dass der Strich nicht auszurotten ist, ebenso wenig, wie die Prostitution selbst. Beseitigt die Wiener Polizei an einem Orte den Strich, so tritt er desto ärger an einem anderen Orte wieder auf. Für Wien ist der Markt der weiblichen Reize die Gasse und die Nachtlokale.*

Der Autor irrte – zumindest, was den ersten Teil seiner Prognose betrifft: 1992 wurden die Damen vom horizontalen Gewerbe per Gesetz endgültig vom „Strich" vertrieben und bieten ihre Dienste seither vorwiegend in „Clubs", „Laufhäusern" und „Massagesalons" an.

Wiener Unterwelt- und Rotlichtlegenden

Bei der Rotlichtszene handelt es sich keineswegs um eine eingeschworene Gemeinschaft, vielmehr besteht diese aus mehreren unabhängig voneinander agierenden Gruppierungen. Zumeist gab es außerdem eine Person auf dem „Thron", die den Überblick bewahrte und manchmal auch in Revierkämpfe eingriff.

Zum Milieu gehören in erster Linie Prostituierte, Puffmütter, Zuhälter, „Bereiter" (die unwillige Frauen gefügig machen sollen und vorerst so tun, als würden sie eine Beziehung mit der betreffenden Person anstreben), Kuppler, Mittelsmänner, Schläger usw., die alle einer bestimmten Ebene des hierarchischen Milieuaufbaus zugeordnet sind. Die Fäden ziehen allerdings häufig andere: feine Pinkel im noblen Zwirn, die im Scheinwerferlicht der heilen Welt stehen und die kleinen Unterweltgestalten im Zwielicht wie Marionetten tanzen lassen.

In zweiter Linie sind aber auch diverse Objekte Teil der Rotlichtszene, wie Bordelle, Miethäuser, Kneipen und Bars.

Vor allem in den 1970er- und 1980er-Jahren war in Wien die Gegend rund um den Wiener Prater und Gürtel geprägt von Prostitution und Zuhälterei. Es gab in jener Zeit neben den zahllosen kleinen Lichtern auch einige schillernde Persönlichkeiten – mehr als in der Zeit davor und danach. Bei diesen Unterweltgrößen handelte es sich um männliche wie weibliche Profis im Geschäft mit dem käuflichen Sex, die inzwischen zu Legenden geworden sind.

Madame Ninas pikantes Insiderwissen

Die Wiener Nachtclub-Königin und letzte richtige Puffmutter Europas Nina Janousek betrieb als „Madame Nina" 30 Jahre lang ein Luxusbordell am Bauernmarkt 21, genannt *Ninas Bar*. Geboren in Kroatien, ging sie als junge Frau in die USA und landete schließlich in Wien, wo sie im Spätherbst 1981 ein kleines Restaurant namens *Rosa Elefant* und ein Jahr darauf nebenan ihr sündiges Etablissement eröffnete. Zwischen den beiden Lokalen gab es eine Verbindungstür, die nicht selten von den Herren genutzt wurde, die den Nachtclub unerkannt betreten und verlassen wollten.

Schon bald war Madame Nina aufgrund ihres schrägen Humors und des extravaganten farbenfrohen Bekleidungsstils in der Szene bekannt und wurde von Künstlern sogar zur Kultfigur erhoben. Und obwohl bei ihr vorwiegend die Schönen, Reichen und Mächtigen verkehrten, lautete ihr Credo: „In der Nacht sind alle Menschen gleich – mit heruntergelassener Hose ist der Hinz wie der Kunz zu behandeln, ob reich oder arm, ob eine mächtige Ikone der Geschäftswelt oder eine wirtschaftlich unbedeutende Randfigur!"

Vielleicht war sie sich auch aus diesem Grund selbst nie zu schade, sich für weniger betuchte Kunden in die Küche des *Rosa Elefanten* zu stellen und eine Kleinigkeit zu kochen, wenn die Herren Hunger hatten – dasselbe tat sie auch für Stammgäste, die speziell für ihr Gulasch mit Nockerln schwärmten.

Millionenschwere Unternehmer, Stars und andere Prominente, Spitzenpolitiker und hochrangige Geistliche gingen bei Madame Nina ein und aus; unter den Mädchen befanden sich zahlreiche gebildete junge Frauen vor ihrer Karriere zum Beispiel als Richterin, Ärztin oder Fernsehmoderatorin sowie eine ehemalige Miss Vienna, die meinte, der Titel würde einem auch nicht die Miete bezahlen.

2016 musste der Nachtclub im Herzen der Donaumetropole wegen Querelen mit dem Hausbesitzer seine Pforten schließen, drei Jahre später verstarb die Rotlichtlegende nach langer schwerer Krankheit im Alter von 70 Jahren. Kurz nachdem ihre Bar dichtgemacht wurde, plauderte Nina Janousek für die Aufzeichnung ihrer Memoiren („Madame Nina weiß alles“) ein erstes und letztes Mal aus dem Nähkästchen.

Ein sehr nettes Gespräch führte die Barbesitzerin etwa mit dem berühmt-berüchtigten US-Schauspieler Charlie Sheen, der im *Hotel Sacher* residierte. Der Hollywoodstar erwies sich im Laufe des Abends als angenehmer Gast, bestellte einige Flaschen Champagner und zog sich dann mit der kurvigen Blondine Manuela ins Separee *Schwalbennest* zurück. Nachdem Sheen die Bar verlassen hatte, erzählte die junge Frau, dass er sehr nett, höflich und einfühlsam gewesen wäre. Am Abend darauf und noch an vielen weiteren während seines Aufenthalts in Wien kam der Schauspieler wieder – mit dem gesamten männlichen Filmteam im Schlepptau. Seine Rechnung, die zwischen 50 000 und 100 000 Schilling hoch war, bezahlte er stets mit Kreditkarte. Bei den Frauen, so erzählte er redselig, ging es ihm nie um die Haarfarbe oder die Größe der Brüste, sondern stets um das gewisse Etwas. Er war ein sehr beliebter Gast in *Ninas Bar*, in der er sich wie der vollendete Gentleman benahm, lustige Geschichten erzählte und nette Gespräche mit den Mädchen führte. Als die Filmcrew abreiste, blieb ein Hauch Wehmut zurück – und Charlie Sheens Calvin-Klein-Unterhose, die er in einem Separee vergessen und die Manuela an sich genommen hatte.

Bei einem weiteren bekannten Gast handelte es sich um den Wiener Kultsänger Hans Hölzel, besser bekannt als Falco. Auf diesen Künstler traf laut Madame Nina einer ihrer beliebten Sprüche zu, die sie großzügig unter den Menschen verteilte: „Männer sind naiv, dafür sind sie ehrlicher als Frauen, und jene, die es am wildesten treiben, sterben früh, als hätten sie es die ganze Zeit gewusst.“ Umgeben von seinem Gefolge hat der Kultsänger mehrmals pro Monat blass und oft betrunken in *Ninas Bar* an der Theke gelehnt. Sein Auftreten war blasiert und selbstherrlich, so erinnert sich die Rotlichtlegende in ihren Memoiren an

Falco. Er trank Jack Daniels, spendierte den Mädchen Champagner und bevorzugte für den Sex schlanke, hellhäutige und unschuldig wirkende Gespielinnen. Einmal erhielt er Lokalverbot von der Wirtin, weil er auf die Bühne des Nachtclubs gepinkelt hatte.

Eines Abends kam ein gut aussehender, charmanter Mann, der in einem Hugo-Boss-Anzug steckte und recht weltgewandt wirkte, in die Bar. Er wollte eine der Damen mit nach Hause nehmen, doch Madame Nina lehnte ab. Später stellte sich heraus, dass es sich um Jack Unterweger gehandelt hatte, der nur wenig später wegen zahlreicher Morde an Prostituierten im Gefängnis landete.

Regelmäßig als Kunde in das Etablissement kam ein Kardinal, der stets einen seidig schimmernden Anzug und eine dunkle Sonnenbrille trug. Er gab nur wenig Geld aus, zog sich mit einem der Mädchen in das billigste Zimmer zurück, in dem er nach dem Sex allein zurückblieb und noch ein Weilchen betete.

Und dann war da noch der Bischof, der am ganzen Körper mit kleinen Warzen übersät war und von seinen Sexpartnerinnen in der Bar „Warzen-Gustav" genannt wurde. Wenn er in das Lokal kam, aß er zuerst zahlreiche Mozartkugeln, die sich in einer Schale auf der Theke zur freien Entnahme befanden, und trank zehn Wodka-Orange, ehe er sich ein Mädchen aussuchte. Er bevorzugte „gebrauchte Damen", also solche, die sich kurz zuvor mit einem anderen Gast vergnügt hatten.

In den Memoiren von Nina Janousek finden sich auch Aufzeichnungen über die Eigenheiten und Vorlieben bestimmter Männer, beispielsweise über die erotischen Gelüste eines österreichischen Bundespräsidenten. Aber auch über diverse Kuriositäten ist zu lesen, etwa die über den ältesten Gast im Nachtclub am Bauernmarkt: den 93-jährigen Römer, genannt „Dottore Gino", der sich stets mit drei Mädchen und mehr zurückzog und bei dem sich Madame Nina stets sorgte, dass er in ihrem Etablissement an Herzversagen sterben könnte.

Die Rotlichtlegende verriet auch einige ihrer Tricks, um die Herren anzulocken, die sich besonders wohlfühlen, stets an die Bar erinnern und wiederkommen sollten. Einer davon bestand darin, das Aroma in den Räumen zu perfektionieren: Es handelte sich um ein Duftgemisch aus weißen Lilien und den Parfums der Mädchen, das sich bei geöffneter Tür über den gesamten Bauernmarkt zog.

Die „Wilde Wanda" - eine Zuhälterin mit fliegenden Fäusten

Wanda Gertrude Kuchwalek wurde im Jänner 1947 als Tochter einer Zirkus-Schlangentänzerin geboren. Ihren Vater, einen russischen Besatzungssoldaten, lernte sie nie kennen. Bis zu ihrem sechsten Lebensjahr war das Mädchen mit dem fahrenden Volk unterwegs, danach landete es in einem Erziehungsheim in Wiener Neustadt. Dort entdeckte Wanda ihre Vorliebe für das weibliche Geschlecht und begann ihre Homosexualität mit einer rothaarigen Prostituierten namens „Winnetou" auszuleben.

Ende der 1960er-Jahre kam die junge Frau zum ersten Mal mit dem Rotlichtmilieu in Berührung, wo sie sich ihren Unterhalt als Prostituierte verdiente. Später baute sie rund um den Wiener Prater ein „Unternehmen" mit jungen, vorwiegend bisexuellen Frauen auf, die käufliche Liebe anboten und für sie anschaffen gingen. Wanda musste rasch lernen, sich in der männerdominierten Szene der Wiener Unterwelt zu behaupten, was ihr dank ihres Temperaments auch problemlos gelang – sie scheute weder verbale Auseinandersetzungen noch körperliche, konnte einstecken und austeilen gleichermaßen.

Ihre Gewalttätigkeit richtete sich nicht selten auch gegen ihre Mädchen, von denen sie „Ethos" und „Rückgrat" forderte. Einem von ihnen zerschnitt sie beispielsweise das Gesicht, nachdem es nach verrichteter Arbeit nicht genügend Geld bei seiner Chefin hatte abliefern wollen.

Die Fähigkeit, als Frau im Rotlicht-Business zu bestehen und sich gegen die Wiener Strizzis durchzusetzen, trug ihr den Spitznamen „Wilde Wanda" ein. Sie gilt bis heute einerseits als einzige erwähnenswerte Zuhälterin des Landes und wegen ihres Wild-West-Styles in Kombination mit dem maskulinen Auftreten außerdem als Österreichs „Calamity-Jane". Sie galt als herbe Schönheit, die Männer wie Frauen mit kessen Sprüchen, erotischen Gesten und arroganten Blicken verrückt machen konnte.

Mit einigen ihrer Mädchen unterhielt Wanda auch ein intimes Verhältnis, was häufig zu Revierkämpfen und Eifersuchtsdramen führte.

Ihren Spitznamen verdankte die Zuhälterin auch der Tatsache, dass sie unter Einfluss von Alkohol und Tabletten ihr Temperament nicht im Griff hatte, was ihr mehrere Gefängnisaufenthalte von insgesamt 20 Jahren eintrug. Vor allem bei Provokationen von Vertretern des „starken Geschlechts" sowie im Liebesrausch vergaß sie alle guten Vorsätze und ließ ihre Fäuste fliegen.

Die „Wilde Wanda" lebte nach ihren eigenen Regeln, stellte sich gegen soziale Ächtung und sah zwanghafte Normen als Anlass, um aus ihnen auszubrechen. Kein Wunder also, dass die schrägsten Gerüchte über die Zuhälterin kursierten, etwa dass sie in einer Nachtbar einem Mann mit dem Revolver die Uhr vom Handgelenk schoss, einem Richter beim Prozess die Zunge herausstreckte oder während einer Verhandlung sagte: „Wenn mi wer sekkiert, könnt i eahm mit lachendem Gesicht umbringen."

Im Jahr 1972, einmal mehr im Gefängnis, gelang es der Zuhälterin, zwei Justizwachbeamtinnen zum Liebesspiel zu verführen, damit sie besseres Essen als die anderen erhielt – was ihr auch gelang. Außerdem auf ihr Konto ging die von ihr angeordnete Zerstörung des *Frauencafés* in Wien durch drei Komplizen im Dezember 1981 wegen eines Streits mit weiblichen Gästen einige Tage zuvor.

Die Geschäfte liefen lange Zeit gut für die „Wilde Wanda", wurden aber von Selbstmorden zweier ihrer Mädchen überschattet. Die Vorfälle führten dazu, dass sich die früher so toughe Rotlichtgröße mehr und mehr aus der Öffentlichkeit zurückzog und zu einer gebrochenen Einzelgängerin wurde. Ihren Kummer ertränkte Gertrude Kuchwalek, die mit einer geringen Pension von umgerechnet 327 Euro auskommen musste, einmal mehr im Alkohol. Als Essen gönnte sie sich zwei Wurstsemmeln am Tag, hin und wieder brachte ihr die einzige verbliebene Freundin ein Schnitzel mit Kartoffelsalat in ihrer winzigen Wohnung vorbei, wo sie ihre Zeit damit verbrachte, vergilbte Polaroids anzuschauen und in Erinnerungen zu schwelgen.

Laut einem Interview im *WIENER* 1996 klang ihre Stimme nach Marlboro und Bacardi-Cola, als sie mit dem Journalisten über ihr Leben sprach und beklagte, dass die Presse immer nur die Unterweltgröße in ihr sah, aber nie die Frau mit Träumen, Wünschen und Sehnsüchten. Mit nur 57 Jahren starb die „Wilde Wanda" im September 2004 und wurde am Zentralfriedhof in Wien Stammersdorf begraben.

Der „Rote Heinzi" und Seinesgleichen

Neben Franz Altmann (der „Oide"), Waldemar Gemayer („Waldi") und Freddy Rabak, der ebenfalls in einem Buch aus seinem Leben erzählte („Strizzi-Anekdoten: Es war einmal in Wien und anderswo") dominierte zur selben Zeit wie Wanda Gertrud Kuchwalek auch Heinz Bachheimer, wegen seiner roten Haare der „Rote Heinzi" genannt, die Wiener Rotlichtszene.

Darüber hinaus gab es noch Josef Angerler (der „Gschwinde") und Josef Krista („Notwehr-Krista"), deren vielversprechende Karrieren nach einer Schießerei im Wiener *Café Kolonitz* in der Bechardgasse im Mai 1968 schlagartig beendet wurden. Angerler erhielt wegen Mordversuchs vier Jahre Haft, Krista wegen Mordes zehn Jahre und beging nur wenige Stunden nach der Urteilsverkündung Selbstmord. Der „Gschwinde" starb ein paar Monate später in der Zelle an einem Herzinfarkt.

Die Zuhälter waren dafür bekannt, alles andere als zimperlich zu sein und auch ihre „Pferdchen im Stall" zu Höchstleistungen zu prügeln. Tagsüber hielten sie sich bevorzugt im *Café Elvira* in Wien Donaustadt, im *Café Föderl* in Hernals oder in Lokalen der Praterstraße wie *Dogenhof* oder *Tosca* auf und führten von dort aus die Geschäfte, abends kontrollierten sie in ihren Bordellen die Kundenfrequenz und kassierten die Einnahmen. Es kam dabei immer wieder zu handgreiflichen Zusammenstößen mit unzufriedenen Freiern und der Polizei, weshalb die Männer viel Zeit hinter Gittern saßen. Die „Galeristen", wie die Wiener Zuhälter in jener Zeit genannt wurden, befanden sich in permanentem Konkurrenzkampf, der häufig auch mit Mord- und Totschlag endete. Da sich die Männer, die sich zuvor eine wichtige Position im Milieu erkämpft hatten, untereinander keine Vormachtstellung gönnten, saß Anfang der 1970er-Jahre in Wien niemand auf dem Thron des Gürtelkönigs.

Heinz Bachheimer übernahm schließlich das Zepter und schaffte es, die Nachrücker aller Gruppierungen, auch „Kronprinzen" genannt, zu vereinen und die Prater- mit der Gürtelpartie ökonomisch zusammenzulegen. Neben Zuhälterei und Bordellbetrieb kontrollierte der „Doyen der Wiener Unterwelt" auch das legendäre und illegale Stoß-Kartenspiel, das die Existenz so manchen Glücksritters in Wien vernichtet hat.

Ende der 1970er-Jahre saß der „Rote Heinzi" wegen gewalttätiger Erpressung, Hehlerei und Urkundenfälschung zweieinhalb Jahre hinter Gittern – bei seiner Verhaftung hatte er eine goldene Pistole bei sich getragen, weshalb auch noch „Vergehen nach dem Waffengesetz" zur Anklageschrift hinzugefügt wurde. Vor Gericht bezeichnete er sich auf die Frage nach seinen kriminellen Machenschaften als „Kaufmann, Kunstinteressierten, mäßigen Gewalttäter und Spieler".

Im Jahr 1989 standen an seinem Geburtstag im Lusthaus, bei dem Adel, Ministersöhne, Journalisten, Anwälte und deutsche Rotlichtgrößen zu Gast waren und Falco ein Ständchen singen sollte, wieder einmal Justizbeamte vor der Tür und führten eine Razzia durch. Gefunden hat man nichts und die Gesellschaft durfte weiterfeiern.

Dass dem „Gürtelkönig" in Wien Respekt gezollt wurde, beweist unter anderem die Tatsache, dass er im Polizeifunk einen Spitznamen erhielt, wie sonst nur hohe Wiener Würdenträger – der von Heinz Bachheimer lautete „Indianer" (damals durfte man das noch sagen).

Um die Jahrtausendwende wurde es dann ruhiger um die Rotlichtlegende – der „rote Heinzi" zog sich langsam zurück, betrieb aber bis zuletzt noch das Bordell *Queens Club* am Hernalser Gürtel. Im Jahr 2015 nahm sich der an Darmkrebs Erkrankte im Alter von 76 Jahren das Leben. Auf der Facebook-Seite eines Rotlicht-Insiders posteten zahlreiche einstige Weggefährten Bachheimers Trauerbekundungen. So schrieb etwa Willy Turecek, ehemaliger Wirtschaftskammer-Obmann der Wiener Gastronomie: *Es wurde so viel über ihn gesprochen und geschrieben. Ich habe einen väterlichen Freund verloren. Auch wenn manche die Nase verdrehen. Heinz, ich umarme Dich.* Von seinen Freunden stammten Einträge wie: *Er war einer der wenigen mit Handschlagqualität*, oder: *Das Ende des Stoßspiels.*

Zu den schillerndsten Wiener Rotlicht-Gestalten der jüngeren Vergangenheit zählt neben dem Nachtclubkönig Heinz Werner Schimanko, der allerdings bereits im Jahr 2005 verstorben ist, der Halbweltgauner Richard Steiner.

Aufgewachsen in Kroatien, erlitt er als Kind im Alter von drei Jahren bei einem Fahrradunfall eine schwere Kopfverletzung mit Schädigung des präfrontalen Cortex, weshalb er keine Angst mehr empfand. Nach Kampfeinsätzen bei der Fremdenlegion und im Kroatien-Krieg konvertierte er in einem brasilianischen Gefängnis zum Buddhisten und wurde Veganer. Anschließend kam er nach Wien und stieg ins Rotlichtmilieu ein, wo zu dieser Zeit der 50-jährige Harald Hauke das Sagen hatte. Die beiden Männer galten als die großen Gegenspieler der Unterwelt, bis Hauke wegen Vergewaltigung verurteilt wurde, woraufhin Steiner im Herbst 1996 im Alter von 26 Jahren das Kommando übernahm. Er beteiligte sich finanziell an zahlreichen Lokalen der Szene und scharte eine Truppe von Boxern und Ringern um sich, die sein Herrschaftsgebiet vor dem Eindringen ausländischer Banden schützen sollten.

Steiners Mannschaft nannte sich „Freies Wien", von den Medien auch als „Nokia-Club" bezeichnet. Die Justiz warf dem Unterweltboss unter anderem Schutzgelderpressung vor, konnte ihn jedoch nie dingfest machen. 1999 überlebte er einen Wirbelsäulen-Durchschuss, laut Angabe der Ärzte als erster Mensch der Medizingeschichte ohne gesundheitliche Folgeschäden.

Von Mai bis Oktober 2013 fand in Wien der sogenannte „Mafiaprozess" gegen Steiner statt, in dem hundert Belastungszeugen aussagten – bis auf Steuerhinterziehung und Sachbeschädigung wurde Richard Steiner in allen Anklagepunkten freigesprochen und auf freien Fuß gesetzt.

In einem Interview sagte der Kroate, der von sich behauptet, er hätte die Rotlichtszene revolutioniert: „Ich habe mich darum bemüht, die Straße von Drogen und der sinnlosen Gewalt zu befreien, man hat sich zu jeder Zeit sicher bewegen können. Wir waren sehr präsent, und bei Problemen jeglicher Art schneller als die Polizei. Doch dann wurde die ganze kontrollierte Szene zerstört. Es ist wieder die Gewalt im Vormarsch, es wird wieder gemordet. Nur die Berichterstattung darüber fehlt. So weiß das Volk leider nie, wie gefährlich es wirklich ist, es sei denn, man ist selbst betroffen und zur falschen Zeit am falschen Ort."

Steiner lebt heute als Geschäftsmann und vertreibt den ersten Bio-Wodka weltweit. Am 30. Oktober 2014 präsentierte er gemeinsam mit seinem Co-Autor Peter Pokorny seine Biografie „Richard Steiner – Ein Mann der Ehre: vom Rotlichtkönig zum Buddhisten".

Wenn die Sünde zum Tod führt

Noch im 18. Jahrhundert wurden nicht nur Vergewaltigung, Inzest, Sodomie und Pädophilie mit dem Tod bestraft, sondern man hat auch Sünder, die Lustverbrechen wie Onanie oder homosexuellen Geschlechtsverkehr begingen, hingerichtet.

In der *Constitutio Criminalis Theresiana*, ein von Maria Theresia 1768 erlassenes Strafgesetzbuch, hieß es: *Das abscheulichste Laster der Unkeuschheit wider die Natur, oder sodomitische Sünd wird verübet erstlich: wenn von einem Menschen mit einem Viehe, oder todten Körpern; andertens: wenn zwischen Personen einerley Geschlechts, als Mann mit Mann, Weib mit Weib, oder auch Weib mit Mann wider die Ordnung der Natur Unzucht getrieben wird; wozu drittens: gewissermassen auch die von Jemanden allein begehend widernatürliche Unkeuschheiten zu rechnen sind.*

Die Herrscherin differenzierte drei Stufen der Bestrafung: Sexualität mit Tieren sollte mit dem Feuer, jegliche Art von „unnatürlicher" gleichgeschlechtlicher Sexualität mit Enthauptung und dem anschließenden Verbrennen der Körper und die verbleibenden „Unkeuschheiten wider die Natur" nach Ermessen geahndet werden.

Reumütige Sünder erfuhren die Gnade der milderen Inquisition, sie wurden vor der Hinrichtung auf dem Scheiterhaufen vom Scharfrichter mit dem Strang erdrosselt, ehe sie im „Fegefeuer" brannten.

Es gab jedoch nicht nur den Tod per Gesetz; es wurden in Wien auch immer schon zahlreiche Verbrechen im Zusammenhang mit Sexualität begangen, die ein Täter entweder krankhaft ausgelebt hatte oder erzwingen wollte.

Besonders haarsträubend ist die Geschichte der lesbischen Serienmörderin Erzsébet Báthory, die auch in Wien ihr Unwesen trieb und Hunderte junge Mädchen aus Lust ermordet hat.

Doch es wüteten auch noch weitere grausame Bestien in der Donaumetropole und zogen dabei eine lange Blutspur hinter sich her.

Ein mordlustiger Voyeur

Zeitig in der Früh an einem Junitag des Jahres 1827 wurde ein ermordetes Liebespaar in den Praterauen unter einem Baum aufgefunden: Ein entblättertes zartes Mädchen, die offenen blauen Augen in den nebelverhangenen Morgenhimmel gerichtet, die kleinen weißen Hände um die Hüften eines nackten jungen Mannes geschlungen, beide mit tiefen Stichwunden im Rücken. Für den Leichenbeschauer war der Fall sofort klar, bei dem Täter konnte es sich nur um einen der vielen „Rendezvousgucker" handeln, die im Sommer zuhauf in den Wiener Wäldern und größeren Parks unterwegs, meist aber harmlos waren. Doch diesen Voyeur hatte offenbar nach dem Drang, seine Triebe beim Beobachten des Geschlechtsverkehrs zweier Menschen zu befriedigen, die Mordlust gepackt.

„Die Sekretspuren an den Leichen deuten darauf hin", stellte der Gerichtsarzt später fest, „dass der Unhold das Ende des Akts abgewartet hat, ehe er zuschlug. Es ging ihm also nicht nur ums Zuschauen beim Treiben, sondern um das Miterleben des Höhepunkts der Vereinigung."

Bei den Opfern handelte es sich um die 21-jährige Maria Leidolt und den 29-jährigen Tischlergesellen Peperl Zoderer, beide in der Leopoldstadt wohnhaft. Bei der Befragung einer Bekannten der jungen Leute kam heraus, dass die beiden sich häufig in den Auen vergnügten, weil sie sonst keinen Platz fanden, um sich zu lieben.

In jener Zeit konnte man dort häufig Paare beim Sex beobachten. Ein Patrouillenbeamter notierte im Jahr 1827 in seinem Dienstbuch: *Wenn man an einem Samstagabend durch die Praterauen schlendert, um nach dem Rechten zu sehen, da fühlt man sich wie in einem Gruselkabinett. Man sieht niemanden, aber aus den Büschen klingt Stöhnen und Keuchen, ein Rascheln und Schmatzen. Ich möchte nicht wissen, wie viele Kinder in einer solchen Nacht unter freiem Himmel gezeugt werden.*

Es war ein offenes Geheimnis unter den Männern: Wer ein Mädchen hat, ob es sich dabei um die Verlobte, eine heimliche Affäre oder einen Seitensprung handelt, der geht in den Prater. Zuerst das Vergnügen bei den Schaubuden, Ringelspielen und Kaffeezelten, anschließend in den

Wald. In den zahlreichen Beiseln, allen voran im Gasthaus *Zu den drei Lilien*, spielte zudem die Prostitution von jeher eine große Rolle.

Nur wenige Tage nach dem grausamen Verbrechen an Maria Leidolt und Peperl Zoderer wurde das nächste ermordete Liebespaar in den Praterauen gefunden: die 18-jährige Lehrerstochter Dorothea Wenninger aus Mariahilf und der 26-jährige Postbote Karl Storzmüller aus der Innenstadt. Beide hatten in einem Praterlokal ein wenig zu viel getrunken und sich zu später Stunde ins Grün der Auen zurückgezogen. Kurz darauf war ihr Leben durch ein paar gezielte Messerstiche beendet worden. Die erkalteten Leichen fand man erst am folgenden Morgen.

In der Zwischenzeit hatten Spurensicherer am ersten Tatort hinter einem Baum mit abgebrochenen Ästen, einem idealen Standort für die Liebesspionage, einen dicken türkisfarbenen Faden gefunden. Recherchen ergaben, dass dieser von einem türkischen Schuh, wie man sie im Orient trug, stammen musste.

Und dann kam der Polizei Kommissar Zufall zu Hilfe. Zwei Kriminalbeamte, die den gesamten zweiten Bezirk nach Hinweisen auf die betreffenden Schuhe durchkämmten, stießen in der Auslage eines Geschäfts auf ein exakt solches Paar. Sie erfuhren von der Frau des Händlers, dass ihr Gatte diese Fußbekleidung selbst angefertigt hatte, diese sich aber nicht gut verkaufte, sodass er sie selbst hin und wieder trug.

Es handelte sich dabei um Michael Prachtl, der die Tat nach stundenlangem Verhör gestand. Er gab an, von Jugend an unglücklich gewesen zu sein mit dem Gedanken, eine Beziehung einzugehen, eine Frau zu küssen oder gar mit ihr zu schlafen. Anfangs vermochte er, seinen Unwillen und sogar Ekel vor seiner Gattin zu verheimlichen, später bat er sie darum, sich einen Geliebten zu nehmen und ihn zusehen zu lassen. Als die Ehefrau empört ablehnte und weiterhin die ehelichen Pflichten von ihm einforderte, suchte er sich ein Ventil, um Frust abzubauen. Anfangs sah er den Pärchen in den Praterauen nur zu und befriedigte sich dabei selbst. Er sagte: „Zuerst reichte es mir, zu beobachten, wie sie sich liebten, dann aber war ich es ihnen neidig." Und die Unzufriedenheit mit seiner eigenen Unzulänglichkeit und der Hass auf andere Menschen, die offenbar Freude am Sex hatten, steigerte sich zur Mordlust.

Michael Prachtl hätte weitergemordet, das gab er offen zu, wenn man ihn nicht gestoppt hätte.

Sex-Skandal um „Komtesse Mizzi“

An einem lauen Frühlingstag im Mai 1908 zog ein Fischer die schlammbedeckte Leiche einer jungen Frau aus dem Wiener Donaukanal. Es handelte sich um die auffällig schöne 18-jährige Marie Veith, die in der Wiener High Society als „Komtesse Mizzi“ bekannt war und Männern aus höchsten Kreisen gegen Bezahlung „sexuelle Gefälligkeiten“ erwiesen hatte. Schon bald gab die Polizei bekannt, dass es sich bei dem Todesfall um Selbstmord handelte. Ein halbes Jahr zuvor war Marie wegen heimlicher Prostitution anonym angezeigt worden, Marcell und Anna Veith wegen Kuppelei. Die junge Frau hatte damals kurz darauf die Wohnung der Familie verlassen, ohne noch einmal zurückzukehren. Nach dem Suizid der jungen Frau wurden ihre Eltern aufgrund des vorgeworfenen Deliktes verhaftet.

Wochen und Monate nach Maries Tod griff die Justiz das Thema wieder auf, die ermittelnden Beamten befragten Hausmeister, Hoteldiener, Dienstmädchen, Bardamen, Kellner und Kutscher. Es wurde jedoch kein einziger „vornehmer Kavalier“ als Zeuge vernommen, die Polizei ging keiner Spur nach, die sie in eine der oberen Gesellschaftsschichten geführt hätte.

Im Zentrum der späteren Anklage vor Gericht stand einzig der Vater der jungen Frau, Marcell Veith, der sich selbst „Graf“ nannte – ein Titel, den er völlig zu Unrecht führte. Dem erwerbslosen ehemaligen Kavallerie-Offizier wurde im Prozess vorgeworfen, Marie über viele Jahre hinweg vermögenden Männern zugeführt zu haben, um davon den eigenen Lebensunterhalt und den seiner Frau zu bestreiten. Ihn belasteten nicht nur die Zeugenaussagen schwer, sondern auch die Kassenbücher über die diesbezüglichen Einnahmen, die er geführt hatte.

„Er begleitete seine Tochter Abend für Abend in die gewissen Lokale, wo sie mit ihren zuvor dorthin bestellten Kunden zusammentraf und anschließend in ein Hotel ging", sagte eine Nachbarin der Familie im Prozess aus.

Eine stadtbekannte Prostituierte gab vor dem Richter an: „Manchmal überließ ich ihr auch meinen Diwan für eine Stunde und kassierte dafür Geld vom Grafen. Er wartete dann mit mir in der Küche, bis es die Marie in der Stube mit ihrem Freier fertig getrieben hatte, danach schleppte er sie oft noch in den Prater, wo sie auf Männerfang gehen musste. Das Honorar hat er dem Mädchen jeden Abend abgeknöpft und ihr selbst nur das Nötigste gegönnt, während er und seine Frau sich auf Kosten ihres Kindes ein schönes Leben machten."

Besonders in Rage versetzt wurden die Wiener von einer Vertuschungsaktion, die aufgrund einer Indiskretion durchsickerte: Als es um die nachmittäglichen Besuche junger Herren in der Wohnung der Veiths ging, allesamt Schüler des Theresianums, wurde die Anklage gegen Anna Veith wegen Kuppelei einfach fallen gelassen. Man befürchtete, dass eine Aussage von Maries Mutter peinlich für die vornehmen Zöglinge der Eliteschule werden könnte. Der Staatsanwalt plädierte für eine sofortige Freilassung der Frau, da diese häuslichen „Rendezvous" doch harmlos gewesen wären, der das Gericht ohne Umschweife zustimmte.

Marcell Veith behauptete, der Vorwurf gegen ihn wäre völlig haltlos, er hätte lediglich nach einem Ehemann für seine Tochter gesucht und gedacht, sie wäre mit den Herren während der Treffen nur ins Gespräch gekommen. Man schenkte dem „Kuppelgrafen" keinen Glauben und verurteilte ihn zu einem Jahr Kerkerhaft.

Als Rache für die mangelnde Unterstützung durch die „ehrenwerten Gentlemen" beim Prozess veröffentlichte Veith nach seinem Gefängnisaufenthalt deren Namen in der Klatschpresse. Da sich unter den Kunden der „Komtesse Mizzi" auch Grafen, Barone, Fürsten und Prinzen befanden, kam es nach Erscheinen der Zeitungsausgabe zu einem gewaltigen Skandal – nicht nur in Wien, sondern weit über die Metropole der K.-u.-k.-Monarchie hinaus.

Besonders pikant: Auch zwei hohe Polizeibeamte wurden von Marcell und Anna Veith beschuldigt, mit ihrer Tochter gegen Bezahlung intim gewesen zu sein, bestätigt durch die Einträge in den Kassabüchern und tagebuchartigen Aufzeichnungen des Mädchens, in denen die Namen aufschienen. Zwei davon, der Chef des Wiener Sicherheitsbüros, Regierungsrat Moriz Stukart, und der Vorstand des Sittenamts, Oberkommissar Dr. Anton Baumgarten, strengten daraufhin empört eine Ehrenbeleidigungsklage an und ließen ihren schwer angegriffenen Ruf gerichtlich wiederherstellen – was problemlos gelang im Beamtenstaat Österreich-Ungarn.

Generell, so hieß es in den kritischen Medien sowie im einfachen Volk, hätte sich die Justiz gegenüber Honoratioren und Amtsträgern „äußerst zuvorkommend" verhalten. So sollten die „Kavaliere" der Marie Veith um jeden Preis aus dem Prozess herausgehalten und ihnen ein Skandal erspart werden. Dementsprechend fanden die Verhandlungen unter Ausschluss der Öffentlichkeit statt, bei denen darüber hinaus die Namen der Freier nicht genannt werden durften – zum Schutz der „Opfer" eines Kupplerehepaars.

Zerstückelung einer hässlichen Schleicherin

Im August 1910 fand ein unterstandsloser Hilfsarbeiter im Prater eine verstümmelte Frauenleiche, die er beim Ausruhen auf einer Wiese nahe dem Sportplatz in einem Gebüsch entdeckte. Die Tote wies insgesamt über 40 Stiche in Brust und Rücken auf, die Halsschlagader war durchtrennt, der Unterleib aufgeschlitzt, Brüste und Nase abgeschnitten worden. Bei dem Opfer handelte es sich um die 20-jährige Josephine Beer, die laut Aussagen einiger Leute einen unsittlichen Lebenswandel geführt hatte. Identifiziert worden war die ermordete Frau von ihrer Mitbewohnerin. Die Spuren, etwa ein Zollstock in der Blutlache unter der Leiche, führten zu den am Werkplatz der Donauregulierungskommission beschäftigten Zimmerleuten. Beim Herumfragen erinnerte sich einer der Männer, dass Christian Voigt aus Bayern in seiner Heimat bereits wegen eines Lustmords vor Gericht gestanden hatte. Der Mann konnte rasch überführt werden, und zwar durch eine Fehlstellung seiner Finger, deren blutige Abdrücke auf Josephines Schürze gefunden worden waren. Bald gestand Voigt die Tat, stellte sie aber als Totschlag dar. Er gab an, sich vor dem Mädchen geekelt zu haben, das ihm in eindeutiger Absicht zu nahe gekommen war. Er empfand Abscheu vor Frauen, die sich bei Männern anbiederten, und hätte die Tat im Zorn über ihre Aufdringlichkeit verübt. Rasch stellte sich heraus, dass es sich bei dem Zimmermann tatsächlich um kein unbeschriebenes Blatt handelte.

Rückblick: 1897 fügte Voigt in München seinem Arbeitskollegen schwere Stichwunden zu und durchschnitt ihm in einem wahren Blutrausch mehrere Arterien und Venen. In Thüringen entkam die 22-jährige Margarethe Schilling im März 1902 nur knapp einer Tötung durch den Handwerker, der ihr Erde in den Mund stopfte, um sie zum Schweigen zu bringen, aber von herannahenden Leuten davon abgehalten wurde. Im September desselben Jahres verübte er einen Lustmord an der 17-jährigen Ella Brotowsky, indem er ihr mehrmals die Halsschlagader durchtrennte. Der Gewaltverbrecher landete immer wieder in einer psychiatrischen Anstalt, entwich mehrere Male, wurde stets wieder aufgegriffen und zurückgebracht und zuletzt im Oktober 1906 als gesund entlassen.

Nach dem grausamen Mord an Josephine Beer in Wien ließ man ein Gutachten anfertigen, um in Erfahrung zu bringen, ob man es mit einem geisteskranken oder zurechnungsfähigen Täter zu tun hatte – laut Fachleuten war Letzteres der Fall, sodass Voigt als voll verantwortlich vor Gericht gestellt wurde.

Im Prozess kamen durch die Aussage des Angeklagten die Einzelheiten der Tat ans Tageslicht: „Am betreffenden Abend wanderte ich von Gasthaus zu Gasthaus, als ich bei der Schlachthausbrücke die Umrisse einer Person sah, die ich zuerst für einen als Frau verkleideten Mann hielt. Doch als sie mich ansprach, wurde mir klar, dass es sich um die Karikatur eines Weibs handelte, das wegen Obdachlosigkeit mit zu mir nach Hause kommen wollte. Die hässliche Schleicherin versprach mir dafür eine Gefälligkeit, die mich glücklich machen würde. Ich wollte das Weib loswerden, mir hat vor ihr gegraust, doch sie kam mir immer wieder nach und ließ mich nicht in Ruhe, presste sich sogar schamlos an mich. Da spürte ich in ihrer Tasche ein Messer, das zog ich hervor und stach damit zu."

Später stellte sich heraus, dass Voigt die junge Frau, die ihm tatsächlich schöne Augen gemacht und vermutlich auch Geld für gewisse Dienste verlangt hatte, ohne zu bezahlen vergewaltigen wollte. Da Josephine Beer nachts nie ohne Messer aus dem Haus gegangen war, um sich gegen Triebtäter und Raubmörder zur Wehr setzen zu können, stammte die Mordwaffe aus ihrem Besitz.

Der Angeklagte verblüffte im Prozess durch „eine intelligente Art zu reden mit schauspielerischer Note". Er gab an, dass er der Polizei „den Erfolg, ihn geschnappt zu haben, gönnte" und dass er lieber ins Gefängnis, als neuerlich in eine „Irrenanstalt" wollte. Seinem Wunsch hat man letztendlich entsprochen: Zuerst zum Tode durch den Strang verurteilt, wurde seine Strafe im Oktober 1911 in lebenslange Kerkerhaft umgewandelt.

Das Opfer des hemmungslosen Unholds

An einem kühlen Abend im März 1929 wollte die 18-jährige Gemma Matyas, wohnhaft in der Quellenstraße 41, gemeinsam mit ihrer Freundin Steffi eine Vorstellung im Gartenbau-Kino am Parkring besuchen. Das junge Mädchen hatte den Beruf der Maniküre erlernt und war wegen der Ausbildung erst im Oktober des Vorjahrs mit ihrer Mutter aus Hartberg in der Steiermark nach Wien gezogen. Sie suchte zu der Zeit, als das Verbrechen geschah, gerade eine Anstellung.

Obwohl Gemma als ungemein hübsch bezeichnet wurde, konnte ihr niemand einen leichtsinnigen Lebenswandel vorwerfen – ganz im Gegenteil, sie galt als häuslich, fleißig und folgsam. Auf dem Weg vom Kino nach Hause ließ Steffi, eine in der inneren Stadt bedienstete Haushaltsgehilfin, ihre Freundin für einen Moment allein auf der Straße stehen, weil sie kurz noch etwas zu erledigen hatte. In dem Moment schlug der „hemmungslose vertierte Unhold" Richard Singer, ein 37-jähriger erfolgloser Wäscheerzeuger mit schlechtem Ruf, zu!

Später erfuhr man, dass der Unternehmer seine weiblichen Angestellten ausnützte, misshandelte und missbrauchte. Zudem lockte er immer wieder junge Mädchen in sein „Büro“ in der Weihburggasse 21, um sie zu vergewaltigen und anschließend auszurauben. Nicht selten zeigte Singer die jungen Frauen, die ihm mit der Polizei drohten, seinerseits wegen Prostitution und Diebstahls an. Da stets die Beweise gegen ihn fehlten, konnte der Unmensch sein Treiben fortsetzen, ohne dass ein behördliches Einschreiten möglich gewesen wäre.

An jenem Tag im März sprach Singer die etwas verloren wirkende Gemma auf der Straße an und fragte sie, ob sie stellungslos wäre. Das Mädchen bejahte, da offerierte ihm Singer einen Posten als Verkäuferin in seinem Wäscheladen und schlug vor, diesen auch sogleich zu besichtigen. Als Steffi kurz darauf zurückkehrte, war die Freundin bereits verschwunden. Gegen 19.30 Uhr betraten Täter und Opfer ein unsauberes Geschäftslokal mit anschließender Wohnstube. Der Mann versperrte die Tür hinter sich, riss dem Mädchen die Kleidung vom Leib und versuchte, es zu vergewaltigen. Gemma schrie in höchster Not um Hilfe, woraufhin der Mann sie an Händen und Füßen mit Wäschestricken fesselte. Da ihr Widerstand nicht erlahmte, griff Singer nach einem herumliegenden Messer und rammte es der jungen Frau mehrmals in den Hals. Dann schleifte er sein Opfer über den Boden in eine eiskalte, finstere Kammer im hinteren Bereich der Wohnung, wobei er eine breite Blutspur hinterließ. Nackt und hilflos lag Gemma in ihrem winzigen Gefängnis und litt höllische Schmerzen, während der Täter sich ins Bett legte, ein paar Zigaretten rauchte und dann ein Schläfchen hielt.

Als die Schwerverletzte am frühen Morgen nochmals gellend um Hilfe rief, ging die Bestie in Menschengestalt zu ihr zurück und fügte ihrem Opfer eine tiefe Schnittwunde am Hals zu, die von einem bis zum anderen Ohr reichte. Dabei durchtrennte er unter anderem auch die Luftröhre, sodass Gemma nicht mehr schreien konnte. Dann verließ er das Haus, kaufte einige Packungen Zigaretten und gönnte sich anschließend in einem nahen Lokal ein Wiener Frühstück. Nach seiner Rückkehr beschlich ihn das Gefühl, dass bereits die Polizei auf dem Weg wäre, da ihn die Portiersgattin beim Verlassen der Wohnung auf Schreie in seinem

Quartier angesprochen hatte. Die Frau fing ihn ab und bat – mit Verstärkung durch die Hausbesitzerin, die bereits herbeigerufen worden war – darum, in seinen Räumen nachschauen zu dürfen. Er ließ die beiden zwar ins Geschäftslokal, aber nicht in die angrenzende Stube mit der Begründung, nicht aufgeräumt zu haben. Als Singer die hartnäckigen Damen nicht abwimmeln konnte, verließ er eilig das Haus. Kurz darauf trafen Beamte der Exekutive ein, die das arme Mädchen halb ohnmächtig, blutbefleckt und zitternd, aber noch am Leben, fanden. Gemma konnte offenbar nicht glauben, gerettet worden zu sein, und fürchtete, man könnte sie zurücklassen. Sie versuchte erfolglos, zu sprechen, bis man ihr einen Zettel reichte, auf den sie folgende Worte kritzelte: *Ich wurde gelockt, mir ist die Gurgel durchgeschnitten, dableiben!* Ein Zeuge, der bei dem Auffinden des Opfers dabei war, würde Monate später vor Gericht aussagen: „Der Busen des Kindes sah aus wie in roten Stoff gehüllt, so viel Blut war überall. Und die Augen sind ihm aus den Höhlen getreten vor Weh!"

Die Rettung brachte das Mädchen in die Klinik Eifelsberg, wo man ihm mit einer „Blutübertragung" und anschließenden Operationen vorerst das Leben rettete.

Richard Singer erschien indessen in den Amtsräumen des Stadtkommissariats und gestand die Tat. Er habe zu beichten, gab er an, wirkte laut den anwesenden Beamten aber nicht reumütig, sondern bestrebt, seine Schuld zu verschleiern. Das „vertierte Scheusal mit dem hässlichen Gesicht und den abstehenden Ohren", so wurde der Unhold von einem Beamten beschrieben, scheute nicht davor zurück, das Verbrechen als eine Art Notwehrreaktion gegen einen Angriff des Mädchens darzustellen. Die Haltlosigkeit dieser Rechtfertigungsversuche konnte allerdings einerseits durch die Aussage des Opfers, andererseits durch die Spurenlage in der Wohnstube erwiesen werden.

Im November 1929 verhängte der Wiener Gerichtshof statt der im Gesetz vorgesehenen lebenslangen eine 16-jährige Kerkerstrafe, da die Milderungsgründe in Form glaubhaft demonstrierter Reue seitens des Mörders im Prozess überwogen.

Gemma Matyas starb drei Tage nach der Tat an ihren schweren Verletzungen und einer hinzugekommenen Lungenentzündung.

Sex im Dienstzimmer

Der 50-jährige Josef Wrbik war bei der Kanalräumungsinspektion der Stadt Wien tätig und ein echter Frauenheld, der sein Dienstzimmer im Magistratischen Bezirksamt am Karl-Borromäus-Platz regelmäßig zum Liebesnest umfunktionierte. In der kleinen Kammer verführte er eine Frau nach der anderen – einige bezirzte er tagelang, bis sie seinem Werben einmal nachgaben, mit anderen pflegte er längerfristige Affären, manchmal hatte er sogar mehrere gleichzeitig. Mit wieder anderen teilte er seine Vorliebe für abartige Sexspiele, die ebenfalls nachts in seinem Büro praktiziert wurden. Kennengelernt hat Wrbik seine Gespielinnen in den Gastwirtschaften und Weinschenken der Umgebung, viele waren Alkoholikerinnen und auf der Suche nach einem spendablen Verehrer, andere vom Leben enttäuscht und froh, einen Gentleman zu treffen, der ihnen Aufmerksamkeit schenkte. Und so kam der Beamte fast immer ans Ziel, da sich die Damen ihrem Retter, dankbar für ein paar Drinks oder Komplimente, an den Hals warfen und ihm bereitwillig in sein Dienstzimmer folgten.

Die anderen männlichen Arbeitskräfte am Bezirksamt fanden, ihr Kollege sei triebhaft, aber nicht besessen, beharrlich, aber nicht aufdringlich, temperamentvoll, aber nicht gefährlich. Sie irrten sich in allen drei Punkten.

Im Rondeau des Brunnens vor dem Tore des Amtsgebäudes, ein von Linden umgebenes und mit nackten Kindergestalten verziertes Bauwerk aus dem Jahr 1904, wurde im März 1931 ein grausiger Fund gemacht. Zwei in Packpapier eingewickelte Frauenarme ragten aus dem Schnee empor, die zu den zwei kurz zuvor in der nur ein paar Gehminuten entfernten Krummgasse gefundenen Beinen passten. Die abgetrennten Gliedmaßen steckten in Seidenstrümpfen, in denen sich ein an Frau Mizzi Thaler gerichtetes Kuvert befand. Irrtümlich nahm man an, dass es sich bei der Ermordeten um die Briefadressatin handelte, doch die falsche Fährte wurde schnell aufgeklärt.

Mizzi Thaler lebte in Linz und hielt sich dort auch nach wie vor auf. Die nächste Spur führte daraufhin zum Absender des Briefs: Josef

Wrbik. Als die Polizei wenig später das Büro des liebestollen Beamten durchsuchte, fand sie allerhand belastende Indizien in Form blutverschmierter Gegenstände sowie Blutflecken am Vorhang, Kasten und Fußboden – Hinweise, die ein grausames Verbrechen dokumentierten, bei der das Opfer vermutlich auf furchtbare Art und Weise ums Leben gekommen war. Ein Blick in den Keller des Amtsgebäudes brachte schließlich den Rumpf der Toten zum Vorschein.

Anhand der Fingerabdrücke konnte die Leiche Tage später identifiziert werden: Es handelte sich um die 56-jährige aus der früheren Tschechoslowakei stammende Marie Novacek, die aufgrund exzessiven Verhaltens unter Alkoholeinfluss und einiger Straftaten bereits mehrfach mit der Polizei zu tun gehabt und in der Folge auch Gefängnisstrafen abgesessen hatte. Josef Wrbik wurde sofort in Untersuchungshaft genommen und gestand die Tat im Verlauf mehrerer Verhöre.

Die beschäftigungslose Marie Novacek und ihr Mörder lernten sich am 7. März 1931 in einem Gasthaus auf der Landstraßer Hauptstraße kennen. Josef Wrbik nahm die völlig durchgefrorene Frau, die seit ihrer Scheidung auf der Straße lebte, mit in sein Dienstzimmer, wo er ihr ein Pelzsakko umhängte, um sie aufzuwärmen.

Im Glauben, etwas Wertvolles in der Seitentasche entdeckt zu haben, nahm die Besucherin ein Stück Papier an sich und steckte es sich in den Strumpf. Dabei handelte es sich um das Briefkuvert, das an Wrbiks frühere Geliebte gerichtet war und das als wichtiger Hinweis bei den Ermittlungen dienen sollte.

Der Beamte versuchte, seine neue Bekanntschaft zu verführen, doch Novacek, die ihm nicht einmal ihren Namen verraten hatte, wehrte sich gegen die Zudringlichkeiten und fing zu schreien an. Um die Frau zum Schweigen zu bringen, würgte Wrbik sie und verpasste ihr mit einer Hacke drei Hiebe in den Rücken, die zu ihrem Tod führten. Im Anschluss an das Verbrechen reinigte der Täter den Fußboden notdürftig, leerte das blutige Wasser in den Kanal vor dem Bezirksamt und beließ die Leiche vorerst für einige Stunden im Keller des Gebäudes. Am Nachmittag kehrte er dorthin zurück, um den leblosen Körper zu zerstückeln und die Einzelteile zu entsorgen. Die Beine versteckte er in einer Hausnische in der Krummgasse, die Arme wickelte er in Papier und warf sie über die Umzäunung des Borromäus-Brunnens in den Schnee, der Rumpf verblieb am ursprünglichen Aufbewahrungsort. Der Kopf der Leiche, den der Täter unterhalb der Schlachthausgasse in den Donaukanal geworfen hatte, blieb unauffindbar.

Der Beamte gab als Tatmotiv an, dass das Opfer minutenlang „grundlos" geschrien hätte.

Josef Wrbik, der während seiner Zeit als Frauenverführer zehn Kinder zeugte, wurde zu sieben Jahren schwerem Kerker verurteilt.

Lustbisse am Mordopfer

Im Mai 1934 spazierte ein Taxifahrer gegen 16 Uhr mit seinem kleinen Sohn durch die Stille des Wiener Michaelerwalds nach Neuwaldegg. Die beiden plauderten, lachten und … schrien, als sie einen fürchterlich zugerichteten menschlichen Körper im Unterholz entdeckten. Der Zustand der nackten weiblichen Person ließ keine Zweifel daran aufkommen, dass diese nicht mehr am Leben war. Der Chauffeur verließ mit dem Buben schleunigst den Ort des Grauens und verständigte von der nächsten Telefonzelle aus die Polizei.

Den angerückten Beamten stockte der Atem, als sie die Frauenleiche mit den eindeutigen Bissspuren auf den Brüsten erblickten. Der kurz darauf am Tatort eintreffende Leichenbeschauer bestätigte die Ahnung der Kriminalisten: Es handelte sich bei den Verletzungen am Oberkörper nicht um Nagespuren von Tieren, sondern um die Abdrücke eines menschlichen Gebisses. Jemand hatte sein Opfer während der Auslebung seiner abartigen Neigungen blutig geprügelt und anschließend erwürgt, wie rasch feststand.

Die Ermittlungen ergaben, dass es sich bei der Toten um die 37-jährige Hausgehilfin Hermine Stockinger handelte, die laut anschließend in ihrem Umfeld eingeholten Informationen kein Kind von Traurigkeit gewesen war.

Im Juni 1935 entdeckten Wanderer in einem Ameisenhaufen auf der Sophienalpe im Wienerwald eine weitere übel zugerichtete Frauenleiche: die 44-jährige Bedienerin Auguste Hödl. Doch bei diesem Sexualmord hatte der Gewaltverbrecher bereits weniger Vorsicht walten lassen: In unmittelbarer Nähe des Tatorts fanden Polizisten den abgerissenen Knopf eines Herrenhemds sowie einen einfach geschnitzten Haselnussstock, wie ihn „Waldläufer" benutzten.

Rasch deuteten die Indizien auf Josef Holler aus der Gilmgasse 5 hin, der als geistig zurückgebliebener Sonderling galt und auch bereits mehrfach in die psychiatrische Anstalt am Steinhof eingeliefert worden war. Man wusste von dem Mann, dass er sich gerne in der Natur aufhielt und eine Reihe von Haselnussstöcken besaß.

Im Verhör gestand Holler die Lustmorde an den beiden Frauen und wurde daraufhin in einem Prozess, der im Februar 1936 stattfand, zum Tod verurteilt. Auf Drängen des Verteidigers, der auf die „Minderwertigkeit" des Täters verwies, wandelte das Gericht die Strafe in lebenslange Kerkerhaft um.

Vergewaltigung nach dem Kinobesuch

Der Mord am Russendenkmal ging als erster medienwirksamer Kriminalfall der Zweiten Republik in die österreichische Geschichte ein.

An einem Abend im April 1958 hatte sich Ilona Faber, eine hübsche 21-Jährige aus gutem Haus, im Schwarzenberg-Kino den Film „Gold aus heißer Kehle" mit Elvis Presley angesehen. Ihr strenger Vater, ein hoher Ministerialbeamter im Kabinett des Handelsministers Fritz Bock, wähnte das Mannequin in Ausbildung zu jener Zeit allerdings im Unterricht in der Modeschule.

Als sich Ilona gegen 22 Uhr auf den Heimweg in die Argentinierstraße machte, wurde sie auf dem Schwarzenbergplatz überfallen und ins dichte Gebüsch beim bogenförmigen Säulengang hinter dem Heldendenkmal der Roten Armee gezerrt. Der unbekannte Täter traktierte sein Opfer mit Fäusten oder einem stumpfen Gegenstand und schlug ihr so lange auf den Kopf, bis es das Bewusstsein verlor. Dann zerriss er sämtliche Kleidungsstücke der jungen Frau, vergewaltigte und erwürgte sie, bis er sie zuletzt notdürftig im Erdreich verscharrte.

Nur wenig später entdeckte ein Wachmann Ilonas rosafarbenen Regenschirm, ihre Handtasche und weitere Habseligkeiten am Boden verstreut, bis er im Zuge der weiteren Nachschau auf ihren Leichnam stieß. Aus dem Besitz des Mädchens fehlten Schmuck und Bargeld.

Die Reporter des damals noch neuen Mediums Fernsehen stürzten sich auf die Geschichte und berichteten ausführlich über das brutale Verbrechen, das im ganzen Land für großes Aufsehen sorgte. Die ausführliche Berichterstattung hatte zur Folge, dass der Tatort zahlreiche Schaulustige anzog, wodurch das „Russendenkmal" großen Bekanntheitsgrad erlangte.

Bei dem ersten Tatverdächtigen handelte es sich um den 30-jährigen Johann G., der von einem am Abend über den Schwarzenbergplatz patrouillierenden Wachmann am Tatort gesehen worden war. Der bereits mehrfach vorbestrafte Beschäftigungslose gab im Verhör an, dort auf das Erscheinen eines Freundes gehofft zu haben, der ihm aus einer finanziellen Notlage helfen wollte. Auch wenn diese Erklärung glaubhaft klang, gab es schon bald ein weiteres Indiz für die Schuld des Mannes: Vor dem Stammlokal von Johann G., das sich am Naschmarkt befand, wurde einer der Ohrringe gefunden, die Ilona in der Tatnacht getragen hatte. Außerdem passten Bissspuren auf der Brust des Opfers mit den Zahnabdrücken des Mordverdächtigen zusammen.

Trotz aller Hinweise hatte der 1959 geführte Prozess gegen Johann G. aber einen Freispruch des Angeklagten zur Folge, da seine Schuld nicht eindeutig bewiesen werden konnte. Doch die Ermittler in dem Fall Ilona Faber kamen nicht zur Ruhe, da im Laufe der Zeit immer wieder Fundstücke aus dem Besitz der Toten auftauchten. Konkrete Spuren gab es aber dennoch keine mehr.

Im Jahr 2002 behauptete eine Dame, ihr 1996 verstorbener Ehemann Eduard S. habe ihr noch in der Mordnacht die Schreckenstat gestanden, man hätte ihr von einer Anzeige des eigenen Gatten jedoch dringend abgeraten. Endlich wollte sie laut eigener Aussage nach so vielen

Jahren der Mitwisserschaft ihr Schweigen brechen und wandte sich an die Öffentlichkeit: In ihrem Buch „Liebe, Mord und tausend Tränen" berichtete sie detailgetreu, was sich damals angeblich zugetragen hat. Der Mord am Heldendenkmal der Roten Armee ist bis heute nicht eindeutig geklärt.

Bedrängt, zerstückelt, gekocht

In dem Haus mit der Adresse Florianigasse 17, in dem sich heute ein Restaurant befindet, wurde im Jänner 1960 die 18-jährige Ilse Moschner brutal ermordet, zerstückelt und gekocht. Einige Überreste hat der Täter in einer Mülltonne in der Straße an der Ecke Lange Gasse entsorgt.

An einem eisig kalten Wintertag entdeckte eine Pensionistin vermeintliche Tierknochen und nahm diese an sich, um sie als seltene Leckerei an den Hund ihrer Freundin zu verfüttern. Diese erkannte in dem Fund allerdings menschliche Körperteile und verständigte die Polizei, die ihren Verdacht bestätigte. Es stellte sich heraus, dass es sich um Ober- und Unterschenkel einer jungen Frau handelte, die zunächst mit einer Säge und dann mit einer Axt abgetrennt und zerstückelt worden waren. Im Zuge der Spurensuche fanden Kriminalbeamte im Hof des Hauses in der Florianigasse weitere Indizien für ein grausiges Verbrechen: eine Säge im Keller sowie Fleischreste und Blutspuren in der Waschküche. Es gab außerdem Hinweise darauf, dass einzelne Leichenteile gekocht und verbrannt worden waren.

Im Zuge der Ermittlungen rückte schon bald der 26-jährige Johann Rogatsch ins Visier der Polizei, der als Hausmeister des Gebäudes, in dem sich die Tat ereignet haben musste, arbeitete. Er hatte als einzige Person Zugang zu den Kellerabteilen und versuchte, bei der Befragung gezielt von der Fundstelle abzulenken. Rasch galt der Mann als Hauptverdächtiger in dem Fall.

Zunächst hatte man vermutet, bei der Leiche könnte es sich um die sterblichen Überreste von Rogatschs Lebensgefährtin Paula Böhm handeln, die schon längere Zeit nicht mehr gesehen worden war. Es stellte sich allerdings heraus, dass die Frau ihrer Familie in Niederösterreich einen Besuch abstattete. Bei Durchsicht der Vermisstenkartei stieß man auf die 18-jährige Ilse Moschner aus Ottakring, wohnhaft am Lerchenfelder Gürtel 23, die bereits drei Tage lang als abgängig galt. Rasch war die tote Frau identifiziert, nun musste nur noch ein Bezug zu Rogatsch hergestellt werden. Das gelang den Ermittlern bereits innerhalb kurzer Zeit, als diese in Erfahrung brachten, dass die Sportstudentin aushilfsweise als Inkassantin bei einer Versicherungsgesellschaft tätig gewesen war. Opfer und Täter kannten sich, da Ilse Moschner schon zwei Mal in der gemeinsamen Wohnung des Paars Versicherungsprämien von Paula Böhm eingehoben hatte.

Johann Rogatsch kannte man bereits bei der Wiener Polizei und auch in den Gefängnissen der Stadt, auf der Liste seiner Straftaten standen Einbruch, Körperverletzung und Vergewaltigung. Schon als Kind, so wurde es von Bekannten des Mannes berichtet, wäre er boshaft und diebisch gewesen und hätte seine Freude am Quälen an Tieren ausgelebt. Man kannte ihn als Frauenhasser mit sadistischen Gewaltfantasien, er sprach beispielsweise oft von der Zerstückelung seiner Mutter und soll auch seiner Lebensgefährtin gegenüber regelmäßig gewalttätig gewesen sein.

Zusätzlich angestachelt hatte ihn laut eigener Aussage die Geschichte über einen 40 Jahre zuvor verübten Mord, die ihm ein Freund erzählt hatte. Damals war ein Mädchen durch einen Genickschlag getötet und daraufhin in der Waschküche in ihre Einzelteile zerlegt und verbrannt worden.

In der späteren Vernehmung gestand Rogatsch zwar die Tat, rechtfertigte sie aber mit einer vorangegangenen Beleidigung durch das Opfer. Den Schlag auf den Kopf der jungen Frau erklärte er mit einem Versehen. Anschließend widerrief er seine erste Aussage und gab zu Protokoll, Ilse Moschner in alkoholisiertem Zustand misshandelt und damit ein plötzliches Herzversagen bei ihr ausgelöst zu haben. Beide Versionen wurden von der Gerichtsmedizin widerlegt.

Tatsächlich abgelaufen dürfte das Verbrechen auf diese Weise sein: Ilse Moschner wollte der Lebensgefährtin des Hausmeisters einen

Besuch abstatten, um die Versicherungsprämie zu kassieren. Da Paula Böhm jedoch nicht anwesend war, wollte möglicherweise Rogatsch die Summe begleichen oder die junge Frau vertrösten. Im Verlauf des Gesprächs näherte sich der Mann seinem Opfer unsittlich, wurde aber zurückgewiesen, woraufhin er es mit einer herumliegenden Kurbelwelle ins Genick und auf den Kopf schlug. Anschließend stach er so lange mit einem Messer auf Ilse Moschner ein, bis sie schließlich verblutete. Als die Tote vor ihm lag, beschloss der Mörder, sie zu zerstückeln. Er holte seine Axt, zerteilte den Körper in mehrere Teile, kochte einige davon und deponierte sämtliche Überreste an verschiedenen Orten. Dann säuberte er den Wohnraum und die Küche von den Spuren der brutalen und grausigen Tat.

Der Hausmeister plädierte im Zuge des Prozesses zunächst auf nicht schuldig und behauptete, zu einem Geständnis gezwungen worden zu sein. Auch seiner Behauptung, im Affekt gehandelt zu haben, schenkte das Gericht keinen Glauben, da die Aussagen von Freunden und seiner Lebensgefährtin darauf hindeuteten, dass er diese oder eine ähnliche Tat bereits länger geplant hatte. Im Zuge eines Gutachtens ergab sich zudem das Bild eines egozentrischen und aggressiven Psychopathen.

Johann Rogatsch wurde zu einer lebenslangen Freiheitsstrafe verurteilt. Nachdem er Berufung eingelegt hatte, kam er in die Justizanstalt Stein. Dort war der Mörder bald als gefährlicher Unruhestifter bekannt und deswegen im Sondersicherheitsblock untergebracht. Im Jänner 1974 hat ihn schließlich sein Mithäftling Ernst Karl, ein Doppelmörder und ehemaliger Polizist, mit bloßen Händen erwürgt.

Kunst- und Pressewerke als sündige Zeitdokumente

Die Nachbildung des nackten Menschen ist eines der ältesten Genres und zugleich eines der vielfältigsten. Im alten Griechenland erstmals als eigene Sparte in der Malerei und Bildhauerei anerkannt, damals noch als Studie von Anatomie, Haltung und Bewegung eines unbekleideten Körpers, entwickelte sich der Akt schon bald zum Kult.

Anschließend wurde man allerdings wieder etwas zugeknöpfter. In Wien und im restlichen Europa gab es erste künstlerische Versuche der Darstellung entblößter Leiber erst wieder im Mittelalter – anfänglich nur mit männlichen, ab dem 16. Jahrhundert auch mit weiblichen Modellen.

Die ersten erotischen Fotos tauchten Mitte des 19. Jahrhunderts auf, die öffentliche Ausstellung der freizügigen Aufnahmen hat man 1871 in Wien allerdings verboten. Auch in anderen Kunstrichtungen wurde Nacktheit nach und nach wieder zum Thema – allerdings weit sexualisierter als früher, etwa als Abbildung erotischer Aktivitäten.

Beim Betrachten oder Erwerb eines Werks mit pikantem Motiv stand in jener Zeit allerdings nicht immer dessen Schönheit oder das Talent bzw. der Bekanntheitsgrad des Künstlers im Vordergrund – häufig wurde aus Mangel an Alternativen daraus ein Objekt der Begierde. Nackte Leiber auf Leinwand gelten beispielsweise als Vorläufer der heutigen Erotikmagazine. Diese Tatsache stellte einen wichtigen Aspekt punkto Broterwerb dar, da hüllenlose Darstellungen vor allem hübscher Damen natürlich verkaufsfördernd und preissteigernd waren.

Im 20. Jahrhundert folgte auf die Flower-Power-Ära mit unkonventioneller und freizügiger Lebensweise, die sich auch in der Kunst ausdrückte, eine vorübergehende Rückkehr zu Schamhaftigkeit und Prüderie.

Nackt auf Leinwand und in Stein

In der österreichischen Residenzstadt spielten Akte oder pornografische Abbildungen in der darstellenden Kunst in früheren Zeiten keine erwähnenswerte Rolle, zumindest nicht bei bekannteren Malern und Bildhauern.

Allerdings konnten die Wiener schon zu Beginn des 17. Jahrhunderts laienhaft gezeichnete „anstößige Bilder“ auf der Straße erwerben, illegal angeboten von Kupplerinnen, die damit für eindeutige Dienstleistungen warben.

Im Jahr 1840 brach der Wiener Maler Peter Johann Nepomuk Geiger als anerkannter Künstler das Tabu, und zwar mit einem Gemälde, das ein Paar beim Geschlechtsverkehr zeigt – die Frau liegt auf dem Rücken und hat ihre Beine nach oben in Richtung der Schultern des Mannes gestreckt. Geiger selbst soll diese Sexstellung „Wiener Auster“ genannt haben, weshalb sie bis heute so heißt. Der Künstler zeichnete noch viele weitere Geschlechtsakte, veröffentlicht als Privatdruck von einem Wiener Verleger.

Und dann kam, sah und siegte Hans Makart, der erste erotische Staatsmaler Österreichs, dessen Sinnesrausch der Farben und Üppigkeit der Formen gut beim Publikum ankam. Ihm wurde ein riesiges Atelier in der Gußhausstraße 25 zur Verfügung gestellt und er stattete in den 1870er-Jahren so manchen adeligen Haushalt und einige öffentliche Gebäude mit großformatigen Bildern aus – darauf zu sehen eine lüsterne Mischung aus Sex und Tod.

Nach ihm entschieden sich erst Ende des 19. und Anfang des 20. Jahrhunderts drei der wichtigsten Vertreter der Wiener Moderne, der „Oberwildling“ Oskar Kokoschka, der „erotische Grenzgänger“ Egon Schiele und der „Meister heidnischer Geilheit“ Gustav Klimt, für das erotische Genre und lösten damit einen Skandal nach dem anderen aus. Sie griffen Tabuthemen wie Sexualität, Geschlechterkampf und Homoerotik auf und gerieten zusehends ins Kreuzfeuer der Kritik. Aus genau diesem Grund spalteten sich die Maler mit einigen ihrer Berufskollegen im Jahr 1897 vom konservativen „Künstlerhaus“ ab.

Aber auch Richard Gerstl und Anton Kolig rissen Wien aus dem künstlerischen Tiefschlaf und schockierten mit entblößten Tatsachen auf Leinwand die prüde Gesellschaft.

Die Künstler reagierten auf die Stigmatisierung durch die Öffentlichkeit sehr unterschiedlich: Der „schweinische“ Klimt, wie er auch genannt wurde, malte 1899 das Bild „Die nackte Wahrheit", auf dem eine hüllenlose Schönheit der Welt den Spiegel vorhält. Kokoschka ließ sich als „Sünder", wie er von den Wienern behandelt wurde, den Kopf kahl scheren. Darüber hinaus schockierte er mit der Präsentation einer lebensgroßen nackten Puppe, welche die Züge Alma Mahler-Werfels trug und die er gelegentlich sogar mit ins Theater nahm. Schiele verbreitete vermehrt „unsittliche Zeichnungen" und musste dafür 24 Tage lang in Haft – wegen expliziter erotischer „Grenzerkundungen".

Klimt, der sich von der progressiven Einstellung seiner weiblichen Modelle und ihrem neuen weiblichen Selbstbewusstsein zunehmend erotisch angezogen fühlte, konnte außerdem mit einer großen Anzahl von Musen aufwarten. Er stellte sie als emanzipierte und provokante Verführerinnen in aufreizenden Posen dar, wodurch sie zum Sinnbild des sich wandelnden Frauenbildes in der Avantgarde-Zeit wurden. Vor allem die reichen und häufig gelangweilten Großstadtdamen fühlten sich wohl in ihrer Rolle als laszive Ikone und waren geschmeichelt, wenn der große Künstler nicht nur den Pinsel schwang, während sie für ihn posierten. In seinem Atelier im Haus Sandwirtgasse Nr. 8 dürften einige Ehen gebrochen worden sein. Das hatte natürlich so manche Eifersüchtelei zur Folge. So notierte beispielsweise die junge Alma Mahler-Werfel in ihr Tagebuch *ein Verhältnis … mit dieser alten Scharteken! Er nimmt, wo er findet*, als sie erfuhr, dass Rose von Rosthorn-Friedmann aufreizend im engen Abendkleid für Klimt posierte.

Alfred Kubin wiederum verschrieb sich der „Dämonisierung des Weibes" und entführte die Femme fatale bildhaft in eine grotesk-diabolische Welt, wo er mit den sexuellen Abarten spielte. Sein Freund Fritz von Herzmanovsky-Orlando verband ebenfalls den Eros mit okkulten Motiven, erwies sich dabei aber eher als heiterer Luzifer gegenüber Kubins makabrer Düsternis.

Die künstlerische Abbildung nackter Menschen war in jener Zeit zwar klassisch männlich dominiert, doch es gab vereinzelt auch Frauen, die dieses Genre bedienten, etwa Broncia Koller-Pinell, die mit ihrem Bild „Sitzende" 1907 für Aufsehen sorgte.

Anfang des 20. Jahrhunderts gerieten in Wien pornografische Lithografien und erotische Aquarelle im Biedermeierstil in Umlauf, deren Urheber unbekannt blieben.

Durchaus bekannt war hingegen Franz von Bayros, der zur selben Zeit mit erotischen Illustrationen auf sich aufmerksam machte. Bei seinen Zeichnungen wurden die sinnlichen Szenen in zarter Linienführung und mit ausladender Ornamentik in ein prunkvolles Milieu eingebettet.

In Wien gab es damals Kunstgalerien, die Malereien mit pikanten Motiven in einem extra Raum präsentierten, den man nur gegen Bezahlung eines Entgelts betreten und den Inhalt bestaunen durfte.

♥♥♥

Aber auch so mancher Wiener Bildhauer sorgte für einen Eklat mit seinen sündigen Skulpturen und Plastiken. So beispielsweise Fritz Wotruba, der für die Gestaltung des Grabmals der Opernsängerin Selma von Halban-Kurz auf dem Wiener Zentralfriedhof eine liegende nackte Frauengestalt schuf. Aufgrund des empörten Aufschreis der Bevölkerung wurde das Werk von den Verantwortlichen 1934 verhüllt und, als zivile Sittenwächter sogar mit Sprengung drohten, schließlich bis 1945 hinter dichtem Gebüsch versteckt.

Ebenfalls viel Aufsehen erregte der Künstler Josef Müllner, der in vielen seiner Werke Menschen mit Tieren zu hüllenlosen Wesen in erotischen Posen verschmelzen ließ.

Auch der Grafiker und Bildhauer Alfred Hrdlicka versündigte sich in den Augen braver Bürger – so stellte er etwa in einer Radierung das Abendmahl als Orgie dar und empörte mit der pornografischen Blasphemie die obere Geistlichkeit. An seinem Grabmal am Wiener Zentralfriedhof ließ er noch zu Lebzeiten seine Bronzeskulptur „Gummitod“ aufstellen, die ein Jahr vor seinem Ableben entstanden war. Sie zeigt eine Frau auf dem riesigen Geschlechtsteil eines Skeletts sitzen, das den Tod verkörpert. In einem Interview sagte Hrdlicka kurz vor seinem Tod im Jahr 2009, dass ihm die Idee zu dem Werk bei einer Striptease-Vorführung in London gekommen wäre und ergänzte: „Ich bin ein pornografischer Mensch, alle Kunst geht vom Fleisch aus!“

Die Erotik spielte aber auch in der Architektur eine gewisse Rolle, so gilt beispielsweise die Ornamentik des Jugendstils mit dem Knospen, Wachsen und Ranken der Pflanzen als Metapher für die Triebhaftigkeit.

Auch Adolf Loos geriet ins Kreuzfeuer der Kritik, als er mit alten Zwängen brach und sich einen neuen künstlerischen Freiraum schuf: Der Architekt ließ ab 1909 am Michaelerplatz ein Haus errichten, das durch seine komplette Ornamentlosigkeit auffällt. Prompt führte dieser „nackerte Stil“ zum Eklat, der sogar für einen Baustopp der „Mistkiste“ sorgte. Erst als Loos einwilligte, der Schlichtheit mittels Blumenkästen entgegenzuwirken, wurde die Errichtung fortgesetzt und 1912 vollendet. Kaiser Franz Joseph, dessen Büro in der Hofburg sich genau gegenüber dem Gebäude befand, soll an seinem Fenster die Rollos heruntergelassen haben, weil er den Anblick des „hässlichen Hauses ohne Augenbrauen“ nicht ertrug.

♥♥♥

Im Unterschied zu damals, als man noch rebellierte, sich neue Freiräume schuf und aufklären wollte, loten in der heutigen Zeit Künstler immer wieder die Grenzen des guten Geschmacks und moralisch Vertretbaren aus oder definieren sie sogar neu. Nicht selten stellt sich im Zusammenhang mit der inflationären Verbreitung die Frage nach der Ästhetik von erotischen bzw. pornografischen Darstellungen. Letztlich bleibt es eine Frage des (guten) Geschmacks, des Anstands und der Entscheidung, wie weit Kunst gehen darf, ohne die Würde der Menschheit zu verletzen.

Der Maler und Aktionskünstler Hermann Nitsch etwa hat nicht nur mit seinem „Orgien Mysterien Theater“ viele Grenzen ausgelotet – ob er sie überschritten hat, muss jeder Kulturkonsument selbst für sich entscheiden.

Sündiges auf Zelluloid

Die Ablichtung nackter Körper ist eine der Königsdisziplinen in der Fotografie und erfordert ein enges Vertrauensverhältnis zwischen Fotografen und Modell, einen hohen ästhetischen Anspruch und einen geübten Blick für die Inszenierung. Seit Erfindung der Möglichkeit, erotische Motive auf Film zu bannen, ist dieses Genre fest in der Kunstszene verankert. Bereits im Jahr 1855 stand die erste Dame hüllenlos vor der Kamera. Rasch folgten auf die anfangs stark verbreitete Aktfotografie Abwandlungen davon wie beispielsweise die Schlüsselloch- und Boudoir-Fotografie. In beiden Fällen waren die Modelle nicht vollständig nackt und Kulissen wie Schlafraum oder Badezimmer dienten der Suggestion, die Dame würde sich im letzten Stadium des Auskleidens befinden. Ein direkter Blick der Schönheit vor der Kamera sollte den Eindruck erwecken, sie wäre mit dem Beobachten einverstanden und würde es sogar genießen.

Auch Kaiserin Elisabeth, die sich selbst nicht gerne auf Fotos sah und ab ihrem 33. Lebensjahr nicht mehr fotografieren ließ, sammelte erotische Aufnahmen hübscher Frauen. Im Jahre 1862 unterrichtete sie ihren schwulen Schwager Erzherzog Ludwig Viktor aus Venedig, sie lege sich ein Schönheiten-Album an, *mit Photographien, nur weibliche dazu*. Sie bat ihn: *Was Du für hübsche Gesichter auftreiben kannst beim Angerer und anderen Photographen, bitte ich Dich mir zu schicken*. Ganz offiziell bat sie auch den Außenminister Bernhard von Rechberg, ihr über die Botschafter Aufnahmen aus Konstantinopel, Sankt Petersburg, Paris, London und Berlin zukommen zu lassen. Besonderen Wert, so instruierte Rechberg die Abgesandten Österreichs, lege die allergnädigste Majestät auf *orientalische Schönheiten, Photographien schöner Frauen aus der Haremswelt*. Hocherfreut zeigte sich Sisi von den Bildern, die ihr der Diplomat Richard von Metternich aus Frankreich schickte: freizügig gekleidete Tänzerinnen aus Paris in für damalige Verhältnisse extrem erotischen Posen.

♥♥♥

Am Anfang noch echte Liebhaberobjekte, wurden die freizügigen Aufnahmen allerdings schon bald zur Massenware und die kunstsinnigen Darstellungen entwickelten sich zur Pornografie (zumindest nach damaligen Maßstäben). Mit dem Kauf der Bilder versprach sich so mancher eine Luststeigerung im heimischen Schlafzimmer, andere befriedigten mit dem Anblick der nackten Tatsachen ihren angeborenen Voyeurismus.

Moral und Schamgefühl standen in der Zeit der großen technischen Errungenschaften und politischen Umbrüche in einem äußerst ambivalenten Verhältnis. Einerseits pflegte die Gesetzgebung immer noch einen strengen Umgang mit den Themen der Sittlichkeit, andererseits wurde Sexualität in der Wissenschaft immer stärker thematisiert. Und genau diese Zwiespältigkeit, in welche die Menschen damals gerieten, war der ideale Nährboden für die zunehmende Verbreitung der erotischen Fotografie.

Neben den „Schmuddelknipsern" stellte in jener Zeit eine große Ausnahme der Fotograf Otto Schmidt dar, der ab den 1870er-Jahren ein Studio in der Mariahilfer Straße 37 betrieb. Er erlangte Bekanntheit mit seinem Bildband zu den „Wiener Typen", den er anlässlich der Weltausstellung in Wien publizierte. Später widmete er sich der Aktfotografie, um die Schönheit und vermeintliche sexuelle Willigkeit des prototypischen „süßen Wiener Mädels" mit der Kamera einzufangen. Schon bald genossen seine erotischen Aufnahmen internationalen Ruhm.

In der Presse wurde damals die Qualität hochwertiger Fotos extra hervorgehoben, die sich von niveaulosen Bildern unterschied. So lautete beispielsweise eine Bezeichnung *Künstlerische Photostudie mit nicht indezenter Betonung des Busens*. Oder, um schlüpfrige Schnappschüsse zu verharmlosen, hieß es beispielsweise *Die neue Mode: vorne lang – hinten kurz. Photoscherz Atelier Manassé Wien*. Wurden die Fotos angeblich für bildende Künstler als Vorlage angefertigt, betonte man das ausdrücklich: *Photographische Vorstudie eines Künstlers für ein Gemälde. Die unwillkürliche Dezenz der Armhaltung ist dafür kennzeichnend, daß die Dargestellte kein Berufsmodell ist*. Mit einem solchen Hinweis war dann auch gleich die entblätterte Dame vor der Linse des Fotografen aus dem Schneider.

Um 1900 überfluteten zahlreiche freizügige Aufnahmen nackter Damen den Markt, weshalb Wien um die Jahrhundertwende nachträglich als Zentrum der europäischen Pornoindustrie bezeichnet wird. Besonders auf ihre Kosten kamen damals Liebhaber der Gesäßerotik.

In den Jahren 1931 und 1932 erschienen drei leinengebundene Bände mit rund 570 einschlägigen Fotos, teilweise sogar in Farbe, im Verlag für Kulturforschung im Auftrag des außeruniversitären Wiener Instituts für Sexualwissenschaft.

Bis heute ist die Faszination an erotischen Fotos ungebrochen, auch wenn diese längst kein Tabuthema mehr darstellen.

♥ ♥ ♥

Ähnlich wie bei der Fotografie verhält es sich bei den bewegten Bildern. Mit der Entwicklung der Kinematografie Ende des 19. Jahrhunderts wurde auch schon bald Sexualität in Szene gesetzt. Während man damals in der Öffentlichkeit schon beim Anblick eines nackten weiblichen Knies verschämt errötete, fielen in verborgenen Hinterzimmern in Gegenwart riesiger ratternder Filmapparate Kleidung und Hemmungen. Als im Jahr 1895 eine Kinetoskophalle in der Ausstellung „Venedig in Wien“ eröffnete, zog die Polizei kurz darauf bereits einige Apparate aus dem Verkehr, die „pikante Sujets“ zeigten. Es heißt, der Kaiser hätte ein Gerät in der Hofburg stehen gehabt, weitere verschwanden in diversen privaten Haushalten der Wiener High Society.

Auch beim Film war von Beginn an der Blick durch das Schlüsselloch, der lustvolle Voyeurismus ein wesentlicher Bestandteil der Geschichte und des Erfolgs dieser Erfindung.

Die ersten kurzen erotischen Streifen mit Namen wie „Weibliche Ringkämpfer“, „Am Sklavenmarkt“ oder „Das Sandbad“ entstanden in Wien nachweislich im Jahr 1906, gedreht hat sie der Fotograf und Chemiker Johann Schwarzer, der dafür die „Saturn-Film“ gründete. Zuvor hatte er sein Geld mit den Bildern weiblicher „Nuditäten“ verdient, die er eigenhändig anfertigte – im Stil der damaligen Zeit: plüschig, orientalisch und schwülstig, naturell in Gottes freier Natur oder symbolisch mit antiken Motiven.

Gekauft wurden die Machwerke der „Saturn-Film" vorwiegend für die Vorführung bei Herrenabenden und erfreuten sich großer Beliebtheit bei den Anwesenden. Besonders große Erfolge erzielte Schwarzer, als der den schlanken Frauentypus durch üppige weibliche Körper ersetzte. Geschlossen hat sein Unternehmen die Polizei im Jahr 1911 und damit ein lukratives Geschäft beendet. Insgesamt gehen 52 Filme auf das Konto des Fotografen, der diese auch per Katalog international verkaufte.

1912 gründete der Librettist Felix Dörmann die „Vindobona-Film". Als seine Produktionen nicht den gewünschten Erfolg erzielten, stieg auch er auf die Herstellung von Streifen mit Nacktszenen um und drehte unter anderem „Die Göttin der Liebe", „Seitensprung" oder „Ein Tag im Leben einer schönen Frau". Er zeigte dabei die Schauspielerinnen beispielsweise beim Strumpfwechsel, beim Baden und sogar beim Toilettenbesuch. 1914 zensierte die Polizei seine Machwerke, woraufhin Dörmann Konkurs anmelden musste.

Nur ein Jahr darauf produzierte der Theaterregisseur und Intendant Max Reinhardt für eine Berliner Filmfirma den Streifen „Die Insel der Seligen" und löste mit den darin enthaltenen ausgedehnten Nackt- und Sexszenen einen handfesten Skandal aus. Für eine Aufführung in Wien hätten die pikanten Stellen herausgeschnitten werden sollen, unter anderem laut Protokoll jene, *wo der Faun von Amors Pfeil gestochen wird und konvulsive Zuckungen macht, wo er das Mädchen betastet und forträgt …*

Besonders sündig ging es in dem Stück „Sodom und Gomorrha" zu, das 1922 am Wiener Laaer Berg vom Unternehmen „Sascha-Film" gedreht wurde. Bis heute handelt es sich dabei um die größte und teuerste Monumentalproduktion der österreichischen Filmgeschichte, bei der angeblich über 10 000 Darsteller, Komparsen und Mitarbeiter beschäftigt waren. Die Schauspielerin Lucy Dorain spielte gemeinsam mit unter anderen den Mimen Walter Slezak und Willi Forst in einer Geschichte über die Strafe für die Sünde des kapitalistischen Übermuts und der sexuellen Ausschweifung.

Der erste Aufklärungsfilm mit dem Titel „Die Geißel der Menschheit“ erschien 1918 und hatte Erbkrankheiten zum Thema, und auch in diesem Genre leistete die Wiener Filmindustrie Pionierarbeit. Nach und nach entstanden auch von staatlicher Seite in der Bundeshauptstadt Streifen, die junge Leute über Sex und dessen Folgen aufklären sollten, in vielen Fällen unter der Regie von Dr. Leopold Niernberger. Der geriet wenig später wegen seiner Freundschaft zu dem Sexualforscher Eugen Steinach, der die Verpflanzung von Hoden als „Therapie“ für Homosexuelle sowie als „Verjüngungsoperationen“ anpries, ins Kreuzfeuer der Kritik. Trotzdem übernahm er die Aufnahmeleitung zum umstrittenen „Steinach-Film“, der 1922 ins Kino kam.

Ein paar Jahre später erschienen zwei der letzten erotischen Stummfilme in Wien: 1927 „Vom Freudenhaus in die Ehe“ und 1930 „Eros in Ketten“. Der als erster österreichischer Lesbenfilm geltende Streifen „Andere Frauen“ wurde 1928 uraufgeführt und gilt seither als verschollen.

In die Geschichte des frivolen Schauspiels vor einer laufenden Kamera ging die Wienerin Hedwig Eva Marie Kiesler ein. Später eroberte sie als Hedy Lamarr sogar Hollywood und galt als schönste Frau der Welt. Sie war in dem 1933 über die Leinwände flackernden Streifen „Ekstase“ nicht nur nackt zu sehen, sondern spielte auch noch den ersten Orgasmus der Filmgeschichte. Die Geschichte, bei der ein älterer impotenter Ehemann auf der Strecke bleibt, wurde an der Schwelle zum Tonfilm gedreht. Er beginnt als mit Musik untermalter Stummfilm, ab der zwanzigsten Minute fallen ein paar Worte und später werden bereits ganze Sätze gesprochen.

In dem ebenfalls 1933 im Kino angelaufenen Film „Mysterium des Geschlechts“ ging es um zwei frisch verliebte Medizinstudenten, diverse Eingriffe am menschlichen Fortpflanzungsapparat, eine düstere Bar mit Drogensüchtigen und „sexuell Abnormen“, Geschlechtsumwandlungen sowie Transplantationen von Tiergenitalien.

„Schleichendes Gift“, ein Aufklärungsfilm über Geschlechtskrankheiten, wurde im Jahr 1946 ein „rasender Erfolg“, weil „so viele Nackerte“ zu sehen waren.

Heute findet man in den meisten Produktionen, egal, ob es sich dabei um das Werk eines heimischen Regisseurs oder einen Hollywood-Blockbuster handelt, harmlose oder gar ästhetische Szenen immer seltener. Nackte Körper und Sex werden inflationär, schamlos und ungefiltert nicht nur von Schauspielern vor der Filmkamera inszeniert – dank des technischen Fortschritts hat jedermann die Möglichkeit, sich dauernd und überall vor Web- und Handycams hüllenlos in Pose oder Stellung zu werfen.

Sex sells, daran hat sich im Laufe der Zeit nichts geändert, nur das die Erotik über die Jahre hinweg weitestgehend auf der Strecke geblieben ist.

Unzweideutige Schriften, Verse und Lieder

In der Antike schrieb und las man gerne schlüpfrige und zugleich informative Texte, beispielsweise über die Stellungen beim Liebesakt, verfasst von den beiden griechischen Autorinnen Elephantis und Philainis. Die das Werk beinhaltenden Illustrationen galten bei dem prüderen Teil der Bevölkerung allerdings als anstößig, Kaiser Tiberius hingegen schien angetan und verwendete eines der Bilder als Vorlage für die Wanddekoration in seiner Villa auf Capri.

Als wohl bekanntester einschlägiger Text der Antike im Bereich erotisch-belehrende Literatur zählt der Ratgeber „Liebeskunst“ verfasst vom römischen Dichter Ovid, der allerdings auch recht prickelnde Romane schrieb. Im spätantiken Epos „Dionysiaka“ des Byzantiners Nonnos spielten sogar sadomasochistische Motive wie Fesselungen und Auspeitschungen eine markante Rolle.

In Wien sollen sich die Soldaten in der Zivilstadt häufig die Zeit mit dem Lesen erotischer Texte vertrieben haben, ehe sie zu einem Besuch im Lupanarium am Graben aufbrachen.

Auch im Mittelalter ging es in Sachen erotischer, zotiger und schlüpfriger Texte ordentlich zur Sache, wenngleich die Worte auch harmloser und die Inhalte weniger offensichtlich waren als davor und danach. Die

Dichter verwendeten in früheren Zeiten Verschlüsselungen, Symbole und Metaphern, um Lust und Sinnlichkeit zum Ausdruck zu bringen oder sexuelle Handlungen zu beschreiben. Das taten sie vor allem deshalb, damit ihre Lieder, Gedichte und Geschichten beim Empfänger landeten und nicht vorher vom Staat oder Klerus konfisziert wurden. Galt die Literatur eines Poeten als besonders sündhaft und wurde der betreffende Künstler häufiger bei der Verbreitung der „Schweinereien" erwischt, zog das unter Umständen eine lange Kerkerhaft nach sich.

Schon der Minnesang war in seiner späteren Ausprägung gar nicht mehr so lieblich und unschuldig wie zur Zeit seiner Entstehung im 12. Jahrhundert – doch dazu später mehr.

Definiert wird diese eigene Literatur- und Musikgattung als *spezifische emotionale und geistige Ausdrucksform adliger Dichter mit dem zentralen Motiv der höfischen Liebe.* Ein Minnesänger, oft Mitglied einer verarmten Aristokratenfamilie, zog in der Regel durch das ganze Land und hielt sich so lang am Hof eines Hochadeligen auf, so lange er dort entlohnt wurde. Der ritterliche Poet zeichnete sich durch ein vorbildliches Verhalten aus und hielt stets körperlichen Abstand zu der von ihm idealisierten Angebeteten, empfing von ihr nur Blicke und höchstens einen Gruß.

Und wie so häufig in lyrischen Versen stand auch am Anfang des Minnesangs die Frage: Was ist Liebe? Und die stellte sich auch Dichtern wie Walther von der Vogelweide, der daher eines seiner bekanntesten Lieder mit dem Satz: „Saget mir ieman, waz ist minne?" begann. Der berühmte Barde hielt sich nachweislich auch am Hof der Babenberger in Wien auf und erfreute die Herzöge Leopold V. und Friedrich I. sowie deren Damen und die übrige Entourage mit seiner Kunst.

Verstand man ursprünglich unter Minne noch die hingebungsvolle Zuneigung zu einer meist unerreichbaren Dame und das Werben um dieselbe, bezeichnete das Wort aber schon bald abwertend nur noch die körperlich-triebhafte Begehrlichkeit.

In der „hohen Minne" wurde Sexualität häufig mittels einiger wiederkehrender Motive ausgedrückt, wobei stets ausreichend Raum für Interpretationsmöglichkeiten und Spekulationen blieb. So konnte der Tanz einfach nur für eine gesellige Unterhaltung stehen, oder als Metapher für den Geschlechtsverkehr verwendet werden. Abgebrochene Blumen wiederum symbolisierten üblicherweise die Entjungferung.

So dichtete Walther von der Vogelweide einst:

Under der linden
an der heide,
dâ unser zweier bette was,
dâ muget ir vinden
schône beide
gebrochen bluomen unde gras.

Ein bisschen deutlicher wurde Neidhart von Reuenthal, ein Freund des Babenbergers Friedrich II., mit dem er rauschende Feste in Wien feierte und allen hübschen Frauen nachstellte. In seinen Texten der „niederen Minne" steckten Burschen auch schon mal die Hand unter die Röcke der Mädchen und berührten deren *füdenol* (= Scham), in der Neidhart-Literatur bekannt als der „kühne Griff".

♥ ♥ ♥

In der Folgezeit erschien erotische Literatur vorwiegend im „sündigen Frankreich", wurde aber auch in Wien gelesen. Auch Maria Theresia soll abends gerne unkeusche Geschichten gelesen haben, obwohl sie sich nach außen hin als Biederfrau gab und ihr Image als tadellose Landesmutter pflegte. Vor allem im Sommer auf Schloss Schönbrunn, das sie ebenso wie ihre anderen Herrschersitze offiziell zu einer Hochburg des dogmatischen Konservatismus umfunktioniert hatte, frönte sie hinter verschlossenen Türen ihren Lastern. Und dazu zählte neben dem Konsum schlüpfriger Texte das Kartenspiel, die Einverleibung von großen Mengen an fettigen und süßen Speisen sowie das Rauchen ihrer geliebten „türkischen Zigaretten" … bei denen es sich um nichts anderes als um Joints handelte.

Einige Jahre nach dem Tod der Kaisergattin, die stets vehement gegen die Wiener Prostituierten und deren sündiges Leben vorgegangen war, erschien Josef Richters „Taschenbuch für Grabennymphen", in dem er Dirnen mit einigen Tipps und Ratschlägen versorgt. So schreibt er zum Beispiel über den Jänner: *Dieser Monat ist euch sehr günstig, und der Neujahrstag allein kann euch für ein paar Wochen eure Revenuen versichern.* Er empfahl außerdem Kirchweihfeste als idealen Rahmen für Geschäftsanbahnungen, wo *immer Abends dreymal soviel geludert wird, als Vormittags gebethet wurde.* Als „Leerläufe" ortete der Autor die Wochenenden, an denen sich die Herren nicht so einfach unbemerkt davonstehlen konnten, sowie die Zeit der Weinlese.

Richter sparte aber auch nicht mit Kritik an den Zuständen, prangerte vor allem die Lohnlakaien und Friseure als Kuppler an, die den „armen Mädchen" auch noch einen Teil ihres hart erarbeiteten Lohns wegnahmen.

Maria Theresia wird bei Erscheinen des Werks vermutlich im Grab rotiert haben.

Ebenso „not amused" wäre sie vermutlich über den Wiener Dichter und Dramatiker Ignaz Franz Castelli gewesen, der sich in der „Ludlamshöhle" einen Namen als „Höllenzote" machte. Der Verein, eine gesellige Herrenrunde, die allerlei Biertisch-Obszönitäten produzierte, wurde 1826 auf Polizeibeschluss aufgelöst. 20 Jahre später gründete der erotische Scherzbold Castelli den Wiener Tierschutzverein.

Zur gleichen Zeit erfreute sich die Bevölkerung bereits an den häufig sehr anstößigen Volksliedern der Bänkelsänger, die in diversen Lokalen in der Stadt vorgetragen wurden und deren derbe Texte für regen Zulauf sorgten. Meist handelte es sich bei den Volkssängern mit den ordinären Versen um Männer; die beiden bekanntesten weiblichen Vertreterinnen dieser bürgerlichen Kunstform waren „Fanny" Hornischer und Emilie Turetschek („Fiaker-Milli").

Eine Besonderheit in Wien waren die „Papierweiber", die vervielfältigte Druck-Erzeugnisse unter der Bevölkerung verteilten, beispielsweise gerichtliche Todesurteile oder die letzten Worte des Verbrechers vor der Hinrichtung … und dabei anstößige Balladen sangen.

Es existierten zudem eigene äußerst ordinäre „Spittelberglieder", vierzeilige G'stanzeln mit recht deftigem Inhalt, die vermutlich in schönster Weinlaune direkt vor Ort ersonnen wurden. 68 Stück hat der Schriftsteller Friedrich Schlögl, dem bei Durchsicht angeblich die Haare zu Berge standen und dessen *Feder bei der Niederschrift auch nur einer Zeile errötete*, archiviert.

Laßts gehen d'alten Weiba,
Is a hellnarisch Gsind,
Bei der Arbeit ganz langsam,
Beim Schuastern ganz gschwind.

Auf ein neues Niveau hob die bürgerliche Kunstform des Bänkelgesangs Mitte des 19. Jahrhunderts der frühere Kammerdiener und spätere Texter und Sänger Johann Baptiste Moser. Er führte anstelle des üblichen Absammelns von frei wählbaren Geldbeträgen einen fixen Eintrittspreis ein, verbannte die „armselige" Harfe vom Bänkel (in seinem Wiener Vortragslokal eine auf vier Bierfässer gelegte Kellertür) und verwendete als Begleitinstrument das in jener Zeit mit mehr Ansehen verbundene Klavier. Darüber hinaus waren seine Lieder weniger zotig als die der anderen Künstler, weshalb es in der Presse hieß: *Jeder Gebildete konnte diese Abende besuchen, auch Frauen und Mädchen brauchten sich nicht zu schämen, einer Moser'schen Soiree beizuwohnen.*

In etwa zur selben Zeit existierten zahlreiche anstößige Fiakerlieder, überliefert von dem Sexualforscher Friedrich Salomon in seinen „Jahrbücher für folkloristische Erhebungen und Forschungen zur Entwicklungsgeschichte der geschlechtlichen Moral".

I hob zwa liabe Schenckln
jo unterm gestickten Rock,
und zwischen die zwa Schenckln,
do is a klannes Loch.
Von Munderl bis zum Pitscherl
in fünf Minuten kummts,
do geht's nur allarweil in Galopp,
mein Arsch der mocht Trapp, Trapp.

Denn a Hur, dos kon a jedi wärn,
obwa Vögeln kennans nur in Wern.
Denn i bin a Beindl, a gemüthliche Seel,
a kerngesundi Hur, bin ollarweil fidel.
Mei Strich is am Grobn, mei Fud die is ferm,
denn i bin a Kitz von Wern.

Auch Elisabeth von Österreich schrieb recht derbe Verse, in denen sie mit der Falschheit, Dekadenz und Bigotterie des Wiener Adels abrechnete. In den 1880er-Jahren behauptete sie schließlich, der zu jenem Zeitpunkt bereits verstorbene Dichter Heinrich Heine führe ihre Hand aus dem Jenseits, wenn sie ihre Texte zu Papier brachte. Sisi hegte laut eigener Aussage romantische Gefühle für den verstorbenen Künstler, schrieb erotische Oden an ihn und sprach von einer „Seelenvermengung". Ihre Majestät Kaiser Franz Joseph I. fand die sündigen Gedanken einem Toten gegenüber ein wenig befremdlich, ließ seine Gattin aber gutmütig gewähren.

1868 erlebte Wien eine kleine Sensation, als eine gewisse Ada Christen, die von sich selbst behauptete, „in Bacchus' Namen getauft und der Frau Venus geweiht" worden zu sein, einen Gedichtband als erotische Lebensbeichte in Reimen herausbrachte. Ihr Werk wurde dank zahlreicher männlicher Unterstützer von Rang und Namen ein großer Erfolg.

Großes Aufsehen erregte auch das Buch „Phantasien eines Realisten", verfasst von Sozialphilosoph und Schriftsteller Josef Popper, der das Werk 1899 unter dem Pseudonym Lynkeus veröffentlichte. Es wurde wegen der Beschreibung von Inzest, Ehebruch, Sadomasochismus und Priestermord aus „Gründen der Sittlichkeit" beschlagnahmt und war bis 1922 verboten.

Ebenfalls für Aufsehen sorgte zu Beginn des 20. Jahrhunderts der Mediziner Magnus Hirschfeld mit seinem „Jahrbuch für sexuelle Zwischenstufen", in dem er beispielsweise Fotos von Männern in Damenbekleidung publizierte. In einem anderen Werk beschrieb er den weiblichen Uniformfetisch – befeuert von der Tatsache, dass es sich beim Dresscode der Soldaten in der K.-u.-k.-Monarchie um den schönsten der Welt handelte, der bei der Pariser Weltausstellung im Jahr 1900 in der Disziplin Militärmode den ersten Preis gewonnen hatte.

In etwa zur selben Zeit erschien der 600 Seiten dicke Wälzer „Geschlecht und Charakter“ des 23-jährigen Wiener Philosophen Otto Weininger, der darin seine Meinung kundtat: *Kein Mann findet das weibliche Genitale schön, vielmehr findet er es hässlich.* Eine Frau war seiner Meinung nach zwar ein Mensch, aber nicht nach dem Ebenbild Gottes entstanden. Die Herren der Schöpfung konnten es sich aber richten: *Nur die Überwindung der Wollust macht den Mann zum Menschen.* Kurz nach Veröffentlichung seines Werks schoss sich der junge Denker eine Kugel ins Herz.

Im Jahr 1907 kam in Wien das erste große „Standardwerk erotischer Folklore in Österreich“ heraus, verfasst von Karl Emil Blümml. Außerdem erschien „Das Goldene Buch der Liebe“, der Eros-Kodex eines anonymen Autors für Mann und Frau mit über 500 Stellungen, die das Geschlechtsleben revolutionieren sollten. Die Sex-Positionen trugen klingende Namen wie Asthockstemme, Nonnentritt oder Kletterfrettchen.

♥ ♥ ♥

Natürlich wurden in jener Zeit auch bereits jede Menge Prosawerke mit „anstößigem Inhalt“ geschrieben – diese Gattung der Belletristik hatte sich erst zu Beginn des 19. Jahrhunderts zu entwickeln begonnen, da zuvor Maria Theresia die „galanten Romane“ von den Grenzen des Reiches fernhalten ließ. Sie gab Anweisung, sämtliche Gepäckstücke Reisender nach obszönen Büchern zu durchsuchen, um deren Einfuhr zu verhindern. Die Regentin konnte allerdings nicht verhindern, dass der Hofbuchhändler Johann Thomas von Trattner haufenweise Geld mit dem Import pornografischer Schriften verdiente, das er in die erste mechanische Papierfabrik Österreichs investierte.

Erst Maria Theresias Sohn Josef II. gewährte Pressefreiheit und ließ die Einfuhr erotischer Belletristik zu. Doch es dauerte seine Zeit, bis dieses Genre in Wien zur Entfaltung gelangte.

Eines der bekanntesten früheren Prosawerke dieser Art ist die Geschichte von „Wiens bekanntester Dirne" Josefine Mutzenbacher, die in ihren Memoiren über ihre erotischen Erlebnisse in jungen Jahren berichtet. Das Liebesleben der Kinderprostituierten kann als geradezu spektakulär bezeichnet werden: Mehr als 33 000 Liebhaber soll das Vorstadtmädchen aus Ottakring, das ihre Arbeitspausen am liebsten im *Café Griensteidl* am Michaelerplatz verbrachte, in der zweiten Hälfte des 19. Jahrhunderts gehabt haben.

Der bis zu 400 Seiten dicke Wälzer bietet neben echtem Wiener Lokalkolorit mit Armut, Mief und Muffigkeit in der Tristesse eines Vororts, hinreichend ausschweifende Unsittlichkeit, vom Missbrauch bis zum Inzest. Er umfasst eine Zeitspanne von Josefines siebten bis zu ihrem 14. Lebensjahr. Neben proletarischem Eros und derbem Witz kommt in dem Buch auch explizit Ordinäres unmissverständlich zur Sprache: *Maria und Josef, du tust mir weh, so ein Schwanz so ein großer, und so dick, ah, süß, ah, ah, das ist ganz anders als wie sonst, fest, nur fest, das g'spür ich bis in die Dutteln herauf.*

Genaue Ortsangaben findet man im Roman keine, nur die Beschreibung kalter Keller, zugiger Häusernischen, dunkler Stiegenaufgänge und spartanisch eingerichteter Schlafstätten. Die exakteste Lokalisierung lautet: *In der Schönlaterngasse war ein finsteres altes Haus mit einem engen finsteren Flur.*

In der Sonnenfelsgasse, in einem Gebäude mit zartrosa Fassade und diskretem Eingang, nur wenige Meter vom Eingang zur Schönlaterngasse entfernt, ist heute eine Bar namens *Josefine* untergebracht – als Reminiszenz an die legendäre Dirne, die nie wirklich existiert hat.

Verfasst hat das anonyme Werk mit ziemlicher Sicherheit Felix Salten, der Autor, aus dessen Feder auch das bekannte Kinderbuch „Bambi" stammt. Dafür spricht, dass seine Enkelin den Verleger später geklagt hat – um Tantiemen zu beziehen. Auch war das *Café Griensteidl* ein Lieblingslokal des Schriftstellers, in dem er mit zahlreichen anderen Dichtern und Denkern seiner Zeit inmitten blauer Rauchschwaden, Stimmengewirr und Zeitungsrascheln endlose Debatten über Politik, Kunst und den städtischen Kulturbetrieb führte.

Geschrieben wurde das Buch als Werk, das durch Überzeichnung der Charaktere die Doppelmoral enttarnen und der Gesellschaft den Spiegel vorhalten sollte – es schockierte, weil darin die sonst totgeschwiegene Welt der Vorstadt sowie die Sexutopien der feineren Leute zur Sprache kamen. Publiziert wurde „Josefine Mutzenbacher oder die Geschichte einer Wienerischen Dirne von ihr selbst erzählt" erstmals 1906 in Wien bei dem Erotika-Verleger Fritz Freund. Bekannt wurde die Kinderprostituierte allerdings erst nach der Verfilmung des Buchs im Jahr 1970.

Das Gerücht, Josefine Mutzenbacher könnte eine reale Person gewesen sein, die ihre Lebensgeschichte unter einem Pseudonym aufgezeichnet hat, kursiert bis heute.

Fritz Freund, der auch Werke von Arthur Schnitzler und Robert Musil publizierte, war in Wien als „Porno-Jude" bekannt, nachdem ihn die Klatschpresse so bezeichnet hatte. Vorangegangen war der Beschimpfung eine Hausdurchsuchung bei dem Verleger, nachdem er einen kirchenkritischen Roman herausgebracht hatte, und der Fund einiger belletristischer Bücher mit sexuellem Inhalt.

Neben den behördlichen Schikanen gegen Freund gab es in etwa zur selben Zeit einen großen Prozess gegen den Buchhändler Carl Wilhelm Stern und die Massenkonfiszierung von rund 30 000 Büchern mit pikanten Inhalten – beispielsweise „erotische Märchen" mit den Motiven Inzest bei Hänsel und Gretel, Sodomie bei Rotkäppchen und dem bösen Wolf, Schuhfetischismus bei Aschenbrödel … Während der Ermittlungen stellte sich heraus, dass zum Abonnentenkreis des Geschäftsmanns viele prominente Namen aus Politik, Wirtschaft und Geistlichkeit zählten.

1909 erschien in Wien von einem anonymen Autor „Comtessa Marga. Ein erotischer Roman aus der Wiener Gesellschaft" – die Geschichte einer einfachen Frau vom Land, die sich über einen geilen Grafen in die höhere Gesellschaft emporarbeitet.

Im Anschluss entstanden wieder weitere Sachbücher, etwa die erste systematische Erfassung der „krankhaften" Spielarten menschlicher Sexualität von 1886 („Psychopathia sexualis"), die der deutsche Psychiater Richard von Krafft-Ebing in Wien verfasste. In dem Werk wurden sämtliche sexuellen Randgruppen des Fin de Siècle ins Tageslicht gezerrt und mit dem Etikett „pervers“ versehen. Der fleißige Sammler erotischer Ansichtskarten hat zugleich untreue oder widerspenstige Frauen in eine Nervenklinik internieren lassen und wegen „moralischer Farbenblindheit“ zu kurieren versucht – etwa die Schwester der Kaisergattin Elisabeth von Österreich, Sophie von Bayern, wegen ihres außerehelichen Verhältnisses mit dem Fotografen Edgar Hanfstaengel.

Sisi schickte ihrer Schwester empört folgenden Vers in die Anstalt:

Deinem guten Herrn Gemahl
Hast die Treue du gekündigt
Stießest ihm ins Herz den Stahl
Ja, du hast dich schwer versündigt.

Krafft-Ebing beschrieb in einer Zeit der „Masturbationshysterie“, in der Selbstbefriedigung als sehr ungesund galt, unzählige Fälle von begangenen Verbrechen oder erlittenen Wahnsinns aufgrund dieser körperlichen Betätigung. Die Geistlichkeit schlug die Hände über dem Kopf zusammen, angesichts seiner Prognose als Wissenschaftler, dass „diese Menschen“ überall zu finden wären und hinter verschlossenen Türen ihre „sexuelle Verkommenheit“ auslebten – auch in Wien. Als zugleich auch noch einige Aufklärungsbücher erschienen, in welchen die Selbstbefriedigung als schädlich dargestellt wurde, begannen Eltern ihren Kindern zu Beginn der Pubertät die Hände auf den Rücken zu binden. Einige findige Geschäftsleute sprangen auf den Zug auf und ersannen zahlreiche Gerätschaften, die man als „Onanieverhinderer“ bezeichnen könnte und den Keuschheitsgürteln aus dem Mittelalter ähnelten. Sigmund Freud hingegen zitierte in einem seiner Werke fröhlich Karl Kraus, der einmal angemerkt hatte: „Ein Weib ist manchmal ein ganz brauchbares Surrogat für die Selbstbefriedigung!“

Als immer mehr erotische Literatur auf den Markt drängte, wurde 1905 in Wien der Verein „Volksaufklärung als Gesellschaft zur Verbreitung der guten Sitten“ gegründet, der bis zu seiner Auflösung im Jahr 1922 eifrig gegen bedenkliches Schrifttum und pornografisches Bildmaterial wetterte. Als im Zusammenhang damit junge aufgeschlossene Autoren die Scheinmoral und Heuchelei der Bevölkerung kritisierten, entbrannte eine regelrechte Schlammschlacht rund um die „Schmutz- und Schundliteratur". Zur Überraschung vieler aufrechter Bürger entpuppte sich dieser Kampf gegen die unzüchtigen Texte als einer gegen Windmühlenflügel – da die Wiener zwar wetterten und sich empörten, zugleich aber auch kauften und lasen.

Anrüchige Bühnenskandale

Zu Zeiten Maria Theresias diente die Unterhaltung auf den Wiener Bühnen der Kanalisation von Bedürfnissen nach „Ausschweifung" und „Unzucht", weniger der Bildung oder Förderung von Kunst und Kultur. Gespielt haben in jener Zeit ausschließlich Wandertruppen, die in der Residenzstadt Station machten. Ein permanentes Theater mit eigenem Ensemble wurde erstmals 1708 als italienisches Komödienhaus eingerichtet, kurz darauf in Kärntnertortheater umbenannt, in dem ab 1712 Joseph Anton Stranitzky und Gottfried Prehauser ihre Hanswurstspiele und andere Volkskomödien präsentierten. Die hat Joseph II. aber schon bald in den Prater verbannt, da ihm die Stücke zu unflätig und unmoralisch erschienen. 1741 entstand im Auftrag von Maria Theresia das erste k. k. Hofburgtheater im ehemaligen Ballhaus am Michaelerplatz, in dem früher der kaiserliche Nachwuchs Federball gespielt hatte. In dem Gebäude, dessen Fassade an eine barocke Kirche erinnerte, wurde montags, mittwochs und freitags italienische Oper gespielt, an den anderen Tagen konventionelle Dramen. Joseph II. verlangte auf der Bühne allerdings ein Happy End, damit „seine Bürger" nach dem Kulturgenuss froh nach Hause gingen, und ordnete dieses sogar per Dekret an – auch bei Stücken wie „Romeo und Julia".

Für die Genehmigung und Überwachung der Vorführung auf den beiden Wiener Bühnen war die Stadtverwaltung zuständig. Da allerdings noch keine Textbücher existierten und die Schauspieler „extemporierten" (= improvisierten), konnte es kaum eine vorherige Überprüfung der Inhalte geben. Vielmehr kam es darauf an, nicht näher definierte Grenzen des Anstands und der Sittlichkeit während des Schauspiels zu wahren und im Notfall einzuschreiten. 1761 wurde das Kärntnertortheater vom Hof aufgekauft, was die Auswahl des Repertoires erleichterte. 1776 schaffte Joseph II. das Monopol ab, woraufhin innerhalb weniger Jahre das Theater an der Wien, in der Leopoldstadt und in der Josefstadt entstanden. Im Zuge der Reformen verlangte der Kaiser mehr Kontrolle über die Texte, weshalb er das Improvisieren verbat, um derbe Scherze und schlüpfrige Aussagen zu unterbinden. Als konsequente Sittenwächterin interessierte sich Maria Theresia auch für den Lebenswandel der Schauspielerinnen und verwies einige von ihnen des Landes, weil der Regentin deren Betragen zu unzüchtig erschien.

Und dann kam es 1786 zum ersten sündigen Skandal auf der Bühne des Hofburgtheaters am Michaelerplatz. Am 1. Mai dieses Jahres fand die Uraufführung der Opera buffa von Komponist Wolfgang Amadeus Mozart und Librettist Lorenzo Da Ponte statt. In dem Stück geht es um einen liebestollen Grafen und einen eifersüchtigen Barbier, der um seine Rechte kämpft und dem Aristokraten ein Schnippchen schlägt. Die Botschaft des „Sittenschockers" benutzte Joseph II., um den von ihm verhassten Adel zu verspotten und den Hofschranzen einen Spiegel vors Gesicht zu halten. Die Wiener Oberschicht, die sich der Lektion nicht entziehen konnte, weil Kulturkonsum zu den gesellschaftlichen Verpflichtungen zählte, applaudierte folgsam mit zusammengebissenen Zähnen.

Im Jahr 1794 folgte ein neuer Eklat, der letztlich in Begeisterung mündete, auf einer Wiener Bühne: Die Schauspielerin Josefa Maria Mayer trat als Waldmädchen ganz natürlich ohne Schminke und Perücke auf, trug nur ein fleischfarbenes Trikot und ein kurzes Röckchen. Die männlichen Zuschauer gerieten dermaßen außer Atem, dass Ärzte benötigt wurden.

♥ ♥ ♥

Das bürgerliche Publikum besuchte das Theater weniger der Kunst wegen, als vielmehr, um Kontakte zu knüpfen, Geschäfte einzufädeln,

Gerüchte auszutauschen, Intrigen zu schmieden oder heimliche Liebschaften zu pflegen. Im Zwielicht des Saals und in der Abgeschiedenheit der Logen ließ es sich herrlich tratschen, munkeln und küssen.

Nach dem Tod Josephs II. kam Leopold II. an Thron und Krone, der dem Theater emotionslos gegenüberstand und grundsätzlich die „lästigen Kulturentscheidungen" an seine konservative Gattin Maria Luisa übertrug. Die Kaisergattin hielt die Opera buffa für vulgär und verbannte sie aus dem Programm, woraufhin die Wiener Bühne wieder sämtlichen konservativen und vor allem klerikalen Erwartungshaltungen der biederen Gesellschaft und Geistlichkeit gerecht wurde. Und dennoch konnten einige Theaterskandale trotz strenger Kontrollen von den Habsburgern nicht verhindert werden.

Kurz darauf kam es auch schon zur nächsten Ungeheuerlichkeit, die in die Regierungszeit von Franz I. fiel: Als dem Theater an der Wien etwa 1815 das Geld ausging, beschloss man, kleine Kinder auf die Bühne zu holen und Ballett tanzen zu lassen. Zuständig für die Neugründung dieser Institution war der Impresario Friedrich Horschelt. Und es funktionierte, die Zuschauer, fast ausschließlich Männer, strömten dem Theater nur so zu. Es sah also nach einer Win-win-Situation aus: Die Bühne machte wieder Umsatz, die jungen Eleven und Elevinnen, meist aus ärmlichen Verhältnissen, hatten Spaß am Tanzen und die Eltern waren froh, dass ihr Nachwuchs von Horschelt mit Würsteln und Bier versorgt wurden, *damit die Kleinen alle bei guter Laune erhalten bleiben*. Doch schon bald begannen die Wiener zu tratschen. Sie beobachteten, dass der Impresario seine Schützlinge nach Vorstellungen und schon während der Proben zu Bekannten von ihm zum „Plaudern" schickte und die Kinder einer zu *früh angeregten Sinnlichkeit* ausgesetzt waren. Der Wiener Schriftsteller Franz Gräffer bezeichnete die *liliputische Truppe* als *Spanferkelei mit einem Mangel an Gefühl für Menschenwürde*.

Es fiel dabei immer wieder der Name Aloys von Kaunitz-Rietberg, Enkel des Staatskanzlers Maria Theresias, der in Wien schon früher durch seine sexuellen Eskapaden mit sehr jungen Mädchen aufgefallen war. Obwohl Kinderprostitution damals in der feinen Gesellschaft als durchaus üblich galt, griff die Polizei in diesem Fall hart durch und setzte zahlreiche Ermittler zur Klärung „dieser unsäglichen Sache“ ein. Kurz darauf musste das Kinderballett von Friedrich Horschelt, in dem auch Fanny Elßlers Schwester Therese tanzte und dort von ihren Eltern an Fürst Kaunitz-Rietberg und andere Männer verkauft wurde, schließen. Im Juli 1822 hat man Aloys von Kaunitz-Rietberg in seinem Palais in der Dorotheergasse verhaftet und wegen „Schändung, Notzucht und Kuppelei“ vor Gericht gestellt. Er soll mehr als 200 minderjährige Mädchen missbraucht haben und wurde dafür vom Kaiser auf seine Güter nach Mähren verbannt.

Ein ebenfalls zweifelhafter Ruf kommt Arthur Schnitzler zu, der mit zahlreichen „süßen Mädel“ in der Wiener Vorstadt zusammenlebte, diese vernaschte und danach verließ. Er soll eine regelrechte Beischlaf-Logistik entwickelt haben, um das „Verkehrs“-Chaos in seinem Harem zu regeln.

Ebenfalls zu erwähnen ist in diesem Zusammenhang Stefan Zweig, der sich von Sigmund Freud Exhibitionismus als Krankheit attestieren ließ, damit er ungestraft in finsteren Parkecken auf Kinderfang gehen konnte.

Auch Oberst Redl lernte seinen Geliebten Stefan Horinka als 14-jährigen Realschüler kennen und lieben. Nachdem sich „Onkel Alfred“ erschossen hatte, als seine langjährige Spionagetätigkeit ans Licht kam, wurde sein Liebhaber 1913 wegen „Verbrechen der Unzucht wider die Natur“ vor ein Militärgericht gestellt und zu drei Monaten Zwangsarbeit verurteilt.

Neben dem Eklat rund um die Ballettschule von Friedrich Horschelt entspann sich noch ein weiterer während der Regierungszeit von Franz I., der Ferdinand Raimund betraf. Der Schauspieler und Dramatiker war am Tag der Vermählung mit der Soubrette Luise Gleich mit seiner Zukünftigen in Streit geraten, im Zuge dessen sie ihren Verlobten in den Finger gebissen und anschließend die Flucht ergriffen hatte. Die geplatzte Hochzeit und der damit verbundene Skandal erregten das Wiener Publikum so sehr, dass sie Raimund wegen seines „unruhigen“ Privatlebens im Jahr 1819 auf der Bühne auszischten. Schuldgeplagt stimmte der Künstler einem neuen, vom Vater der Braut vorgeschlagenen Termin zur Heirat zu.

Auch der Dramatiker Johann Nestroy sorgte für Empörung in Wien, als er erstmalig auf der Bühne die Liebe zwischen armen Mädchen aus der Vorstadt mit bessergestellten Herren thematisierte. Im wahren Leben arm, krank und erotisches Freiwild für die Arbeiterschicht, ging in den heiteren Stücken immer alles gut aus, was die Wiener als realitätsfern und daher umso unmoralischer verurteilten.

Mitte des 19. Jahrhunderts schockierte der Musiker Richard Wagner, der sein Debüt nicht im innerstädtischen Kulturbereich geben durfte, sondern vorerst in die Vorstadt ans Lerchenfelder Thaliatheater verbannt wurde. Die k. k. Hofoper hatte seinen „Thannhäuser" nämlich als zu frivol erachtet, man sprach von schwülstigen Klängen, wiehernden Takten und brünstigen Ekstasen. 1858 wagte man sich am Kärntnertortheater dann aber an die „romantische" Oper „Lohengrin" – was man aber rasch bereute: Das Stück, in dem es um Raub, Mord, geile Weiber und lüsterne Helden geht, löste vor allem bei den kunstaffinen Damen einen Ohnmachtsanfall nach dem anderen aus.

Rund 30 Jahre später brachte der Schriftsteller Hermann Bahr das Blut der braven Wiener Bürger in Wallung mit seinem Drama „Die Mutter", in dem eine Opernsängerin ihren Ehemann zu Tode liebt und anschließend versucht, ihren Sohn mithilfe eines schwulen Clowns in ein anderes sexuelles Fahrwasser zu leiten.

In der folgenden Ära der „goldenen Ringstraßenzeit", wurde die Verehrung der Burgtheater-Schauspieler als erotische Ideale in opulenter Weise zelebriert. Aus einem Brief, den damals ein „anständiger Wiener" schrieb, heißt es: *Nicht genug, dass der Adel den Wohlstand förmlich auf den Wegen und Plätzen ausgießt, Pomp und Hermelinpelz am Busen geschmiegt schamlos zur Schau stellt und den ärmeren Leuten damit die Augen wassert macht, steht auch noch die Kunst im Bann der Verführung und Sinnlichkeit. Kokotten werden als Heldinnen gefeiert, Ehebruch und sündhafte Exzesse werden als kulturell wertvoll erachtet und frenetisch beklatscht.*

Besonders die Stars der leichten Unterhaltung, „flatterhafte" Operettendiven und Damen vom Varieté, kamen bald in Verruf und galten mit ihren häufig tief dekolletierten Kostümen als liederlich.

Im Jahr 1903 kam es unter der Regentschaft von Kaiser Franz Joseph I. zu einem empörten Aufschrei in der Bevölkerung, als sich herumsprach, dass die mutmaßliche Geliebte des Monarchen in einem Schauspiel eine Kaiserin verkörperte. Katharina Schratt, neben Sisi die zweite Frau an der Seite des mächtigsten Mannes im Land, spielte am Volkstheater die Hauptrolle im Lustspiel „Maria Theresia" – ohne Wissen oder gar Zustimmung des Kaisers, der es selbst kaum glauben konnte. Der Journalist Karl Kraus schrieb in seiner Zeitschrift „Die Fackel", Katharina Schratt hätte die Grenzen des guten Geschmacks verlassen und die Sünde von Franz Joseph I. mit *widerlichsten Anzüglichkeiten* plakativ zur Schau gestellt. Die Schauspielerin hat nach diesem Skandal nie wieder eine Bühne betreten.

Nur sechs Jahre später echauffierten sich die Wiener Kulturfreunde über Oskar Kokoschkas Text zur Oper „Mörder, Hoffnung der Frauen" von Paul Hindemith. Vor allem das Thema des Einakters, der auch als erstes expressionistisches Theaterstück gehandelt wird, empörte: Gegensatz der Geschlechter. Als die Situation bei der Uraufführung auf der Freilichtbühne der Internationalen Kunstschau völlig eskalierte, griff die Polizei ein. Der damals 23-jährige Maler wurde als „Jugendverderber" beschimpft, erhielt eine Verwarnung wegen öffentlicher Ruhestörung und musste aufgrund einer Anordnung des Unterrichtsministers die Kunstgewerbeschule verlassen.

1921 führte Arthur Schnitzlers „Reigen" zum größten Bühnenskandal des frühen 20. Jahrhunderts, obwohl der darin vorkommende Geschlechtsakt nur angedeutet wurde. Den wahren Skandal stellte aber vermutlich eher der Spiegel dar, den der Dichter der Gesellschaft vor Augen hielt: Der Sohn des Hauses trieb es nämlich mit dem Stubenmädchen, das als Frau in einem Abhängigkeitsverhältnis in jener Zeit als Freiwild galt. Am 7. Februar stürmten Demonstranten die Aufführung und riefen „Man schändet unsere Weiber", woraufhin die Vorstellung abgebrochen werden musste. Am 16. Februar drangen 600 Leute ins Theater ein, zertrümmerten Teile des Inventars und warfen Teer-Eier auf die Zuschauer, die ihrerseits Stinkbomben auf die Schauspieler abfeuerten. Angestellten gelang es, durch Einsatz der Feuerwehrschläuche den Tumult zu beenden.

In Berlin kam es mit demselben Stück Ende Februar ebenfalls zu einem Skandal, infolgedessen der Leiter des betreffenden Theaters sowie die Darsteller wegen „unzüchtiger Handlungen" im „Reigen-Prozess" vor Gericht standen. Arthur Schnitzler hat anschließend ein Aufführungsverbot verhängt, das bis 1. Jänner 1982 in Kraft war. Das Werk schildert in zehn erotischen Dialogen die „unerbittliche Mechanik des Beischlafs" und zeichnet ein wenig positives Bild der Moral in der Gesellschaft des Fin de Siècle.

Schon 26 Jahre zuvor hatte Schnitzler mit dem Stück „Liebelei", in dem er sich eindeutig gegen das Duell zweier Männer um eine Dame aussprach, ebenfalls Aufruhr verursacht, auf die der Verlust seines Offiziersrangs folgte.

Aber auch noch in jüngerer Zeit gab es Empörte, die Theaterskandale provozierten, weil sie sich dem Spießbürgertum verschrieben hatten. 1971 flogen am Wiener Volkstheater Ohrfeigen bei der Doppelpremiere von „Sprintorgasmik" von Wilhelm Pevny und „Rozznjogd" von Peter Turrini. Avantgardistisches Körpertheater als experimentelle Orgasmus-Skala und die ungewohnte Rhythmik auf einer Bühne aus Klettergestängen und Metalltonnen, begleitet von „zermürbenden Licht- und Klangeffekten" überforderten die Zuschauer, die scharenweise das Theater verließen oder sich prügelten.

Und im Burgtheater löste 1998 der Aktionskünstler Otto Muehl einen Skandal aus, als sein Stück „Muchl" zur Aufführung kam. Vor allem der Intendant Claus Peymann geriet in die Kritik, weil er laut Medien einem rechtskräftig wegen „Beischlaf mit Unmündigen, Unzucht und Vergewaltigung Verurteilten an einer staatlich subventionierten Institution die Möglichkeit bot, sich hinter dem Paravent ‚Freiheit der Kunst' zu verstecken". Die Empörung wurde durch den Umstand verstärkt, dass Muehl, der kurz zuvor durch die Gründung einer „Hippie-Kommune" in die Schlagzeilen geraten war, in seinem Dramolett offen die Justiz verhöhnte.

Da sich die meisten Mitglieder des Burgtheaterensembles geweigert hatten, in der Aufführung von „Muchl" mitzuwirken, übernahmen der Regisseur Einar Schleef, Autor Peter Turrini, Maler Christian Ludwig

Attersee, Intendant Claus Peymann sowie Muehl selbst und seine Gattin die Rollen in dem Stück.

Print und Presse - frivole Inhalte, pikante Inserate und schlüpfrige Werbung

Speziell im 19. Jahrhundert und in der ersten Hälfte des 20. Jahrhunderts wurde seitens cleverer Medieninhaber viel unternommen, um die sexuelle Komponente auch in Zeitungen und anderen Printerzeugnissen zu etablieren.

Davon legen etwa die Hefte „Das Lustwäldchen" oder „Die Puderquaste" Zeugnis ab, publiziert von Schriftsteller Franz Blei. Die Magazine des „Meisters spiritueller Erotik" hielten sich nicht lang, wurden beschlagnahmt und verboten. Blei war stets auf der Suche nach unanständiger Literatur und liebte es, bisher Tabuisiertes zu thematisieren und Geheimes zu enthüllen.

Der bekannte Journalist Karl Kraus wurde nie müde, die Doppelmoral als Geschäftsprinzip des kapitalistischen Wirtschaftssystems anzuprangern: Was auf den Kulturseiten der Pressen wortreich und empört als Schund bekämpft würde, sorge im Annoncenteil für willkommene Einnahmen. So beispielsweise folgende ein- und zweideutige Inserate, die damals geschaltet wurden:

Das *Boheme* in der Dorotheergasse 7, bekannt als „die Bar der schönen Mädchen" lockte Gäste mit Aufrufen, die persönliche Kontakte intimer Art versprachen: *Please! Poldi in der Boheme Bar Tel. R 29-1-31*

In einer Anzeige des Etablissements *Maxim* in der Rauhensteingasse 8 hieß es: *17 schöne Frauen wo? … und Tanzeinlagen, Kabarett. Telephon R23-3-56. Sensation: 2 zu 1 Arrangement.*

Die Weinstube *Feuchter Stock* in der Jasomirgottstraße 5, die sich gerne als Nobelheurigen sah und seriös gab, punktete beim Werben in der Presse schon allein mit ihrem Namen. In dem Lokal spielten recht häufig die Wiener Schrammeln und tanzten die Wiener Mädel auf den Tischen, denen die nicht mehr ganz nüchternen männlichen Besucher unter den Rock schauten.

Das *Femina* in der Johannesgasse 1 mit eigener Revuebühne stand nur dem Namen nach vorwiegend weiblichen Gästen offen, sprach in den Inseraten vielmehr Männer direkt an mit Texten wie *„Miss Vienna" Olly Gebauer, die Schönheitskönigin Wiens! Was sagen Sie dazu?*

Der Erotik-Club *Orchidee* in der Schönbrunner Straße 137 setzte voll auf Exotik und bewarb seine Events mit der Bitte um „unbedingte Reservierung" unter der Nummer A 30-4-27, etwa: *Josefine Bakers Cousine Zita Baker mit ihren 5 Kamerungirls in „Afrikanische Nächte"*.

Felix Dvorak schrieb in seinen Memoiren „Himmelhoch jauchzend und niemals betrübt: Aus dem Leben eines Komödianten": *Noch als Jüngling war ich etwa auch in Wiener Nachtlokalen zu sehen. Auch im verrufenen Sex-Club Orchidee in der Schönbrunner Straße konferierte und witzelte ich. Abgesehen davon, dass ich unbedingt vor Publikum wollte und die paar Schilling Gage gut gebrauchen konnte, war es für mich als Siebzehnjähriger unfassbar aufregend, sich unter nackten Striptease-Tänzerinnen zu bewegen. Das hätte ich damals, in einer Zeit, in der das erotisch Aufregendste der Konsum des Playboys war, wahrscheinlich auch ohne Honorar gemacht.*

Natürlich wurde nicht nur für Lokale und deren Programme geworben, sondern auch für kulturelle Produkte:

So versuchte die Firma Saturn-Film ihre „Herrenabend-Filme" via Zeitungsannonce an den Mann zu bringen und versprach dabei *tadelloses Material und erstklassige Ausführung in schwarz und koloriert zu billigen Preisen in reichlicher Auswahl.*

Ebenfalls im Jahr 1906 schaltete das Alhambra-Theater Anzeigen für seine „Pariser Abende“, an welchen einer erlesenen Gruppe Herren aus der Wiener Oberschicht Erotikfilme vorgeführt wurden.

Natürlich wurde in den Inseraten auch vieles verschlüsselt – nicht nur in Kontaktanzeigen. Tauchte etwa ab ca. 1900 die Passage „Diwan zu verkaufen“ in einem Text auf, hieß das in den meisten Fällen, dass eine Dame auf selbigem oder einem anderen Möbelstück ihre Dienste anbot.

Als um 1900 Kondome extrem teuer waren (1 Krone/Stück = Tageslohn einer Fabrikarbeiterin) und vor allem die ärmere Bevölkerungsschicht sich diese nicht leisten konnte, inserierte eine Firma in der Tagespresse: *10.000 Stück Olla! Gratis! Um Olla allen intelligenten Schichten zugänglich zu machen und die Konsumenten zu überzeugen haben wir uns entschlossen, an jeden Interessierten, der seine volle Adresse (Name und Beruf) angibt, ein Stück gratis und franko abzugeben.* Es handelte sich dabei um einen guten PR-Gag, denn die betreffende Firma wusste genau, dass niemand dafür freiwillig seine Identität preisgab.

♥ ♥ ♥

Selbstverständlich gab es auch andere gedruckte Frivolitäten, wie etwa Filmplakate, die auf erotische Streifen hinwiesen.

Aber nicht nur das: Im 19. Jahrhundert begannen die Unternehmer, die Kundschaft mittels pikanter Darstellungen zum Kauf ihrer Produkte zu verführen. Für die Lithografien im Großformat (ab 1870 in Farbe) wurden sogar eigene Künstler beschäftigt, sodass eine eigene „Galerie der Straße“ entstand, die einen Teil der Stadtkultur bildete.

Zu Beginn des 20. Jahrhunderts waren erotische Postkarten aus Wien ein Verkaufsschlager. Man erhielt ganze Serien mit humorvollen Texten in Versform vorwiegend in Kaffeehäusern und Gaststätten.

Eine Reihe nannte sich beispielsweise *Der geplagte Johann oder Alles hat seine Grenzen.* Auf den einzelnen Karten zu sehen ist ein Kammerdiener, der mit seinem riesigen Penis jeden Tag eine andere Dame beglückt: die Köchin, die Gouvernante, eine Tochter des Hauses, die Ehefrau, die Kathl, die andere Tochter, die Hausmeisterin und die „saubere Ammel“ … *aber am zehnten verlässt er das Haus, denn da will die Schwiegermutter; und so viel halt er net aus!*

Mit einem besonderen Dank an Claudia Dukek!

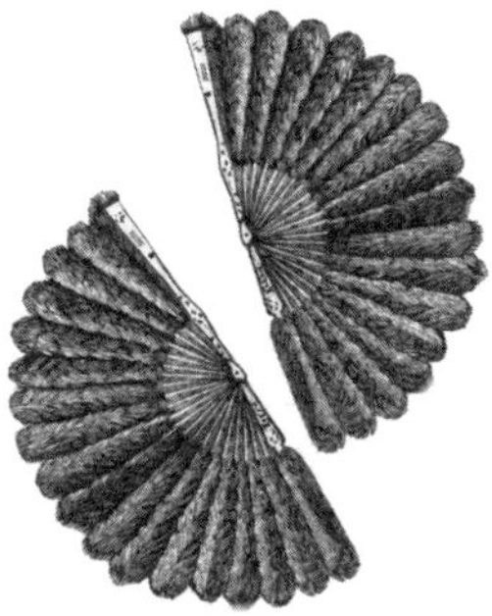

Literatur und Quellen

Stand aller Internetseiten per 30. September 2022

Allgemeine Quellen:

- http://www.aeiou.at — österreichisches Wissensnetz
- http://anno.onb.ac.at/ — AustriaN Newspapers Online
- https://austria-forum.org — das Wissensnetz aus Österreich
- https://books.google.at/ — Digitale Bücher
- https://www.cityabc.at — Online-Enzyklopädie für Wien
- http://www.wikipedia.at — freie Online-Enzyklopädie

Weiterführende Quellen:

- Dokumentation „Erbe Österreich: Wien – Stadt der Liebe", ORF III
- Badegruber, Reinhardt: „Wiener Intrigen, Skandale und Geheimnisse", Haymon Verlag, Wien 2018
- Doderer, Heimito von: „Die Wiederkehr der Drachen", Verlag C. H. Beck, München 1970
- Ehrlich, Anna: „Auf den Spuren der Josefine Mutzenbacher", Amalthea Verlag, Wien 2012
- Fischer, Marianne: „Erotische Literatur vor Gericht: Der Schmutzliteraturkampf im Wien des beginnenden 20. Jahrhunderts", new academic press, Wien 2003
- Girtler, Roland: „Der Strich: Soziologie eines Milieus", LIT Verlag, Wien 2013
- Hasmann, Gabriele: „Die romantischen Habsburger", Kral Verlag, Berndorf 2016
- Hehenberger, Susanne: „Unkeusch wider die Natur", Löcker Verlag, Wien 2006
- Kunze, Gerhard und Hasmann Gabriele: „Das magische Wien", Amalthea Verlag, Wien 2014
- Menasse, Robert: „Ich kann jeder sagen: Erzählungen vom Ende der Nachkriegsordnung", Suhrkamp Verlag, Berlin 2009
- Reeden, Alexander und Schweikhardt, Josef: „Eros unterm Doppeladler. Eine Sittengeschichte Altösterreichs", Verlag Ueberreuter, Wien 1993

- Sterneck, Lilo von: „Alt-Wien frivol. Wahre Geschichten aus besseren Zeiten", Amalthea Verlag, Wien 2008
- Wiener Geschichtsblätter, 61. Jahrgang 2006, Heft 2, Verein für Geschichte der Stadt Wien
- Wölflingseder, Barbara: „Lust und Laster im Alten Wien", Pichler Verlag, Wien 2015

- https://www.1000things.at/blog/kurioses-aus-der-wiener-prostitutionsgeschichte/
- https://archive.org/stream/bub_gb_KgDZAAAAMAAJ/bub_gb_KgDZAAAAMAAJ_djvu.txt
- https://augustin.or.at/flanieren-im-orient/
- https://austria-forum.org/af/AustriaWiki/Geschichte_des_%C3%B6sterreichischen_Stummfilms
- https://www.derstandard.at/story/2045323/unzuechtige-nackte-im-boudoir-und-auf-der-bim
- https://www.dw.com/de/krisensicheres-gewerbe-im-hotel-orient/a-4142602
- https://www.edenbar.at/geschichte/
- https://www.focus.de/wissen/mensch/geschichte/ueber-100-jahre-alte-gerichtsakten-enthuellen-sex-skandal-im-alten-wien-graf-macht-tochter-zur-prostituierten-und-raecht-sich-nach-hafturteil-an-feiner-gesellschaft_id_11754091.html
- https://www.grin.com/document/2366
- https://www.grin.com/document/450096
- https://www.hotel-orient.at
- https://www.katholisch.de/artikel/23522-das-jahrhundertealte-geheimnis-der-sieben-todsuenden
- http://www.kunsttransfer.at/08-methoden-07.php
- https://kurier.at/chronik/wien/nach-tod-von-wiener-rotlichtkoenig-der-rote-heinzi-war-der-chef/167.047.818
- https://kurier.at/kultur/1000-nudes-schmuddelbilder-mit-natuerlicher-patina-und-echter-porno-vergangenheit/111.621.192
- https://kurier.at/kultur/der-maler-der-frauen-seine-muse-seine-affaeren/768.478
- https://kurier.at/leben/warum-wien-die-hauptstadt-des-sex-ist/227.619.256

- http://lithes.uni-graz.at/lithes/beitraege10_05/heft_5_lang.pdf
- http://mittelaltergazette.de/9001/wissenswertes/prostitution-im-mittelalter/
- https://www.news.at/a/bachheimer-roter-heinzi-guertelkoenig-tot
- https://www.profil.at/portfolio/wien-auf-spuren-josefine-mutzenbacher-377479
- https://www.queer.de/detail.php?article_id=27054%20https://taz.de/Museums-Direktor-ueber-Sex-in-Oesterreich/!5337242/
- https://www.sister-mag.com/magazin/sistermag-no-49-juni-2019/klimts-musen/
- https://sites.google.com/site/rolandgirtlersparalipomena/7-die-spittelberglieder-und-andere-ber%C3%BCchtigte-lieder
- https://www.spiegel.de/sptv/special/a-281037.html
- https://www.stadtbekannt.at/prostitution-im-alten-wien/
- https://www.sueddeutsche.de/panorama/fotos-koeln-kaiserin-sisi-1.5092956
- https://www.univie.ac.at/elib/index.php?title=Geschichte_der_Prostitution_in_Wien_-_Werner_Sabitzer_-_2000
- https://www.via-regia.org/bibliothek/pdf/Strasse_Ursula_Neeb_259_bis_276.pdf
- https://www.vienna.at/suendiges-wien-auf-den-wegen-der-lust-durch-die-stadt-streifen/5406019
- http://www.viennatouristguide.at/Friedhoefe/Zentralfriedhof/Index_Rest/html/31B_00_hrdlicka.htm
- https://www.wienervolksliedwerk.at/VMAW/VMAW/Singen/volkssaenger.htm
- https://www.wienerzeitung.at/nachrichten/chronik/wien-chronik/1005064-Vom-Nobelvariete-zur-Unterweltspelunke.html
- https://www.wienerzeitung.at/nachrichten/kultur/mehr-kultur/762761-Die-Nackte-auf-dem-Friedhof.html
- https://www.wmn.de/love/sex/so-lief-sex-in-der-steinzeit-ab-id36045
- https://www.zeit.de/2008/03/Rode/seite-3
- https://www.zeit.de/2021/41/hotel-orient-wien-stundenhotel-vera-love-jazz-geschichte/komplettansicht